高等院校会计学教材系列

会计综合实验

系统运转型模式

程夏　刘建华　张治彬　编著

格致出版社　　上海人民出版社

高等院校会计学教材系列编委会

李端生　山西财经大学会计学院，教授

汪　平　首都经济贸易大学会计学院，教授、博导

沈　征　天津财经大学会计学院，副教授

陈海声　华南理工大学管理学院，副教授

周仁仪　湖南商学院会计学院，教授

周晓苏　南开大学商学院，教授、博导

郑　伟　山东经济学院会计学院，副教授

胡元木　山东经济学院教务处，教授

胡继荣　福州大学管理学院，教授

倪国爱　安徽财经大学会计学院，教授

倪筱楠　沈阳大学工商管理学院，副教授

唐现杰　哈尔滨商业大学会计学院，教授

唐欲静　北京工商大学会计学院，副教授

徐春立　天津财经大学会计学院，教授

高方露　天津财经大学会计学院，副教授

高亚军　中南财经政法大学财税学院，副教授

袁明哲　山东大学管理学院，教授

盛明泉　安徽财经大学会计学院，教授

傅建设　天津商业大学管理学院，教授

程　夏　成都理工大学商学院，教授

童　盼　北京工商大学会计学院，教授

董惠良　上海商学院财会金融学院，教授

会计是经济管理的重要组成部分,经济越发展会计越重要。凡是有经济活动的地方都需要有会计,会计已成为人民群众需要了解和运用的基本知识。作为一门重要的学科,会计学是研究会计工作规律和会计发展规律的知识体系,它是一门经济管理科学。会计学在发展过程中,为适应经济和社会发展、科学和技术进步、管理和改革要求的需要,形成了相互联系、相互制约的各种分支学科。与此相联系,在高等院校的会计教学中,为了培养高级会计人才,也形成了由各种会计学科相互联系、相互制约的会计课程体系。

考虑到在 21 世纪发展知识经济的条件下会计更要重视管理的要求,以及会计人员要具有创新精神和实践能力的要求,为了适应普通高等院校和高等职业、成人学校会计教育的需要,在上海世纪出版股份有限公司格致出版社大力支持下,我们组织有关高等学校编写"高等院校会计学教材系列"。在这套会计学教材系列中,有 20 门左右是会计专业、财务管理专业和审计专业的主体课程,另有 20 门左右是选修课程,供会计及相关专业教学选用。

会计学教材系列的编写,力求适应我国改革开放现阶段发展的实际需要,从培养符合现代市场经济要求的会计人才出发,特制定如下的编写要求:(1)要理论和实践相结合;(2)要反映会计工作规律,具有相对稳定性;(3)要反映认识由浅入深循序渐进的规律;(4)要反映最新财务会计准则、制度和相关法规的要求;(5)要反映会计信息化对会计核算的影响;(6)要反映当代会计研究水平,具有一定的超前性;(7)要借鉴西方会计,并与国际会计准则协调;(8)要开拓创新编写新教材;(9)严格遵守《著作权法》和相关法规的规定,严禁抄袭、剽窃。

为了编好会计学系列教材,特成立编委会,负责组织教材系列的编写工作。每本教材实行主编负责制,主编负责组织本书的编写工作,每位作者对本人编写的内容完全负责。欢迎广大教师和学生在使用过程中提出意见和建议。

高等院校会计学教材系列编写委员会

　　《会计综合实验——系统运转型模式》这本教材是"系统运转型"会计综合实验的理论和经验总结。

　　"系统运转型"实验模式是会计实验模式的创新。该模式将系统论、控制论、教育学、行为科学、激励机制等立体性地应用于实验模式设计,创造出高仿真的微观经济运行环境作为实验平台,以特定职业角色强化学生的主体意识,以与实际经济密切结合的经济内容为实验的业务基础,以相互联系、协调运作、分工负责的业务内容与运作体系强化学生整体认识经济过程的能力和团队合作精神,并以激励性、竞争性的管理制度激发出学生高昂的学习热情,让学生焕发出前所未有的主观能动性,从而使这种实验真正成为一种充满激情的实战演习,受到学生普遍欢迎。这种模式不仅有效提高了学生实际动手能力和知识综合应用能力,还促进并深化了学生对专业理论的学习和理解,并造就了高等教育"以学生为主体,以实践能力、创新能力培养为核心,多专业教学资源整合"的生机勃勃的教学氛围。

　　"系统运转型"实验模式对于如何培养具有创新能力和实践能力的人才进行了开创性研究和尝试,与目前大多数高校传统的会计实验相比,这一模式有以下特点:

　　第一,会计实验是置于创设的微观经济运行环境中与其他经济业务密切联系的经济过程,而不是孤立、单纯地做账。

　　第二,实验的机构设置、人员分工是具体可以执行的;公章器具、账证资料是高度仿真、供流转和使用的,而不仅仅是印在教材上的。

　　第三,实验中每个学生都担任特定的职业角色,担负各自的职责并采取定期轮换制度,而不是由一人全部完成。

　　第四,经济业务在这样的实验环境中是动态的、需要协调配合才能运转完成的即时系统,而不是静态的事后业务。

　　第五,学生通过这种高仿真、互动性、充满兴趣的学习和实践,形成师生互动、理论实践互动的多元驱动教学体系,在教育哲学上实践了"双主体论"及"多元驱动"的教学动力机制,造就了充满活力的生动而富有吸引力的学习氛围。

　　"系统运转型"实验模式运行多年来,相关教材已根据财会制度的变革和经济业务的发展进行了多次修订,有多个不同的版本。本教材在以往教材的基础上进行了重大修改和补充:第一,按 2007 年新的会计准则对实验业务、会计凭证和会计报表格式进行了修

Forwords

改;第二,对操作技术、要求与操作规范进行了重大修订与补充;第三,对流通企业经营的商品种类进行了更新;第四,增加了工业企业"系统运转型"会计高仿真实验;第五,增加了纳税申报的内容。

本书由程夏教授主持,并与刘建华副教授、张治彬注册税务师共同编著。具体分工情况如下:程夏教授进行全书的总体设计和全面审定,并完成了第一章和第三章以及附录部分;刘建华完成了第四章;张治彬完成了第二章与第五章。

本次修订重新出版,由于内容较多,且每一笔业务的程序、凭证、金额前后联系密切,虽反复检查也难免有漏改而造成个别业务联系出错的可能,且新的会计准则刚开始使用,也会出现应用不到位的情况,欢迎使用者提出宝贵意见。

编著者

2008 年 11 月

目录

第一章

概　　论

第一节　实验经济学与经济管理实验的创新

一、实验经济学的产生与经济管理实验的功能扩展

对于高校经济管理类专业来说，要培养学生的创新精神和实践能力，首先就要求教师具有创新精神和实践能力。因此，高质量实验模式的设计、高质量经济管理实验室的建设，成了培养创新人才的重要的基础性工程。

（一）经济管理实验的逐步发展

相对于自然科学领域的实验，经济管理类的实验无疑是年轻的、尝试性的、探索性的，甚至是被质疑的。然而，随着"实验经济学之父"的美国经济学家弗农·史密斯（Vernon L. Smith），在实验经济学研究中的开创性成就而荣获了诺贝尔经济学奖后，经济学领域的实验得到了越来越多的经济学家的重视，创建经济及经济管理实验室，用精心设计的实验开展基本经济规律的研究：验证、检验已有的经济定律，提出新的经济假设，并通过实验发现、发展新的经济理论。①可以说，经济实验的广泛开展，大大加快了人类对经济领域认识的深度和广度。正如自然科学的实验对人类认识自然作出了重要贡献一样，经济领域的实验也将为人类认识经济规律、促进社会发展起到巨大作用。

（二）经济管理类实验室应该具备三大功能

一个完整的经济管理类实验室应该具备三大功能：一是进行经济学的科学研究功能；二是进行经济类学科的验证功能；三是培养实际经济工作技能的实习功能，相应地可以开

---

① 夏业良.经济研究——向心理分析应用与实验科学靠拢[J].新华文摘，2003，1：166～168.

设出以上三种不同类型的实验。目前,只有少数高校的经济管理实验室具备了研究性功能(如西南交通大学的经济管理实验室)能够开设出探索性实验,大多数高校的经济管理实验室还仅能开设出验证性实验和技能性实验这种服务于教学的实验(技能性实验严格地说是一种实习)。虽然技能性实验可以通过在实际企业工作中来完成,但当学生成批到企业实习产生较大困难时,校内高仿真模拟实验就成了较好的技能实习方式。

可以将以上实验类型的关系总结如图 1.1。

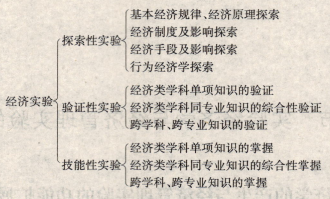

图 1.1　实验类型的关系

二、"创新"是经济管理实验室的生命

然而,仅就经济管理实验室的教学功能来说,如何进行高质量的验证性和技能性实验的设计,有哪些模式可以设计,各种模式设计的目的、要素、环境、过程的控制该怎样有机结合;实验中教师与学生的关系;课程实验、综合实验、跨学科、跨专业的设计性实验该怎样组合、怎样运行;实验室与教学系、部该怎样衔接协调等等,都没有现成的答案、没有成熟的经验、没有更多的借鉴。

经济管理实验室的建设必须进行系统创新!这一方面要求教师具有先进的设计理念、勇于创新的精神和勇于实践的干劲,不断在实践中探索、总结、修正、完善,从而设计出富有活力的、生动而具有吸引力、能激发学生潜力发挥学生主体作用的实验模式,并通过管理制度与激励机制的设计强化实验效果;另一方面,这对学校管理实验室的职能部门和整个教学运行体制提出了创新要求:作为管理者应该制定出有利创新、鼓励创新、激励创新的管理制度,为教师创新能力的发挥,为实验室的创新建设提供运作的空间范围。

(一)教师创新能力的发挥为经济实验教学模式的创新提供动力

要创新性地设计并实践新的教学模式、新的实验模式,作为教学中"教"的主体的教师,应该是能动的、自主的和创造的。教师如没有充分发挥主体性能动性,就仅是将"教师"作为谋生的一个职业,仅将教学作为谋生的一种手段,就不可能以极大的热情和强烈的事业心去战胜一个又一个的困难,去创造、创新教学方式和教学环境,也不可能开展主体性教育来激活学生的主体性。而每一种教学方式的变革、每一个特色教学环境的创造、每一种实验功能的开发与建设都需要大量创新性的高智力劳动投入;需要有创意的设计和教师经验,需要知识的整合。教师创新性智力劳动的投入在很大程度上决定了教学实验的质量,这是因为经济管理实验是与社会经济运行密切联系、密切结合的实验,实验成功与否很大程度上由设计思想、设计理念、设计模式所体现的与实际经济结合的运行内容和运行方式所决定;由实验运行中管理与激励模式所决定;而不是由计算机设备等硬件质量所决定,这是经济类实验室非常明显的特点。

(二) 创新性教学实验模式设计思路

创新的经济管理类实验模式设计需要对实验进行系统设计,包括创造与经济社会运行环境高度仿真的实验教学环境、教学中学生主体性地位强化、多学科知识的交叉融合以及激励机制的立体性设计,具体有以下几点:

(1) 以高仿真性作为实验设计的第一宗旨,全面、系统、有创造性地、立体的模拟企业经济业务运行,模拟出经济运行中会计核算、财务管理、审计学、国际贸易、市场营销、工商管理等相关业务的开展运行,在校园实验室内再造出企业经济业务的运作环境和业务循环。

(2) 以发挥学生的主体性作为教学改革的立足点,设计出以学生为中心和主体,由学生担任不同职业角色,以具体职业角色相互配合、动态运行的高仿真实验模式,实现从"教师为中心"的教育模式向"以学生为中心"的教育模式的转化。

(3) 设计出跨课程、跨学科、跨专业的综合性、设计性实验项目,使经济管理类实验摆脱单一课程实验的限制,成为多学科交叉、综合性知识交融的实战训练。

(4) 在实验的设计中融入教育学、心理学、行为科学、激励机制、竞争机制,极大地调动、激发出学生高昂的学习热情、兴趣和主观能动性。

本书编著者所在的成都理工大学商学院经济管理实验室按以上设计思路设计的实验模式,激发出学生广泛的学习兴趣,得到学生的热烈欢迎,使专业课的学习变得充满激情、充满挑战,生机勃勃又循序渐进,在提高学生专业综合能力、实践动手能力和创新思维能力上产生出巨大成效,并逐渐扩大了自己的影响。

经济管理实验室的建设任重而道远,我们既要充分认识其内在规律性,选择、设计适应其发展、支持其发展的好的管理制度;要认识到经济管理类实验室与理工类实验室所服务专业群的重大差异和重大区别,要在制度设计与执行中体现对其投入的重视、鼓励和赞许,从而鼓励每一个有创意的设计、每一种创新的尝试、每一种创新的教学实验,这样,经过多年的努力,一点一滴的积累,不断的修改、交叉、融合、总结,逐步建立起"经济管理实验体系"的大厦。

第二节　会计实验教学的作用与实验种类

一、会计专业学生到实际工作单位实习的困难

　　财会专业是实践性很强的专业,学生对专业课程的掌握不仅要求知道是什么,为什么,还必须掌握怎么做。单纯的课堂教学,也讲解怎么做,但由于账证资料及操作程序都只是停留在书本或黑板上给出的格式及抽象的流程图上,学生难以将其具体化,感性化,也无法亲自操作,因而理解起来十分困难。这样,由分录到分录的学习成了课堂上会计课教学的主要内容,与实际工作还有相当一段距离。这段距离主要是靠到实际工作岗位实习来弥补。

　　毋庸置疑,到实际工作岗位实习对于学生熟悉工作环境、接触实际业务、将所学的知识用于实践、增强学生的实际动手能力有极大的作用,但又有一些难以解决的问题:

　　首先是单位的会计资料已成为商业秘密,很难让学生进入实际单位接触经济业务进行一般会计实习,更不用说进行纳税申报、会计报表编制了。

　　其次,即便接受了学生实习,也存在有不重视实习或不敢放手让学生操作的情况。在这种情况下学生要么没人安排、指点,无所事事,既无办公桌椅,也无账证资料,要么成天让其翻旧账本,不让接触新账,学校老师如出面提意见,又易造成僵局,如不出面,学生实习就形同放羊,收效甚微。

　　再次,即便安排实习,由于主动权不在学校老师和学生们手里。虽然也有实习计划,但一到基层,对实习单位的选择、实习内容的多寡异同、实习项目的安排等,都要按实际工作单位的意见办理,无法考虑实习的系统性、针对性、全面性、重点性等诸多问题。

　　再有,实习地点分散,不便于集中启发学生进一步思考、探索,再加之联系实习时要对其地理位置、实习经资、食宿安排、安全性等等诸多因素进行综合考虑,使联系一次实习不易,要真正实习得好更不易。

二、会计实验教学的作用

　　会计实验是经济实验的重要组成部分,很多开设会计学专业的院校在学校建立起会计实验室,将其作为理论联系实际、提高学生实践动手能力的实训基地,开设出各种形式的实验课程。整个实验由教师设计、组织、指导、启发,既结合书本知识又结合学生特点及教学中的阶段性,并可随时更新内容,强化重点难点,使教师的主观能动性、创造性得以充分发挥;而整个实验的操作又完全由学生自行完成,并对自己的操作质量承担责任,这样一来,比之到实际工作单位实习多了一层主体责任感,也促使其认真思索、读书、提问、探

讨,极大地激发了学生的积极性并且拓宽了教学领域,丰富了教学内容,创造了新的教学手段,增强了师生的创新精神及实际动手能力,提高了人才培养质量。

会计实验教学的作用归纳起来有以下几点:

(1) 会计实验教学培养了学生实际动手能力,缩短了课本知识与实际工作的距离。由于各种门类的会计实验都采用了较为真实的账证资料及实际的账务处理程序,并按规定程序进行规范操作,这实际上是让学生在校期间就接触并熟悉了将来要进行的实际工作,而不至于走上工作岗位后手脚无措。

(2) 会计实验教学巩固了课堂教学所学的理论知识。由于学校可以根据教学进度及学习中的情况,自行灵活地组织各种形式、各种门类的会计实验教学,使会计实验教学密切配合书本理论知识的学习,加深对书本知识的掌握,并体现了教学的阶段性、系统性。

(3) 会计实验教学有助于帮助学生练好财会专业基本技能并通过训练培养其分析问题、解决问题的能力,从而有效地提高了人才培养质量。在实验教学中,一方面对学生的各种应掌握的专业技能提出要求,并通过考核来强化这一要求,另一方面,教师要引导学生全面分析实验中出现的各种问题提出解决问题的方法,并自行动手解决出现的问题,这就有效地培养提高了学生分析问题、解决问题的能力。

(4) 会计实验教学能充分发挥"教"与"学"的两个积极性,最大限度地达到教学的有效性。

三、会计实验的种类

会计实验的种类可总结如图1.2:

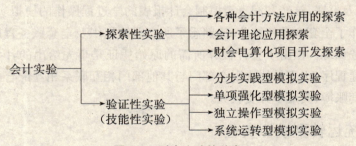

图 1.2 财会实验的种类

从目前各校开展的手工仿真实验来看有四种不同的方式,它们各有其不同的侧重点、相应的适用范围、相应的目的和不同的优缺点,分述如下:

(一)分步实践型模拟实验

这是一种将原始凭证的产生、传递到账务处理分成几个阶段,分步进行实验的一种方法。一般分为三大步骤:第一步,让每个学生熟悉并填制各种与财会业务有关的全套原始凭证,如:销货单、入库单、托收、拒付、支票、汇兑等等;第二步,将自己所填单据按凭证传递要求分开,如:哪一联给业务部门,哪一联给仓库,哪一联办理托收,哪一联给财会作账等等;第三步,根据财会部门所留存的全部原始凭证进行账务处理(既可以由学生个人进行全套账务处理,也可以选取一套原始凭证让学生按财会科设岗情况,配合起来进行账务核算)。这一方法的优点是:①每一学生都填制并熟悉了各种原始凭证。②凭证各联次作用和传递意识清楚。③原始凭证和账务核算紧密结合。④实习面较宽。但这一方法由于要求每一个学生都要填制全套各种原始凭证,因而对凭证的需要量很大,且开始阶段不间断地、机械地填制大量原始凭证容易产生疲劳和厌倦感,再加之多采取独立操作形式,因而对系统配合协调意识淡薄。

(二)单项强化型模拟实验

这是一种将全套会计核算分为填制记账凭证、汇总、登账、审校等单独项目,对每个项目提出时间、质量等方面的要求,对学生进行会计操作强化训练的实验方法。如:①强化记账凭证编制:要求根据给出的原始凭证不间断地填制记账凭证,考核其正确性和时间耗费,评价学生是否合格达标;②强化凭证审核训练:既可由教师给出大量记账凭证让学生审核,也可由学生交互审核;③强化汇总训练:规定学生对相同的记账凭证汇总,再规定完成时间,以考核其正确性和速度等。以上各项如没有达到合格标准,则要求学生补考。这一方法,使学生有压力感、紧张感,迫使其加强基本功训练,并且重点明确,便于组织与考核,但系统性不强,配合意识淡薄。

(三)独立操作型模拟实验

这是一种由每个学生根据给出的原始凭证,在真实的账证格式中操作。完成由编制记账凭证、汇总及登账,结转利润直至填制会计报表的全过程操作的模拟实验方法。这一方法使学生操作了全套会计核算业务,熟悉了所有账簿组织及全套账务程序,是一种比较过硬的全面账务训练。但由于会计核算所需的原始凭证是事先给出的,因此学生不熟悉原始凭证的传递程序,也不易树立财会部门与其他部门相互联系相互配合的观念,且每个学生都需一整套账簿,其成本开支较大。

(四)系统运转型模拟实验

这是一种从机构设置、人员安排、业务程序到凭证种类、账簿组织、账务程序、器具设备都系统地模拟实际单位的财会模拟实验,是模拟实验的比较完整和纯粹的一种形式。由于全面系统地模拟实际,因而其最大优点是实践性强,系统配合性强。但筹建此种实验室,组织此项实验进行,在软件建设方面,对实验模式设计要求高、实验中各种管理制度建设量大,协调工作量大、设计较复杂,因而对教师水平要求高;在硬件建设方面,要求实验场地大,设备器具材料要求相应多,且对学生成绩考核有一定难度(详细资料附后)。

以上四种形式实验,可结合各校学生专业情况、教学进度及要求达到的特定目的及各种具体情况选择进行,或将其中某两种相互配合、分阶段进行。(注:"模拟实验"也习惯地称为"模拟实习",在本书以后的叙述中通用。)

第三节 "系统运转型"会计高仿真实验

一、"系统运转型"会计高仿真实验的特点

由于"系统运转型"会计高仿真实验是以"全面、系统模拟实际单位经济运作及会计业务"为其设计宗旨的,因而它具有如下一些特点(优点):

(1) 以创设的微型经济环境动态运行为载体。

(2) 在多重的高仿真状态下运行。

(3) 将特定职业角色与定期轮换制度相结合。

(4) 注重系统的协调运作与团队合作。

(5) 最充分地调动学生的积极性,始终使其保持高昂的情绪。

以上五点可以归纳为动态运转性、高仿真性、职业角色性、协调配合性、主体能动性,现分述如下:

第一,在创设的微型经济运行环境中动态地开展会计实验,其实验的机构设置、人员分工、运作流程是具体可以执行的。

(1) 机构模拟实际运行设置,以使经济业务能在各机构中系统运转。在流通业与制造业会计实验中设有主体单位和客体单位。其主体单位除财会科外,还包括与会计工作有联系的业务科、生产科、供销科、仓储部门、总务人事处等。其客体单位也按与企业相应联系设有开户银行、车站及本单位有联系的购销货方、劳务供应方、税务机构等。

(2) 业务类型模拟实际企业类型设置,创设出不同行业特有的经济运行类型。如在"制造业系统运转型会计实验"中模拟一个工业企业全套业务,"流通业系统运转型会计实验"中模拟一个批发企业、零售企业或批零兼营企业,其所有业务都是从实际单位的实际业务总结来的,涉及产品生产、商品购销存及费用、成本、利润等诸多方面,包括生产方式、成本核算方式、各种商品交接方式,以及实际上采用的银行结算办法等等。

(3) 人员安排及职责分工模拟实际工作设置,以使经济业务运转落实到每个责任人。各种机构设定相应的工作人员,干相应的工作、负相应的责任,因而学生必须按所设机构作相应安排,肩负相应责任而分为仓库保管员、材料员、主办会计(或财会科长)、出纳员、成本核算员、业务员、银行工作人员等,并且执行岗位责任制,履行各自职责。

(4) 业务运转程序模拟实际动态运行状况设置,使每一笔经济业务的每一个运转过程都在特定机构、特定岗位、特定业务类型、特定流程的相互结合中有序运转。

以上四点的高度整合,创设出在实验状态下的微型经济运行环境。

第二,在多重高仿真状态下开展实验,公章器具、账证资料是高度仿真、供流转和使用的。

（1）各种原始凭证、账簿及账簿组织模拟实际。采用与真实凭证格式、联次、色泽完全一样（只是注有"会计实验专用"）的各种银行结算凭证，包括现金支票、转账支票、汇兑、委托收款、托收承付及票据等等；采用实际的各种记账凭证和账簿，包括：记账凭证及汇总记账凭证、现金日记账簿、银行存款日记账簿、总账及各种商品账、销售账簿等等。并按实际需要采用仓库保管账及备查登记簿等，使账簿组织、账与账之间的制约关系，完全与实际单位的要求相符。

（2）业务程序及凭证传递程序模拟实际。流通会计实验中根据实际发货制、提货制、送货制的要求，按业务程序先后产生各种原始凭证（全部由学生填制），并按规定程序传递各联次凭证，主体单位根据所得到的原始凭证分岗位职责进行会计账务处理。

（3）各种器具、材料尽量模拟实际。包括办公室、办公用桌椅、器具及各种印鉴、印章完整模拟实际。其库存商品、物料用品、现金等实物部分不能用真的，也制作各种商品牌、模拟货币牌等来代替，以使学生有感性体会，并使"账"与"实"的平衡有了物质基础。

（4）管理制度模拟实际。包括制定上下班作息制度、考勤及对办公室（实验室）清洁卫生、财产安全的要求等。

由于上述内容都尽可能与实际单位相同或相像，就使学生在实验过程中有一种身临其境的真实感和职责感，并且完全按实际工作的要求组织实验，对培养学生实际动手能力有很大作用。

第三，每个学生都担任特定的职业角色，担负各自职责并采取定期轮换制度。

这是系统运转型高仿真实验的又一大特点。由于这一实验在模拟财会科内按核算分工设了多个岗位；在财会科外还设了与核算有密切联系的相关机构，如业务科、仓储部门、总务后勤部门等，以及与企业发生联系的有关客体单位，如：开户银行、运输部门、购货方、供应方等等。每个学生先在某一个岗位工作，在干熟了自己的工作后，定期轮换。如时间不够轮换，也可以很方便地接触了解其他环节的工作。这样在实验过程中，可以接触多个岗位的工作，从多个角度掌握其核算办法、凭证程序、各部门职责以及企业与外部联系；还可从银行、其他客体单位与主体关系中把握企业的地位作用、企业核算的地位、作用。对比较典型的业务和比较难于掌握的核算如工资核算、成本结算和会计报表的编制和简要分析等，则要求每个学生必须单独完成，进行了这样操作后，每个学生对任一岗位的工作都能胜任或都不陌生，这为他们将来从事多项实际工作奠定了基础，也进一步扩大了知识面，这甚至可以说是在实际工作单位也不易具备的优点。

第四，经济业务是动态的、需要团队协调配合才能运转完成的即时系统。

系统运转型高仿真实验的另一特点就是特别注重协调、配合。实际工作单位中主体单位与各客体单位之间、主体单位各职能部门之间、财会科内部各岗位之间、各种凭证传送与账簿组织间都是严密的协调、配合的，而书本上却无法将这种协调配合用感性、生动的画面或语言显示出来，所以初学会计的人总是对这个问题感到陌生，对业务程序的理解感到困难，而系统运转型高仿真实验就较好地解决了这一问题。由于所有学生都按企业职能部门及有关机构分岗分责，所有原始凭证都按规定产生，并按规定业务程序流转，学生在实验过程中一遍遍实践、演示和熟悉这种协调、配合的过程，体会为什么必须严密协调、配合，并也会体会到协调配合不好对企业经营、对财务正确性的极大影响。这就不仅使学生有了感性认识，也进一步弄懂了会计核算与其他部门工作的内在必然联系，并能更进一步从存在问题中探索内部核算组织形式、内部控制制度的改进办法等。

第五，最充分地调动学生的积极性，始终使其保持高昂的情绪。

在高仿真、互动性、竞争性的实习中充分发挥主体能动性、保持高昂的学习热情，这是进行该项实验的又一大特点，这一特点与上面几点紧密联系。由于这一实验实战性强，学生进入实验室后具体担负起各种岗位职责，使用了各种真实的账证资料，亲自实践了各种操作，这会使学生产生强烈的新奇感、新鲜感和跃跃欲试的心理状态；又由于实验中特别注重协调配合，任一笔购销业务都要涉及多个职能部门和账务核算岗位，学生对业务程序的衔接、凭证由谁产生，如何传递、账务如何牵制，整个实验应该如何协调都随时发生不同的看法而会随时探讨、研究或者发生争执，这就使整个实验始终处于一种热气腾腾的状态中；又由于岗位的定期轮换，当前一个岗位各种业务基本弄清后，新的岗位、新的职责又要学生去接任和履行了，这就使学生始终处于一种积极思维，反复查询课本，不断提问，不断学习和不断实验的高昂情绪中。

二、"系统运转型"财会高仿真实验的组织结构

"系统运转型"模拟实验的组织结构有两种不同的设置方式，即"独立设置方式"和"联合设置方式"。其形式见图 1.3 和图 1.4。

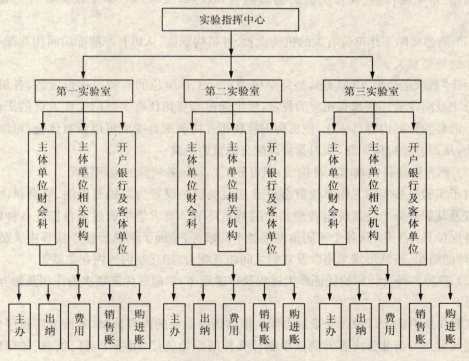

图 1.3　独立设置方式

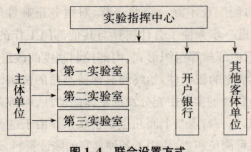

图 1.4　联合设置方式

图 1.3 是采用实验室独立设置方式，即每一个实验室都按实验要求设置了所有的相关机构，各自独立发生业务，自成体系。

图 1.4 是联合设置方式，即各实验室只按主体单位设置，其他如开户银行、客体单位等不再分设实验室而是统一设置，由各实验室共同使用。各实验室作为各个主体单位都与该共同机构发生联系。

以上两种方式，各有其优缺点，一旦按某种方式组织实验，应在实验动员时讲清情况。

三、"系统运转型"财会高仿真实验任务

根据"系统运转型"模拟实验的实验内容和特点，要求每一学生在实验后完成以下任务：

（1）熟悉实际工作单位有关的机构设置、各机构职能，认识各职能部门间相互配合、协调工作的重要意义。

由于"系统运转型"模拟实验是完全模拟实际工作单位的有关机构设置的，各机构间职能分工及岗位责任制都有相应的规定，学生通过亲自担任有关部门工作人员的工作，把书本上的理念化的内容具体化，使机构职能和相互协调配合变成可以亲自体会、可以操作的事物，从而熟悉机构职能，认识其协调配合的重要意义。

（2）熟悉财会科内基本人员构成，职责分工以及账务核算的组织情况。

由于实验是按实际工作单位财会科及相关机构的设置为基础开展的、财会科内各岗位设置及其职责分工是系统运转型实验的基本环节。要求学生通过亲自担任各种职务、承担各岗位具体工作，从各个不同角度接触不同账务，全面了解熟悉整个核算中人员的组织、账簿的组织、核算形式采用以及它们之间相互配合、相互制约的内在关系。

（3）熟悉各种会计原始凭证产生过程及传递程序，掌握各凭证联次的作用及相互制约的关系。

实验中所有的会计原始凭证都由学生根据该笔业务的内容填制，并按流转程序传递。学生必须通过分析业务内容弄清该填制什么样的原始凭证、由哪个部门填制、如何传递、各联次凭证的作用以及各联次凭证间相互制约的作用等。

（4）掌握流通企业批发和零售业务期初建账到购、销、存、成本结转、利润形成、年末利润清缴、税务申报、会计报表编制及财务报表分析的全过程。

（5）掌握制造业（工业企业）从期初建账到材料采购、材料领用、在产品、产成品、成本核算、基本生产、辅助生产成本核算、成本分配及工业企业利润形成、年末利润清缴、税务申报、会计报表编制及财务分析的全过程。

这是"系统运转型"模拟实验的中心任务。本书设计的业务比较全面，涉及货币收支、购销存业务、费用税金、成本结转、利润形成、利润分配以及年末利润清算等各种业务，要求学生通过亲自实验掌握全套业务的核算，对于在实验中由于时间关系没有轮换到的岗位，没能接触到的业务要通过翻阅账证资料、询问学生和老师去掌握，对于一些难度较大的业务如工资核算、成本结转等，要求每个学生必须自行编制分录，并掌握填制从期初建账到购、销、存、成本结转、利润形成、年终利润清缴、凭证装订归档等全套会计业务的核算及所有环节的操作。

（6）掌握年终凭证的装订归档、账簿的装订归档等全套会计业务的核算及所有环节的操作。

（7）提高操作基本技能。

由于课堂教学和作业中缺少实物资料，也无法开展会计基本操作技能的训练，在模拟实验开始时，大部分学生面对实际资料首先感到无从下手，很是茫然，其次是操作基本技能差，操作质量不高。通过实验要求学生在这方面有较大的提高，包括以下几个方面：①掌握规定的账簿启用方法，期初资料登记方法，摘要写法以及移次页、承上页、结余额、结账以及账簿交接等项操作。②掌握阿拉伯数字的书写要求和规定，强化训练，努力提高记账质量，使账簿整洁、美观；学会各种改正错账的操作技能。③学会查找错账的方法、尤其要学会分析错账的原因，针对不同的错账采用不同的查账方法，并学会核对各种账目、编制银行存款余额调节表等。④学会会计档案的装订和保管。

（8）掌握主体单位内部财务部门与业务部门及其他相关部门的内在联系和内部控制关系。

（9）掌握主体单位与外部相关的购方、供方、运输部门及银行、税务等部门的相关关系。

（10）提高分析问题和解决问题的能力，提高研究能力和写作水平。

四、"系统运转型"会计高仿真实验实施步骤

组织"系统运转型"会计高仿真实验，一般包括实验动员、实验操作及实验总结与考评三大阶段，每一阶段又包括较多的步骤，分述如下：

（一）实验动员

开展"系统运转型"模拟实验，必须组建模拟财会科及相关机构；必须设计大量的需协

调配合才能完成的会计业务；必须有相应的实验室及真实的账证资料及相关设施、器具，并且要集中安排2～4周专门时间来进行。这就要求学生有充分的思想认识、必要的组织准备以及相当的业务知识，相应的其实验动员也分为思想动员、组织动员及业务动员三个方面。

（1）思想动员。

使学生认识模拟实验的重要意义，了解实验概况，学习各种管理规章制度及考核办法，用以前实验学生的实验案例、收获及对职业生涯的巨大影响激励出学生摩拳擦掌、跃跃欲试的实验热情，坚定认真实验的决心。

（2）组织动员。

使学生了解实验的组织形式、实验机构的设置及其职责分工、划分学生所在实验科室、确定第一轮业务运行每一个人具体的职业角色（以后的角色轮换由各实验科室协商确定）、确定各实验室指导教师。

（3）业务动员。

讲解系统运转型模拟实验的特点、任务、开展的总体步骤以及要求具备的课本理论知识。如复习已学过的业务类型、核算办法、账务核算等等，布置学生准备的实验用具如算盘、计算器、私章等。

整个动员要求激发起学生参加实验的积极性和极大热情以及跃跃欲试、决心干好的精神风貌，其方式一般采用召开实验动员大会，由院系领导作思想和组织动员，讲解实验的目的、意义、管理考核制度以及考核成绩在专业学习中的重要性以及奖惩办法、组织形式、机构设置等，并确定实验室指导教师；由实验负责老师作业务动员讲解实验的专业特点及其专业要求等并配合其他动员手段：如请参加过实验的学生谈体会，观看实验实况录像，参观往届学生实验成果，以及认真学习各项管理考评制度等。

（二）实验操作

实验动员后，学生按各自划分进入模拟实验室，开始操作，整个过程包括熟悉环境、划分岗位、领取资料用具、设期初账务、学习流转程序、进行日常核算、定期轮换、结转利润、编制财务报表、填制纳税申报表、撰写财务分析报告、会计档案装订归档、归还实验器材等十几个方面。

具体步骤如下：

（1）操作准备。

熟悉环境→划分岗位→领取实验用具→岗位职责分工→熟悉账簿组织→开设期初账务资料→送存银行印鉴卡片。

（2）启用新账簿。

按记账规则操作→期初资料过账→核对平衡→认识印鉴重要作用。

（3）运行新业务。

认真分析业务内容、按规定业务流程运转：熟悉业务流程→填制原始单据→单据传递→记账凭证的编制与审核→过账→汇总编制科目汇总表→过总账→试算平衡。

（4）定期轮换。

确保各轮账账相符、账实相符→协商人员安排→办理交接手续→规定统一进度→重新学习岗位责任制→开始新业务运转。

（5）重难点业务讲解。

包括：内部调拨、债务重组、托收拒付、退价补价、进货退出、受托代销业务、工资发放、增值税计算等相关业务。

（6）成本结转。

批发成本结转：结转原理、结转程序、结转方法、结转账务处理；零售已销商品进销差价的转销：转销原理、转销程序、转销方法、转销的账务处理。

（7）利润结转。

结转利润前对账查账→结转利润原理→结转利润账务处理→造成利润重大差异的主要原因分析→利润的年终清缴。

（8）财务报表的编制与纳税申报表的填制。

资产负债表、利润表、现金流量表及其相关附表的编制；增值税、营业税、城建税、土地使用税、房产税、车船使用税、印花税、所得税等相关税金纳税申报表的填制。

（9）结账。

账簿余额的月结、年结→年终各账户余额转入新账的方法。

（10）会计资料的装订归档。

账簿、凭证、资料的整理、装订→各科室会计资料归档→器具交还。

（三）实验总结与考评

在实验操作结束，会计资料存档，实验器具交还，清洁卫生做好后，就全面进入了实验的总结、考评阶段。这一阶段包括以下三方面内容：召开总结大会；学生自我总结以及指导教师对学生实验成绩的考核。

1. 实验总结大会

在紧张、繁忙的模拟实验操作结束后，应及时召开总结大会，负责组织实验实施的老师平时应注意收集各实验室操作中典型材料，留意观察操作情况；并经常与各实验室指导教师密切联系，取得大量丰富、生动的第一手资料。

在具体召开总结大会时有两种不同的形式：一是集中发言总结，二是每人即兴发言总结。采用集中式总结会的准备工作要更充分一些，一般先由组织实验老师通报各实验室的实验成果：第一，各实验室主要财务指标，包括利润、成本、费用、资金平衡状况等；第二，账簿操作质量，凭证、账簿的装订情况等；第三，各科室主要业务运转情况及出现的主要问题；第四，由指导教师进行的对存货、现金、银行存款、材料物质的盘点情况及相应的责任人通报；第五，各实验科室作为一个实验团队对组织纪律遵守情况，团结协作情况，以及特别应表扬与批评的事例；再次，抽选各种类型有代表性的学生讲自己的主要收获、感受与不足之处,并对实验的设计、组织、指导以及今后发展提出期望。这种总结会一定注意不能太长,也不能太呆板,否则收不到预期效果。而采用第二种即兴发言总结形式,开始也要由教师通报各实验室主要情况,因为是大家充满热情兴趣、辛勤劳动取得的成绩,一般都是很关切,很注意的,到即兴发言总结时,则要求每个学生将自己感受最深之处浓缩为二三句话,使每个学生都有发言机会,由于各学生干的工作不尽相同,取得收获不尽相同,总结的用语也各有特色,这样的总结比较生动活泼,但不太深入,因此最后要由教师总结归纳。

2. 学生自我总结

自我总结包括两份书面资料,一是"实验日志",二是"实验报告"。"实验日志"是在平时实验操作时写下的,既可由学生每日填写,也可在每个岗位轮换时填写,要求写下本日或某个环节实验时的主要收获和体会。而"实验报告"是在实验操作全部完成后的总结报告,要求学生对整个实验作全面总结,包括业务上的收获,遵守规章制度方面情况以及团结协作、相互配合钻研精神等。这两份总结连同账证操作中留存资料以及每人编制的会计报表、财务分析等,加上教师平时对学生的了解观察等,最后成为指导教师考核学生成绩的主要依据。

3. 实验成绩的考核

"系统运转型"模拟实验的成绩考核是一个难度较大的问题。由于所有实验操作是相互配合才能完成的,如发生操作中错误,很难较快断定是哪个学生的责任,再加之定期轮换,就更不易综合评定某项操作的优劣。这样,考核指标的设计既不能太粗,也不能太细:太粗,则成绩无从衡量;太细,则又不易分清责任。一般可将每个学生按三方面考核;一是工作态度,二是会计基础工作书写质量,三是专业知识技能。每方面又按"优"、"良"、"中"、"及格"、"不及格"五个等级打分。三项中如有两项为某一等级,第三项为紧挨着的等级,则该学生实验的综合分为这个等级,如"优、优、良"则为"优","良、良、中"则为"良"。如三项中,有两项为某一等级,第三项为有间隔的等级,则往上或往下定一个等级,如"优、优、中"则为"良","良、良、及格"则为"中","优、中、中"则为"良"。具体考核办法按实验成绩考评办法执行。

五、激励措施

在实验动员阶段就要对学生讲清,每次实验结束时要评出优秀学生并给予不同的奖励,包括最佳协调能力奖、最佳业务能力奖、最佳书写质量奖、最耐心细心奖(我们初步认为这些奖项基本能将各方面表现突出的学生都包括在内,从而做到肯定他们的所有积极性),具体由各实验科室的学生无记名投票选出,教师只需要进行微调。

附：参考学时

附表 1.1   80 课时"系统运转型"会计高仿真实验课时安排表

项 目	内 容	形 式	课 时
实验动员	思想动员 组织动员 业务动员	院领导及分管领导 实验指导教师 实验室管理人员讲解 观看多媒体课件	4
实验准备	分为不同职业角色 学习岗位责任制 领取实验器材	学生主体运作 教师指导	2
实验开展	· 开设期初资料,核对平衡 · 学习购销业务电子流转程序 · 运行新业务(共6轮) · 查账、对账 · 教师各科室盘点、监控账实相符情况 · 教师讲解示范：凭证装订 · 业务讲解：教师集中分几次讲解新业务、特殊业务及成本结转、 利润计算、报表编制程序		4 2 48 10 (6) 2 6
实验总结	总结大会 成绩考评		2 (3)
总　计			80

注：(1) 所列课时为课表课时,学生根据各科情况的自行加班不计入。

(2) 括号内为同时或实验后进行的内容,不要另加计入总课时内。

(3) 如果课时不够,可以只实习批发业务部分,但要将以上期初资料加以调整：①在总账与明细账上删掉零售的库存商品、商品进销差价,同时减少短期借款相应的金额以保持账与账的平衡;②删掉主营业务收入与主营业务成本中的零售部分;③删掉每一轮经济业务中所设计的零售业务分录。

附表 1.2　40 课时"系统运转型"会计高仿真实验课时安排表

项　目	内　容	形　式	课　时
实验动员	思想动员 组织动员 业务动员	院领导及分管领导 实验指导教师 实验室管理人员讲解 观看多媒体课件	4
实验准备	分为不同职业角色 学习岗位责任制 领取实验器材	学生主体运作 教师指导	2
实验开展	• 开设期初资料，核对平衡 • 学习购销业务电子流转程序 • 运行新业务（共 3 轮） • 查账、对账 • 教师各科室盘点、监控账实相符情况 • 教师讲解示范：凭证装订、账簿装订归档 • 业务讲解：教师集中分几次讲解新业务、特殊业务及成本结转、利润计算、报表编制程序		2 2 18 4 （4） 2 4
实验总结	总结大会 成绩考评		2 （3）
总　　计			40

注：(1) 所列课时为课表课时，学生根据各科情况的自行加班不计入。
(2) 括号内为同时或实验后进行的内容，不要另加计入总课时内。

第二章

操作技术与操作规范

第一节　会计业务流程与操作、书写规范

一、会计业务流程

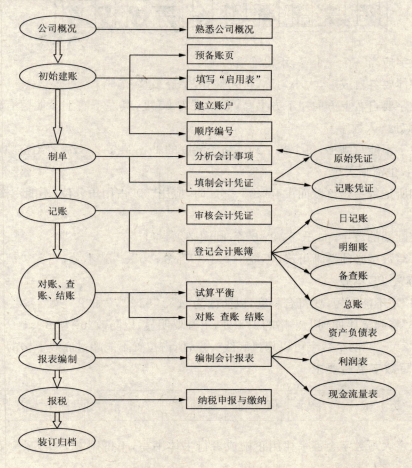

二、文字、数字书写规范

（一）文字书写要求

（1）要用蓝黑墨水或碳素墨水书写，不得用铅笔、圆珠笔（用复写纸复写除外）书写。

（2）红色墨水只在特殊情况下使用。

（3）填写支票必须使用碳素笔书写。

（4）文字书写一般紧靠左竖线书写，不留空白。

（5）书写时不能顶格，一般只占格距高度的 1/2 或 2/3。

（6）要用正楷或行书体书写，要求工整、规范、整洁、清晰，不得乱造汉字。

（二）数字书写要求

1. 阿拉伯数字书写要求

（1）数字应当一个一个写，不得连笔写。

（2）字体要各自成形，大小匀称，排列整齐，字迹工整、清晰。

（3）数字要自右上方向左下方书写，倾斜度为 60 度，其左下右上不能留有较大空隙，以避免空隙处挤入数字。

（4）数字不能写满格，每个数字约占格子高度的 1/2，最多 2/3，需留出空隙，既以备更正改错之用，也清晰美观。

（5）如所记数字是整数而没有"角"、"分"时，应用"00"占用角分位，不能空格或用短线代替。

（6）有圆圈的数字，如 6、8、9、0 等，圆圈必须封口。

（7）所写数字必须清晰可辨，不能"4"、"9"不分；"5"、"8"不分；"1"、"7"不分；"0"、"6"不分；"7"、"9"不分。

（8）"1"字不能写短，要符合斜度，以防改为"4"、"6"、"7"和"9"。

（9）"6"字起笔要伸到上半格的 1/4 处，下圆要明显，以防改"6"为"8"。

（10）"7"、"9"两个数字可以超过底线一点，所占位置不能超过底线下格的 1/4。

2. 大写数字书写要求

零	壹	贰	叁	肆	伍	陆	柒	捌	玖	拾	佰	仟	万	亿

（1）汉字大写数字金额一律用正楷或者行书体书写，不得用 0、一、二、三、四、五、六、

七、八、九、十等简化字代替,不得任意自造简化字。

(2) 大写金额数字到元或者角为止的,在"元"或者"角"字之后应当写"整"字或者"正"字;大写金额数字有分的,分字后面不写"整"或者"正"字。

(3) 大写金额数字前未印有货币名称的,应当加填货币名称,货币名称与金额数字之间不得留有空白。

(4) 阿拉伯金额数字中间有"0"时,汉字大写金额要写"零"字;阿拉伯数字金额中间连续有几个"0"时,汉字大写金额中可以只写一个"零";阿拉伯金额数字元位是"0",或者数字中间连续有几个"0"、元位也是"0"但角位不是"0"时,汉字大写金额可以只写一个"零"字,也可以不写"零"字。

第二节　初始建账

单位建账时,应根据提供会计信息的需要,按照国家会计制度中规定的会计科目开设账户,必要时可以根据本单位的具体情况和经济管理要求,对统一的会计科目作必要的增补或简并。

一、企业常用会计科目

(一)《会计准则应用指南》的会计科目

企业会计科目一览表

顺序号	编号	会计科目名称	顺序号	编号	会计科目名称
		一、资产类	10	1221	其他应收款
1	1001	库存现金	11	1231	坏账准备
2	1002	银行存款	12	1321	代理业务资产(或受托代销商品)
3	1012	其他货币资金	13	1401	材料采购
4	1101	交易性金融资产	14	1402	在途物资
5	1121	应收票据	15	1403	原材料
6	1122	应收账款	16	1404	材料成本差异
7	1123	预付账款	17	1405	库存商品
8	1131	应收股利	18	1406	发出商品
9	1132	应收利息	19	1407	商品进销差价

（续表）

顺序号	编号	会计科目名称	顺序号	编号	会计科目名称
20	1408	委托加工物资	50	2221	应交税费
21	1411	周转材料	51	2231	应付利息
22	1471	存货跌价准备	52	2232	应付股利
23	1501	持有至到期投资	53	2241	其他应付款
24	1502	持有至到期投资减值准备	54	2314	代理业务负债(或受托代销商品款)
25	1503	可供出售金融资产	55	2401	递延收益
26	1511	长期股权投资	56	2501	长期借款
27	1512	长期股权投资减值准备	57	2502	应付债券
28	1521	投资性房地产	58	2701	长期应付款
29	1531	长期应收款	59	2702	未确认融资费用
30	1532	未实现融资收益	60	2711	专项应付款
31	1601	固定资产	61	2801	预计负债
32	1602	累计折旧	62	2901	递延所得税负债
33	1603	固定资产减值准备			三、共同类
34	1604	在建工程	63	3101	衍生工具
35	1605	工程物资	64	3201	套期工具
36	1606	固定资产清理	65	3202	被套期项目
37	1701	无形资产			四、所有者权益类
38	1702	累计摊销	66	4001	实收资本(或股本)
39	1703	无形资产减值准备	67	4002	资本公积
40	1711	商誉	68	4101	盈余公积
41	1801	长期待摊费用	69	4103	本年利润
42	1811	递延所得税资产	70	4104	利润分配
43	1901	待处理财产损溢	71	4201	库存股
		二、负债类			五、成本类
44	2001	短期借款	72	5001	生产成本
45	2101	交易性金融负债	73	5101	制造费用
46	2201	应付票据	74	5201	劳务成本
47	2202	应付账款	75	5301	研发支出
48	2203	预收账款			六、损益类
49	2211	应付职工薪酬	76	6001	主营业务收入

顺序号	编号	会计科目名称	顺序号	编号	会计科目名称
77	6051	其他业务收入	84	6601	销售费用
78	6101	公允价值变动损益	85	6602	管理费用
79	6111	投资收益	86	6603	财务费用
80	6301	营业外收入	87	6701	资产减值损失
81	6401	主营业务成本	88	6711	营业外支出
82	6402	其他业务成本	89	6801	所得税费用
83	6403	营业税金及附加	90	6901	以前年度损益调整

（二）企业根据需要设置的会计科目

《会计准则应用指南》指出：企业在不违反会计准则中确认、计量和报告规定的前提下，可以根据本单位的实际情况增设、分拆、合并会计科目，企业可以结合实际情况自行确定会计科目编号。

企业常用会计科目一览表

顺序号	编号	会计科目名称	顺序号	编号	会计科目名称
		一、资产类	18	1407	发出商品
1	1001	库存现金	19	1410	商品进销差价
2	1002	银行存款	20	1411	委托加工物资
3	1015	其他货币资金	21	1412	包装物及低值易耗品
4	1101	交易性金融资产	22	1461	存货跌价准备
5	1121	应收票据	23	1501	待摊费用
6	1122	应收账款	24	1521	持有至到期投资
7	1123	预付账款	25	1522	持有至到期投资减值准备
8	1131	应收股利	26	1523	可供出售金融资产
9	1132	应收利息	27	1524	长期股权投资
10	1231	其他应收款	28	1525	长期股权投资减值准备
11	1241	坏账准备	29	1526	投资性房地产
12	1321	代理业务资产(或受托代销商品)	30	1531	长期应收款
13	1401	材料采购	31	1542	未实现融资收益
14	1402	在途物资	32	1601	固定资产
15	1403	原材料	33	1602	累计折旧
16	1404	材料成本差异	34	1603	固定资产减值准备
17	1406	库存商品	35	1604	在建工程

（续表）

顺序号	编号	会计科目名称	顺序号	编号	会计科目名称
36	1605	工程物资	65	3101	衍生工具
37	1606	固定资产清理	66	3201	套期工具
38	1701	无形资产	67	3202	被套期项目
39	1702	累计摊销			四、所有者权益类
40	1703	无形资产减值准备	68	4001	实收资本(或股本)
41	1711	商誉	69	4002	资本公积
42	1801	长期待摊费用	70	4101	盈余公积
43	1811	递延所得税资产	71	4103	本年利润
44	1901	待处理财产损溢	72	4104	利润分配
		二、负债类	73	4201	库存股
45	2001	短期借款			五、成本类
46	2101	交易性金融负债	74	5001	生产成本
47	2201	应付票据	75	5101	制造费用
48	2202	应付账款	76	5201	劳务成本
49	2205	预收账款	77	5301	研发支出
50	2211	应付职工薪酬			六、损益类
51	2221	应交税费	78	6001	主营业务收入
52	2231	应付股利	79	6051	其他业务收入
53	2232	应付利息	80	6101	公允价值变动损益
54	2241	其他应付款	81	6111	投资收益
55	2314	代理业务负债(或受托代销商品款)	82	6301	营业外收入
56	2401	预提费用	83	6401	主营业务成本
57	2411	预计负债	84	6402	其他业务成本
58	2501	递延收益	85	6403	营业税金及附加
59	2601	长期借款	86	6601	销售费用
60	2602	应付债券	87	6602	管理费用
61	2801	长期应付款	88	6603	财务费用
62	2802	未确认融资费用	89	6701	资产减值损失
63	2811	专项应付款	90	6711	营业外支出
64	2901	递延所得税负债	91	6801	所得税费用
		三、共同类	92	6901	以前年度损益调整

二、建账流程

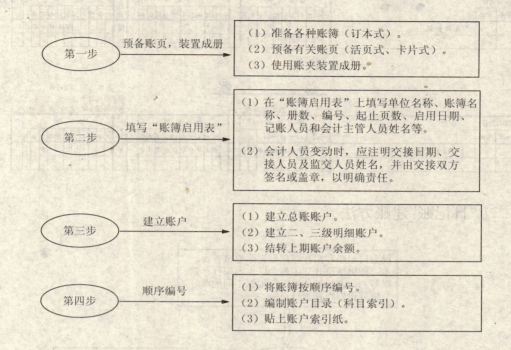

第一步	预备账页，装置成册	（1）准备各种账簿（订本式）。 （2）预备有关账页（活页式、卡片式）。 （3）使用账夹装置成册。
第二步	填写"账簿启用表"	（1）在"账簿启用表"上填写单位名称、账簿名称、册数、编号、起止页数、启用日期、记账人员和会计主管人员姓名等。 （2）会计人员变动时，应注明交接日期、交接人员及监交人员姓名，并由交接双方签名或盖章，以明确责任。
第三步	建立账户	（1）建立总账账户。 （2）建立二、三级明细账户。 （3）结转上期账户余额。
第四步	顺序编号	（1）将账簿按顺序编号。 （2）编制账户目录（科目索引）。 （3）贴上账户索引纸。

三、建账方法

（一）"总账"建账方法

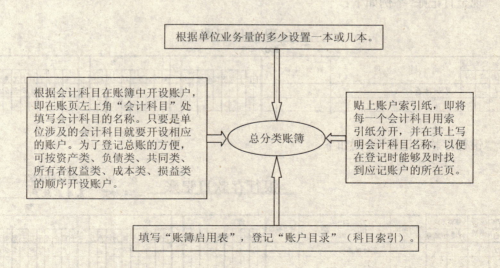

根据单位业务量的多少设置一本或几本。

根据会计科目在账簿中开设账户，即在账页左上角"会计科目"处填写会计科目的名称。只要是单位涉及的会计科目就要开设相应的账户。为了登记总账的方便，可按资产类、负债类、共同类、所有者权益类、成本类、损益类的顺序开设账户。

总分类账簿

贴上账户索引纸，即将每一个会计科目用索引纸分开，并在其上写明会计科目名称，以便在登记时能够及时找到应记账户的所在页。

填写"账簿启用表"，登记"账户目录"（科目索引）。

举例如下：

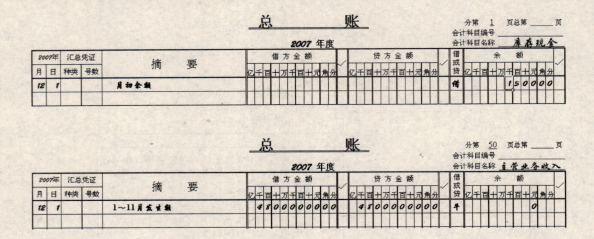

总　　　账

分第 1 页总第 ＿＿＿ 页
会计科目编号 ＿＿＿
会计科目名称 库存现金

2007 年度

2007年		汇总凭证		摘　要	借方金额		贷方金额		借或贷	余　额	
月	日	种类	号数		亿千百十万千百十元角分	✓	亿千百十万千百十元角分	✓		亿千百十万千百十元角分	✓
12	1			月初余额					借	1 5 0 0 0 0	

总　　　账

分第 50 页总第 ＿＿＿ 页
会计科目编号 ＿＿＿
会计科目名称 主营业务收入

2007 年度

2007年		汇总凭证		摘　要	借方金额		贷方金额		借或贷	余　额	
月	日	种类	号数		亿千百十万千百十元角分	✓	亿千百十万千百十元角分	✓		亿千百十万千百十元角分	✓
12	1			1～11月发生额	4 8 0 0 0 0 0 0 0 0		4 8 0 0 0 0 0 0 0 0		平	0	

（二）"日记账"建账方法

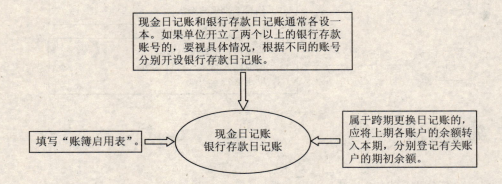

现金日记账和银行存款日记账通常各设一本。如果单位开立了两个以上的银行存款账号的，要视具体情况，根据不同的账号分别开设银行存款日记账。

填写"账簿启用表"。→ 现金日记账　银行存款日记账 ← 属于跨期更换日记账的，应将上期各账户的余额转入本期，分别登记有关账户的期初余额。

"现金日记账"举例如下：

库存现金日记账

2007 年度

第 1 页

07 年		记账凭证		摘　要	对方科目	总页	借　方		贷　方		结　存	
月	日	字	号				千百十万千百十元角分	✓	千百十万千百十元角分	✓	千百十万千百十元角分	✓
12	1			月初结存							9 6 2 3 0 0	

"银行存款日记账"举例如下：

银行存款日记账

账　号： 197-61056783
存款种类： 基本存款户

第 1 页

2007年		凭证号数	结算方式		对方单位	摘　要	对方科目	借　方		贷　方		结　存	
月	日		种类	支票号				千百十万千百十元角分	✓	千百十万千百十元角分	✓	千百十万千百十元角分	✓
12	1					月初结存						1 3 1 5 3 9 9 0 0	

（三）"明细账"建账方法

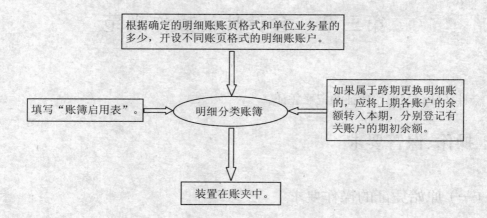

根据确定的明细账账页格式和单位业务量的多少，开设不同账页格式的明细账账户。

填写"账簿启用表"。 → 明细分类账簿 ← 如果属于跨期更换明细账的，应将上期各账户的余额转入本期，分别登记有关账户的期初余额。

装置在账夹中。

"三栏式明细账"举例如下：

其他应收款明细账

第　页

一级科目　其他应收款
二级科目或明细科目　乾彬

2007年		凭证		摘　要	借　方	贷　方	借或贷	余　额
月	日	种类	号数		亿千百十万千百十元角分	亿千百十万千百十元角分		亿千百十万千百十元角分
12	1			月初余额			借	1 0 0 0 0 0

"数量金额式明细账"举例如下：

库存商品　明细账

第　页

最高储备量＿＿　类　别　金具类　储备定额＿＿　编　号＿＿　规　格　34厘米
最低储备量＿＿　存放地点＿＿　计划单价＿＿　计量单位　口　名　称　铝锅

2007年		凭证		摘　要	借　方			贷　方			借或贷	余　额		
月	日	种类	号数		数量	单价	金额 千百十万千百十元角分	数量	单价	金额 千百十万千百十元角分		数量	单价	金额 千百十万千百十元角分
12	1			月初结存								200	50	1 0 0 0 0 0 0

"多栏式明细账"举例如下：

第75页

编　号	科　目
6601	销售费用

销售费用　明细账

07年		凭证		摘　要	合　计	运杂费	包装费	展览费	广告费	其他
月	日	字	号		百十万千百十元角分	百十万千百十元角分	百十万千百十元角分	百十万千百十元角分	百十万千百十元角分	百十万千百十元角分
12	1			1~11月累计发生额	8 7 3 4 2 0 0 0	2 8 8 0 9 0 0	4 2 6 0 0 0 0	5 8 8 0 0 0 0	3 5 0 0 0 0 0	9 8 1 1 0 0
				1~11月结转利润额	8 7 3 4 2 0 0 0	2 8 8 0 9 0 0	4 2 6 0 0 0 0	5 8 8 0 0 0 0	3 5 0 0 0 0 0	9 8 1 1 0 0 （红字或负数）

第三节　会计凭证操作规范

会计凭证包括原始凭证和记账凭证。

一、操作、保管要求

(一) 原始凭证的操作要求

(1) 凭证合法,填制及时,内容完整,书写规范。

(2) 原始凭证的内容必须具备:凭证的名称;填制凭证的日期;填制凭证单位名称或者填制人姓名;经办人员的签名或者盖章;接受凭证单位名称;经济业务内容;数量、单价和金额。

(3) 从外单位取得的原始凭证,必须盖有填制单位的公章;从个人取得的原始凭证,必须有填制人员的签名或者盖章。自制原始凭证必须有经办单位领导人或者其指定的人员签名或者盖章。对外开出的原始凭证,必须加盖本单位公章。

(4) 凡填有大写和小写金额的原始凭证,大写与小写金额必须相符。购买实物的原始凭证,必须有验收证明。支付款项的原始凭证,必须有收款单位和收款人的收款证明。

(5) 一式几联的原始凭证,应当注明各联的用途,只能以一联作为报销凭证。一式几联的发票和收据,必须用双面复写纸(发票和收据本身具备复写纸功能的除外)套写,并连续编号。作废时应当加盖"作废"戳记,连同存根一起保存,不得撕毁。

(6) 发生销货退回的,除填制退货发票外,还必须有退货验收证明;退款时,必须取得对方的收款收据或者汇款银行的凭证,不得以退货发票代替收据。

(7) 职工出具的借款凭据,必须附在记账凭证之后。收回借款时,应当另开收据或者退还借据副本,不得退还原借款凭据。

(8) 经上级有关部门批准的经济业务,应当将批准文件作为原始凭证附件。如果批准文件需要单独归档的,应当在凭证上注明批准机关名称、日期和文件字号。

(9) 会计机构、会计人员必须按照国家统一的会计制度的规定对原始凭证进行审核,对不真实、不合法的原始凭证有权不予接受,并向单位负责人报告;对记载不准确、不完整的原始凭证予以退回,并要求按照国家统一的会计制度的规定更正、补充。

(10) 原始凭证记载的各项内容均不得涂改;原始凭证有错误的,应当由出具单位重开或者更正,更正处应当加盖出具单位印章。原始凭证金额有错误的,应当由出具单位重开,不得在原始凭证上更正。

（二）记账凭证的操作要求

（1）记账凭证的内容必须具备：填制凭证的日期；凭证编号；经济业务摘要；会计科目；金额；所附原始凭证张数；填制凭证人员、稽核人员、记账人员、会计机构负责人、会计主管人员签名或者盖章。收款和付款记账凭证还应当由出纳人员签名或者盖章。以自制的原始凭证或者原始凭证汇总表代替记账凭证的，也必须具备记账凭证应有的项目。

（2）填制记账凭证时，应当对记账凭证进行连续编号。一笔经济业务需要填制两张以上记账凭证的，可以采用分数编号法编号。

（3）记账凭证可以根据每一张原始凭证填制，或者根据若干张同类原始凭证汇总填制，也可以根据原始凭证汇总表填制。但不得将不同内容和类别的原始凭证汇总填制在一张记账凭证上。

（4）除结账和更正错误的记账凭证可以不附原始凭证外，其他记账凭证必须附有原始凭证。如果一张原始凭证涉及几张记账凭证，可以把原始凭证附在一张主要的记账凭证后面，并在其他记账凭证上注明附有该原始凭证的记账凭证的编号或者原始凭证复印件。一张原始凭证所列支出需要几个单位共同负担的，应当将其他单位负担的部分，开给对方原始凭证分割单，进行结算。原始凭证分割单必须具备原始凭证的基本内容：凭证名称、填制凭证日期、填制凭证单位名称或者填制人姓名、经办人的签名或者盖章、接受凭证单位名称、经济业务内容、数量、单价、金额和费用分摊情况等。

（5）如果在填制记账凭证时发生错误，应当重新填制。已经登记入账的记账凭证，在当年内发现填写错误时，可以用红字填写一张与原内容相同的记账凭证，在摘要栏注明"注销某月某日某号凭证"字样，同时再用蓝字重新填制一张正确的记账凭证，注明"订正某月某日某号凭证"字样。如果会计科目没有错误，只是金额错误，也可以将正确数字与错误数字之间的差额，另编一张调整的记账凭证，调增金额用蓝字，调减金额用红字。发现以前年度记账凭证有错误的，应当用蓝字填制一张更正的记账凭证。

（6）记账凭证填制完经济业务事项后，如有空行，应当自金额栏最后一笔金额数字下的空行处至合计数上的空行处划线注销。

（7）填制会计凭证，字迹必须清晰、工整，符合要求。

（8）实行会计电算化的单位，对于机制记账凭证，要认真审核，做到会计科目使用正确，数字准确无误。打印出的机制记账凭证要加盖制单人员、审核人员、记账人员及会计机构负责人、会计主管人员印章或者签字。

（三）会计凭证的保管要求

（1）会计凭证应当及时传递，不得积压。各单位会计凭证的传递程序应当科学、合理，具体办法由各单位根据会计业务需要自行规定。

（2）会计凭证登记完毕后，应当按照分类和编号顺序保管，不得散乱丢失。

（3）记账凭证应当连同所附的原始凭证或者原始凭证汇总表，按照编号顺序，折叠整齐,按期装订成册,并加具封面,注明单位名称、年度、月份和起迄日期、凭证种类、起讫号码,由装订人在装订线封签处签名或者盖章。对于数量过多的原始凭证,可以单独装订保管,在封面上注明记账凭证日期、编号、种类,同时在记账凭证上注明"附件另订"和原始凭证名称及编号。各种经济合同、存出保证金收据以及涉外文件等重要原始凭证,应当另编目录,单独登记保管,并在有关的记账凭证和原始凭证上相互注明日期和编号。

(4) 原始凭证不得外借,其他单位如因特殊原因需要使用原始凭证时,经本单位会计机构负责人、会计主管人员批准,可以复制。向外单位提供的原始凭证复制件,应当在专设的登记簿上登记,并由提供人员和收取人员共同签名或者盖章。

(5) 从外单位取得的原始凭证如有遗失,应当取得原开出单位盖有公章的证明,并注明原来凭证的号码、金额和内容等,由经办单位会计机构负责人、会计主管人员和单位领导人批准后,才能代作原始凭证。如果确实无法取得正确的,如火车、轮船、飞机票等凭证,由当事人写出详细情况,由经办单位会计机构负责人、会计主管人员和单位领导人批准后,代作原始凭证。

此外,原始凭证、记账凭证、汇总凭证的法定保管期限为15年;除现金和银行存款日记账保管25年外,其余账簿保管15年;年度财务报告、会计档案保管及销毁清册永久性保管。

二、企业间凭证联次及作用

(1) 增值税专用发票。

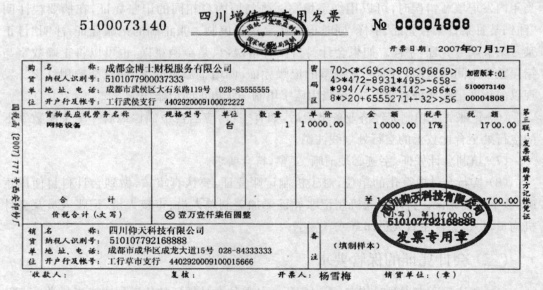

注:增值税专用发票由基本联次或者基本联次附加其他联次构成,只限于增值税一般纳税人领购使用,增值税小规模纳税人和非增值税纳税人不得领购使用。专用发票基本联次为三联,分别是:第一联,"记账联",作为销售方核算销售收入和增值税销项税额的记账凭证;第二联,"抵扣联",作为购买方报送主管税务机关认证和留存备查的凭证;第三联,"发票联",作为购买方核算采购成本和增值税进项税额的记账凭证。其他联次用途,由一般纳税人自行确定。

本实验教程中所涉及的增值税专用发票附加联次根据企业需要设置,设为第 4～7 联,各联次用途及传递如下图所示:

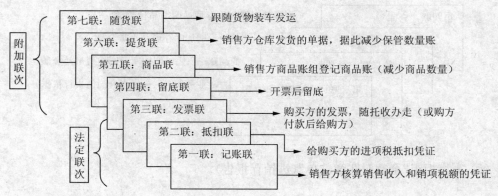

(2) 普通发票。

注:增值税普通发票,一式二联:第一联,"记账联",销货记账凭证;第二联,"发票联",购货记账凭证。

(3) 商品调拨单。

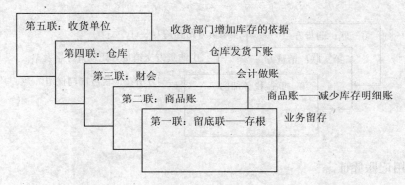

（4）收货单。

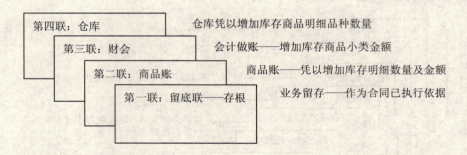

第四联：仓库	仓库凭以增加库存商品明细品种数量
第三联：财会	会计做账——增加库存商品小类金额
第二联：商品账	商品账——凭以增加库存明细数量及金额
第一联：留底联——存根	业务留存——作为合同已执行依据

（5）零售柜组"金额对账缴款单"（进销存报告）。

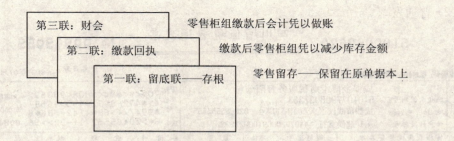

第三联：财会	零售柜组缴款后会计凭以做账
第二联：缴款回执	缴款后零售柜组凭以减少库存金额
第一联：留底联——存根	零售留存——保留在原单据本上

（6）领料单。

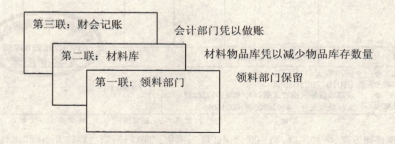

第三联：财会记账	会计部门凭以做账
第二联：材料库	材料物品库凭以减少物品库存数量
第一联：领料部门	领料部门保留

（7）开具红字增值税发票通知单。

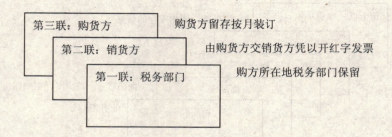

第三联：购货方	购货方留存按月装订
第二联：销货方	由购货方交销货方凭以开红字发票
第一联：税务部门	购方所在地税务部门保留

（8）通用记账凭证。

2007 年 12 月 08 日　　　　　顺序号第 ___15___ 号

摘　　要	总账科目	明细科目	√	借方 千百十万千百十元角分	贷方 千百十万千百十元角分	附件
张彬报销差旅费	管理费用	差旅费		1 9 3 0 0 0		
	库存现金			7 0 0 0		5
	其他应收款	张彬			2 0 0 0 0 0	张
合　　　　计				2 0 0 0 0 0	2 0 0 0 0 0	

会计主管　　　　记账　　　　稽核　唐华　　　　填制　张英

注：①"年月日"栏，填列记账凭证的填制日期；②"第×号"，填列记账凭证的顺序编号；③"摘要"栏，注明该项业务的简要说明；④"总账科目"和"明细科目"栏，分别填列会计科目的一级科目与具体明细科目；⑤经济业务所涉及的会计科目全在凭证内填列，格式与会计分录一致，即借方科目写在上面，贷方科目写在下面；⑥应借、应贷科目的金额分别填列在"借方"下的金额栏内或"贷方"下的金额栏内；⑦借方金额、贷方金额合计应该相等；⑧"附件　张"，填列所附原始凭证的张数；⑨"√"为记账符号；⑩"会计主管"、"记账"、"稽核"、"填制"处，分别由相关人员签名或盖章。

（9）税收缴款书。

中华人民共和国　　　　　　　　　　　　　　　　　国

税 收 缴 款 书　　　　　　（07）　　国缴电　　　号

隶属关系：
经济类型：　　　　　填发日期　　年　　月　　日　　　征收机关：　市国税局

缴款单位	代码		预算科目	款	
	全称			项	
	开户银行			级次	
	账号			收缴国库	
税款所属时间			款项限缴日期		

品目名称	课税数量	计税金额或销售收入	生产率或单位税款	已缴或扣除数	实缴税额
金额合计	人民币（大写）				

缴款单位（人）（盖章）	税务机关（盖章）	上列款项已收妥并划转收款单位账户	备注
			缴款书号码：
经办人（章）	填票人（章）	国库（银行）（盖章）年　月　日	

（逾期不缴按税法规定加收滞纳金）

（10）开具红字增值税专用发票申请单格式。

开具红字增值税专用发票申请单

NO.

销售方	名　称			购买方	名　称		
	税务登记代码				税务登记代码		

开具红字专用发票内容	货物（劳务）名称	单价	数量	金额	税额
	合计				

说明	对应蓝字专用发票抵扣增值税销项税额情况： 　　　　已抵扣□ 　　　　未抵扣□ 　　　　　　纳税人识别号认证不符□ 　　　　　　专用发票代码、号码认证不符□ 　　　　　　对应蓝字专用发票密码区内打印的代码：＿＿＿＿＿＿ 　　　　　　　　　　　　　　　　　　号码：＿＿＿＿＿＿ 开具红字专用发票理由：

申明：我单位提供的《申请单》内容真实，否则将承担相关法律责任。

购买方经办人：　　　　　　　　　购买方名称（印章）：＿＿＿＿＿＿＿

年　　月　　日

注：本申请单一式二联：第一联，购买方留存；第二联，购买方主管税务机关留存。

（11）开具红字增值税专用发票通知单格式。

开具红字增值税专用发票通知单

填开日期： 年 月 日 NO.

销售方	名　称		购买方	名　称	
	税务登记代码			税务登记代码	

开具红字发票内容	货物（劳务）名称	单价	数量	金额	税额
	合计		_____		_____

说明	需要作进项税额转出□ 不需要作进项税额转出□ 　　　纳税人识别号认证不符□ 　　　专用发票代码、号码认证不符□ 　　　对应蓝字专用发票密码区内打印的代码：_____ 　　　　　　　　　　　　　　　　号码：_____ 开具红字专用发票理由：

经办人： 负责人： 主管税务机关名称（印章）：_____

注：（1）本通知单一式三联：第一联，购买方主管税务机关留存；第二联，购买方送交销售方留存；第三联，购买方留存。

（2）通知单应与申请单一一对应。

（3）销售方应在开具红字专用发票后到主管税务机关进行核销。

第四节　会计账簿操作规范

一、操作要求

(一) 启用账簿的操作要求

(1) 各单位应当按照国家统一会计制度的规定和会计业务的需要设置会计账簿。会计账簿包括总账、明细账、日记账和其他辅助性账簿。现金日记账和银行存款日记账必须采用订本式账簿。不得用银行对账单或者其他方法代替日记账。实行会计电算化的单位,用计算机打印的会计账簿必须连续编号,经审核无误后装订成册,并由记账人员和会计机构负责人、会计主管人员签字或者盖章。

(2) 启用会计账簿时,应当在账簿封面上写明单位名称和账簿名称。在账簿扉页上应当附启用表,内容包括:启用日期、账簿页数、记账人员和会计机构负责人、会计主管人员姓名,并加盖名章和单位公章。记账人员或者会计机构负责人、会计主管人员调动工作时,应当注明交接日期、接办人员或者监交人员姓名,并由交接双方人员签名或者盖章。

(3) 启用订本式账簿,应当从第一页到最后一页顺序编定页数,不得跳页、缺号。使用活页式账簿,应当按账户顺序编号,并须定期装订成册。装订后再按实际使用的账页顺序编定页码。另加目录,记明每个账户的名称和页次。

(二) 登记账簿的操作要求

(1) 会计人员应当根据审核无误的会计凭证登记会计账簿。

(2) 登记会计账簿时,应当将会计凭证日期、编号、业务内容摘要、金额和其他有关资料逐项记入账内,做到数字准确、摘要清楚、登记及时、字迹工整。

(3) 登记完毕后,要在记账凭证上签名或者盖章,并注明已经登账的符号,表示已经记账。

(4) 账簿中书写的文字和数字上面要留有适当空格,不要写满格,一般应占格距的二分之一。

(5) 登记账簿要用蓝黑墨水或者碳素墨水书写,不得使用圆珠笔(银行的复写账簿除外)或者铅笔书写。

(6) 下列情况,可以用红色墨水记账:①按照红字冲账的记账凭证,冲销错误记录;②在不设借、贷的多栏式账页中,登记减少数;③在三栏式账户的余额栏前,如未印明余额方向的,在余额栏内登记负数余额;④根据国家统一会计制度的规定可以用红字登记的其他会计记录。

(7) 各种账簿按页次顺序连续登记,不得跳行、隔页。如果发生跳行、隔页,应当将空行、空页划线注销,或者注明"此行空白"、"此页空白"字样,并由记账人员签名或者盖章。

（8）凡需要结出余额的账户,结出余额后,应当在"借或贷"栏内写明"借"或者"贷"字样。没有余额的账户,应当在"借或贷"等栏内写"平"字,并在余额栏内用"0"表示。

（9）现金日记账和银行存款日记账必须逐日结出余额。

（10）每一账页登记完毕结转下页时:①应当结出本页合计数及余额,写在本页最后一行和下页第一行有关栏内,并在摘要栏内注明"过次页"和"承前页"字样;也可以将本页合计数及金额只写在下页第一行有关栏内,并在摘要栏内注明"承前页"字样。②对需要结计本月发生额的账户,结计"过次页"的本页合计数应当为自本月初起至本页末止的发生额合计数。③对需要结计本年累计发生额的账户,结计"过次页"的本页合计数应当为自年初起至本页末止的累计数。④对既不需要结计本月发生额也不需要结计本年累计发生额的账户,可以只将每页末的余额结转次页。

（11）实行会计电算化的单位,总账和明细账应当定期打印。发生收款和付款业务的,在输入收款凭证和付款凭证的当天必须打印出现金日记账和银行存款日记账,并与库存现金核对无误。

（三）错误更正的操作要求

账簿记录发生错误,不准涂改、挖补、刮擦或者用药水消除字迹,不准重新抄写,必须按照下列方法进行更正:

（1）登记账簿时发生错误,应当将错误的文字或者数字划红线注销,但必须使原有字迹仍可辨认;然后在划线上方填写正确的文字或者数字,并由记账人员在更正处盖章。对于错误的数字,应当全部划红线更正,不得只更正其中的错误数字。对于文字错误,可只划去错误的部分。

（2）由于记账凭证错误而使账簿记录发生错误,应当按更正的记账凭证登记账簿。

二、操作范例

（一）总账操作范例

总 账

2007 年度

会计科目编号 1001
会计科目名称 现金 第 1 页

07年		汇总凭证		摘 要	借方金额										✓	贷方金额										✓	借或贷	余 额										✓
月	日	种类	号数		亿	千	百	十	万	千	百	十	元	角	分		亿	千	百	十	万	千	百	十	元	角	分			亿	千	百	十	万	千	百	十	元	角	分	
12	1			月初结存																								借						9	6	2	3	0	0	
12	5	汇	1	1～5日发生额																			8	0	3	0	0	借						8	8	2	0	0	0	
12	10	汇	2	6～10日发生额					4	0	0	0	0	0										7	9	2	9	0	0	借						4	8	9	1	0	0	
12	20	汇	4	16～20日发生额					1	2	3	4	0	0										3	6	5	0	0	借						5	7	6	0	0	0	
12	25	汇	5	21～25日发生额																				8	7	6	0	0	借						4	8	8	4	0	0	
12	31	汇	6	26～31日发生额																				5	0	0	0	0	借						4	3	8	4	0	0	

（二）日记账操作范例

库存现金日记账

2007 年度   第 1 页

07年 月	日	记账凭证 收款	付款	摘要	对方科目	总页	借方	贷方	结存
12	1			月初结存					962300
12	1		记2	补付李云辉差旅费余款	管理费用			16000	946300
12	1		记5	购办公用品	管理费用			45800	900500
12	3		记11	购办公用品	管理费用			18500	882000
12	7		记23	报销小车油费	管理费用			14300	867700
12	8		记26	靳群借支差旅费	其他应收款			200000	667700
12	8	记31		提现备用	银行存款		400000		1067700
12	8		记32	杨斌报销医药费	应付职工薪酬			524600	543100
12	10		记44	李明补领工资	其他应付款			54000	489100
12	16	记72		王速退回差旅费余款	其他应收款		90400		579500
12	17		记77	购办公用品	管理费用			36500	543000
12	18	记79		靳群退回差旅费余款	其他应收款		33000		576000
12	22		记91	靳彬报销业务招待费	销售费用			87600	488400
12	26		记102	发放靳铮困难补助费	应付职工薪酬			50000	438400

（三）明细账操作范例

（1）"三栏式"明细账。

应收账款 明细账

第 12 页

一级科目 应收账款
二级科目或明细科目 振兴公司

07年 月	日	凭证 种类	号数	摘要	借方	贷方	借或贷	余额
12	1			月初金额			借	12400000
12	4	记	13	收回前欠货款		12400000	平	0
12	13	记	52	销售商品	40490000		借	40490000
12	18	记	78	收回货款		40490000	平	0

（2）"数量金额式"明细账。

库存商品 明细账

第 46 页

最高储备量 _____   类别 电视类 储备定额 _____ 编号 _____ 规格 25"
最低储备量 _____   存放地点 _____ 计划单价 _____ 计量单位 台 名称 长虹彩电

07年 月	日	凭证 种类	号数	摘要	收入 数量	单价	金额	发出 数量	单价	金额	余额 数量	单价	金额
12	1			月初结存							240	1625	39000000
12	2	出	9	销售				20			220		
12	8	出	33	销售				30			190		
12	10	出	42	销售				30			160		
12	13	出	52	销售				40			120		
12	14	出	55	销售				30			90		
12	17	出	74	销售				40			50		
12	31	入	116	入库	160	1656.25	26468000				210	1636.7	34372700

（3）"多栏式"明细账。

编号	科目
6601	销售费用

销售费用　明细账

07年 月日	凭证 字号	摘要	合计	运杂费	包装费	展览费	广告费	其他	
12 1		1~11月累计发生额	87342000	2380900	42600000	5780000	35000000	981100	
		1~11月结转利润额	87342000	2380900	42600000	5780000	35000000	981100	(红字或负数)
12 1	记6	广告费	450000				450000		
12 9	记9	包装费	272000		272000				
12 4	记14	包装费	510000		510000				
12 10	记42	包装费	612000		612000				
12 13	记52	包装费	816000		816000				
12 14	记55	包装费	816000		816000				
12 16	记70	包装费	680000		680000				
12 17	记74	包装费	544000		544000				
12 21	记87	包装费	544000		544000				
12 29	记108	展览费	210000			210000			
		费用合计	5454000		4794000	210000	450000		
12 31	记128	结转利润	5454000		4794000	210000	450000		(红字或负数)

第五节　对账、结账与更正错账

一、对账

对账，就是对账簿记录进行核对。为了保证账簿记录的完整和正确，为编制会计报表提供真实可靠的数据资料，需要进行对账工作。对账的内容包括账证核对、账账核对、账实核对。具体内容如下表所示。

种类	要求	核对内容	具 体 对 账
账证核对	各种账簿记录与有关记账凭证或原始凭证核对相符。	（1）现金日记账、银行存款日记账与记账凭证及所附的原始凭证核对；（2）明细账与记账凭证及所附原始凭证核对；（3）总账与据以记账的凭证（如科目汇总表）相核对。	核对内容包括会计科目、数量、金额、增减借贷的方向等是否一致，在具体核对时，可以针对错账的范围、性质，或者逐笔核对，或者抽查核对。在核对时一定要认真、仔细，有时错账是因为数字换位造成的，如将"5690"写成"5960"，"1980"写成"1890"，或者由于数码字写得不清晰，5000与5600分辨不清，1480与1980分辨不清造成的错误，如核对时不认真不仔细，有时核对多遍也不易查到错在哪里。
账账核对	核对不同会计账簿之间的账	（1）总账与有关账户的余额核对。	在通常情况下，如发现账账间不平衡，首先要确保数字计算上的准确性，即先要反复计算，以确定计算出的余额、发生额等一定是确实的，而不能发生对同一账簿记

种类	要求	核对内容	具 体 对 账
	簿记录是否相符。	（2）总账与明细账核对。 （3）总账与日记账核对。 （4）会计部门的财产物资明细账与财产物资保管和使用部门的有关明细账核对。	录计算多次多个结果的情况；其次，如没有计算上的差错，应该检查有无漏登、重登、错登账的情况，这时应该检查双方凭证号、金额、方向的登记上有无错误，待检查改正后，再次计算发生额、余额看是否相符；再次，如这时仍然出现不平衡，就要特别注意检查容易混写、混认的阿拉伯数字，或者注意相近数字排列的长位数字，如"79898"与"79889"，"12332"与"12323"是否在上次核对中没能检查出来。一般地，经过以上步骤，多数差错都能查出来。有时，也可根据差错的不同情况，采用"除以2法"、"除以9法"等来检查一些特殊的差错。
账实核对	核对财产、物资等的账簿记录与实有数额是否相符。	（1）现金日记账账面余额与现金实际库存数相核对。 （2）银行存款日记账账面余额定期与银行对账单相核对。 （3）各种财物明细账账面余额与财物实存数额相核对。 （4）各种应收、应付款明细账账面余额与有关债务、债权单位或者个人核对。	（1）现金的清查，主要是通过实地盘点的方法，确定库存现金的实存数，再与现金日记账的账面余额核对，以查明现金短缺或溢余的情况。在进行现金清查时，为了明确经济责任，出纳员必须在场。在清查过程中不能用白条抵库，即不能用不具有法律效力的借条、收据等抵充库存现金。盘点后，应根据盘点的结果及与现金日记账核对的情况，填制"现金盘点报告表"。现金盘点报告表为重要的原始凭证，它既起"盘存单"的作用，又起"实存账存对比表"的作用，应认真填写，并由盘点人和出纳员共同签章方能生效。 （2）对银行存款的清查，是企业定期从银行取得对账单（通常由开户银行于月末给企业发送"对账单"），将银行存款日记账与对账单逐笔进行核对。核对后，如果日记账的余额与对账单的余额一致，说明双方记账没有错误；如果不一致，要检查不一致的原因。由于双方存在着未达账项，所以余额总是不相符，如将未达账项找出来调整后，仍存在不平衡，则应更仔细检查各笔记录是否某一方出错，是否银行将外单位账项误记入我方记录，经过核对和调整后编制的"银行存款余额调节表"一定要平衡，该项对账工作才算完成。 （3）要核对各种财产物资类的账实是否相符，必须通过财产清查盘点来确定其实有数额，比如对于固定资产、库存商品、原材料、产成品等实物，它们的共同特点是能够从数量和质量上来清点和鉴定的，由于其体积、形态、重量和堆放方式的不同，因而清点数量的方法也不同。一般采用的方法有"实地盘点法"和"技术推算法"两种。为了明确经济责任，在进行财产物资盘点时，有关财产物资的保管人员必须在场，并参加盘点工作。对各项财产物资的盘点结果，应逐一、如实地登记在"盘存单"上，并由参加盘点的人员和实物保管人员同时签章生效。"盘存单"是记录各项财产物资实物盘点结果的书面证明，也是财产清查工作的原始凭证之一。 （4）对往来结算款项的核对清查，主要是针对各种应收款、应付款的明细账进行的。各种应收款主要是外单位占用本单位的资金，若不及时查收回，天长日久，人事变迁，很容易造成呆账坏账损失。而各种应付款项，是企业对外债务，若与外单位账目数额不相符，就会发生"争执账项"的扯皮现象。所以应及时与对方核对，做到有账有户、有户有主、及时清收归还。清查的方法一般有两种：一是抄送对账单给对方单位，经对方核对相符确认后在对账单上加盖公章退给清查单位；二是遣派专人执账簿凭证（或复印件）到对方单位进行核对，现场确认，以免信函来往耽误时间或出现推诿扯皮现象。

二、结账

（一）结账

1．结账目的

结账，是指按照规定将各种账簿记录定期结算清楚的账务工作。结账的目的是为了编制会计报表。

（1）结清各损益类账户，编制利润表，并计算确定本期利润。

（2）结清各资产、负债、所有者权益类账户，分别结计出本期发生额合计和余额，编制资产负债表。

2．结账时间

根据规定，企业应在结账日进行结账，不得提前或者延迟。

（1）年度结账日为公历年度每年的 12 月 31 日。

（2）季度、月度结账日分别为公历年度每季、每月的最后一天。

3．结账方法

（1）结账前，必须将本期内所发生的各项经济业务全部登记入账。

（2）结账时，应当结出每个账户的期末余额。

（3）现金日记账、银行存款日记账和需要按月结计发生额的收入、费用等明细账，每月结账时，要在最后一笔经济业务记录下面划一条通栏单红线，结出发生额和余额，在摘要栏内注明"本月合计"字样，在下面再划一条通栏单红线。

需要结计本月发生额的某些账户，如果本月只发生一笔经济业务，由于这笔记录的金额就是本月发生额，结账时，只要在此行记录下划一条通栏单红线，表示与下月的发生额分开即可，不需另行结出"本月合计"数。

（4）需要结计本年累计发生额的某些明细账户，如收入、成本明细账，每月结账时，应在"本月合计"行下结计自年初起至本月末止的累计发生额，登记在月份发生额下面，在摘要栏内注明"本年累计"字样，并在下面再划一条通栏单红线。12 月末的"本年累计"就是全年累计发生额。全年累计发生额下面应当通栏划双红线。

（5）对于不需要按月结计本期发生额的账户，如各项应收款明细账和各项财产物资明细账，每次记账以后，都要随时结出余额，每月最后一笔余额即为月末余额。月末结账时，只需要在最后一笔经济业务记录之下划一条通栏单红线即可，不需要再结计一次余额。

（6）总账账户平时只需结计月末余额。年度终了结账时，为了反映全年各项资产、负债及所有者权益增减变动的全貌，便于核对账目，所有总账账户都应当结出全年发生额和年末余额，在摘要栏内注明"本年合计"字样，并在合计数下划通栏双红线。

（7）年度终了，要将各账户的余额结转到下一会计年度，并在摘要栏注明"结转下年"字样。下一会计年度新建有关会计账簿时，在第一行余额栏内填写上年结转的余额，并在摘要栏注明"上年结转"字样。

举例如下：

总　账

会计科目编号　　　1001
会计科目名称　　　现金
第 1 页

07年 月	07年 日	汇总凭证 种类	汇总凭证 号数	摘　要	借方金额 亿千百十万千百十元角分	✓	贷方金额 亿千百十万千百十元角分	✓	借或贷	余　额 亿千百十万千百十元角分	✓
1	1			上年结转					借	150000	
				…………							
				…………							
				………							
11	30	汇	6	………					借	962800	
				本月合计	××××××		××××××				
12	5	汇	1	1～5日发生额			80800		借	882000	
12	10	汇	2	6～10日发生额	400000		792900		借	489100	
12	20	汇	4	16～20日发生额	123400		36500		借	576000	
12	25	汇	5	21～25日发生额			87600		借	488400	
12	31	汇	6	26～31日发生额			50000		借	438400	
				本月合计	523400		1047300				
				本年合计	××××××		××××××		借	438400	
				结转下年					借	438400	

（单红线）　（单红线）　（双红线）

三、更正错账

在记账过程中，因各种原因会导致各种各样的记账差错，如数字记错、科目记错、重复记录某项业务、漏记某项业务等。

（一）错账查找方法

错账查找的方法有多种，常用的方法有：差数法、除2法、除9法、尾数法等。不同的方法，适用不同的记账错误。具体应用如下表所示：

方　法	适　用　错　误	方　法　应　用
差数法	漏记一方，使得借方合计与贷方合计不相等。	回忆和与相关金额的记账核对来查找。
除2法	某个金额数字借贷方向记反，使得错账的差数为错误的2倍。	将差数除以2，得出的商就是反向的金额。
除9法	将数字写小，如500写为50等。	以差数除以9，得出的商为错误数字，商乘以10为正确数字。
	将数字写大，如60写为600等。	以差数除以9，得出的商为正确数字，商乘以10为错误数字。
	邻数颠倒，如45写为54等。	以差数除以9，得出的商连加11，直到找出颠倒的数字为止。
尾数法	发生角、分的差错。	只查找小数部分。

（二）错账更正方法

常用的错账更正方法有三种：划线更正法、红字更正法、补充登记法。不同的更正方法，适用不同的错误，具体应用如下表所示：

方 法	适用错误		具 体 操 作
	记账凭证	账 簿	
划线更正法	正确。	文字或数字错误。	将错误的文字或者数字划红线注销，但必须使原有字迹仍可辨认；然后在划线上方填写正确的文字或者数字，并由记账人员在更正处盖章。对于错误的数字，应当全部划红线更正，不得只更正其中的错误数字。对于文字错误，只可划去错误的部分。
红字更正法	应错或应贷的会计科目错误。	应错或应贷的会计科目错误。	用红字填写一张与原记账凭证完全相同的记账凭证，登记入账；然后用蓝字填写一张正确的记账凭证并登记入账。
	所记金额大于应记金额。	所记金额大于应记金额。	按多记的金额用红字编制一张与原记账凭证应借、应贷科目完全相同的记账凭证，并登记入账。
补充登记法	所记金额小于应记金额。	所记金额小于应记金额。	按少记的金额用蓝字编制一张与原记账凭证应借、应贷科目完全相同的记账凭证，并登记入账。

第六节 会计工作交接及凭证装订规范

一、会计工作交接规范

会计人员工作调动或者因故离职，必须将本人所经管的会计工作全部移交给接替人员。没有办清交接手续的，不得调动或者离职。接替人员应当认真接管移交工作，并继续办理移交的未了事项。

（一）准备工作

会计人员办理移交手续前，必须及时做好以下工作：

（1）已经受理的经济业务尚未填制会计凭证的，应当填制完毕。

（2）尚未登记的账目，应当登记完毕，并在最后一笔余额后加盖经办人员印章。

（3）整理应该移交的各项资料，对未了事项写出书面材料。

（4）编制移交清册，列明应当移交的会计凭证、会计账簿、会计报表、印章、现金、有价证券、支票簿、发票、文件、其他会计资料和物品等内容；实行会计电算化的单位，从事该项工作的移交人员还应当在移交清册中列明会计软件及密码、会计软件数据磁盘（磁带等）及有关资料、实物等内容。

（二）监交人员

会计人员办理交接手续，必须有监交人员负责监交。

（1）一般会计人员交接，由单位会计机构负责人、会计主管人员负责监交。

（2）会计机构负责人、会计主管人员交接，由单位领导人负责监交，必要时可由上级主管部门派人会同监交。

（三）办理交接

（1）移交人员在办理移交时，要按移交清册逐项移交；接替人员要逐项核对点收。

① 现金、有价证券要根据会计账簿有关记录进行点交。库存现金、有价证券必须与会计账簿记录保持一致。不一致时，移交人员必须限期查清。

② 会计凭证、会计账簿、会计报表和其他会计资料必须完整无缺。如有短缺，必须查清原因，并在移交清册中注明，由移交人员负责。

③ 银行存款账户余额要与银行对账单核对，如不一致，应当编制银行存款余额调节表调节相符，各种财产物资和债权债务的明细账户余额要与总账有关账户余额核对相符；必要时，要抽查个别账户的余额，与实物核对相符，或者与往来单位、个人核对清楚。

④ 移交人员经管的票据、印章和其他实物等，必须交接清楚；移交人员从事会计电算化工作的，要对有关电子数据在实际操作状态下进行交接。

（2）会计机构负责人、会计主管人员移交时，还必须将全部财务会计工作、重大财务收支和会计人员的情况等，向接替人员详细介绍。对需要移交的遗留问题，应当写出书面材料。

（3）交接完毕后，交接双方和监交人员要在移交清册上签名或者盖章；并应在移交清册上注明：单位名称，交接日期，交接双方和监交人员的职务、姓名，移交清册页数以及需要说明的问题和意见等。移交清册一般应当填制一式三份，交接双方各执一份，存档一份。

（4）接替人员应当继续使用移交的会计账簿，不得自行另立新账，以保持会计记录的连续性。

（5）会计人员临时离职或者因病不能工作且需要接替或者代理的，会计机构负责人、会计主管人员或者单位领导人必须指定有关人员接替或者代理，并办理交接手续。临时离职或者因病不能工作的会计人员恢复工作的，应当与接替或者代理人员办理交接手续。移交人员因病或者其他特殊原因不能亲自办理移交的，经单位领导人批准，可由移交人员委托他人代办移交，但委托人应当承担规定的责任。

（6）单位撤销时，必须留有必要的会计人员，会同有关人员办理清理工作，编制决算。

未移交前,不得离职。接收单位和移交日期由主管部门确定。单位合并、分立的,其会计工作交接手续比照上述有关规定办理。

（7）移交人员对所移交的会计凭证、会计账簿、会计报表和其他有关资料的合法性、真实性承担法律责任。

二、凭证装订规范

会计凭证在记完账之后,应定期加以整理,将各种记账凭证按照编号顺序,连同所附的原始凭证,加具封面、封底,装订成册,然后在封面上写明:单位名称;年度和月份;记账凭证种类、起讫日期、起讫号数;汇总凭证起讫号数;会计主管、经办人员签章等;并对装订成册的凭证,在册脊或右上角有关栏内注明年、月、日,以及"共×册"、"第×册",以便查询。

（一）凭证装订示意图

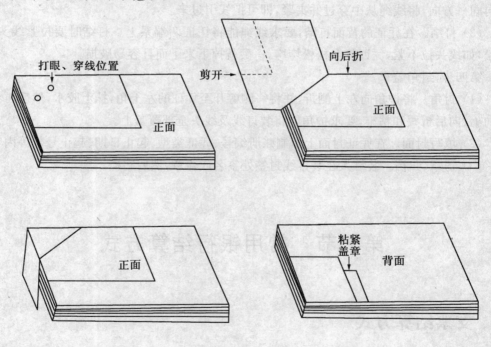

（二）装订步骤

第一步,整理凭证。

（1）确定每册凭证装订量。在本实验设计中,要求以岗位轮换期内的业务量为每册装订量。

（2）整理凭证。将要装订的每页凭证依左上角为标准,尽量整理整齐。即将每页记账凭证和它所附的每张原始凭证左竖边和左上横边认真仔细地对齐。

（3）折原始凭证。由于各种原始凭证大小不一，形状各异，在左上角与记账凭证对齐后，其下边和右边就对不齐了，这时应以记账凭证大小为标准，将下边长出来的部分折进去，也将右边长出的部分折进去。但必须注意，要将左上角装订线的位置留出来，以免折进去的原始凭证被装订住，从而影响凭证的翻阅、查证。

第二步，做封面、封底和护角。

（1）做封面、封底。将凭证封皮的封面和封底裁开，分别附在凭证前面和后面。

（2）做护角。再将一张凭证封皮裁下一半，放在封面上角，作为护角。

（3）再次整理凭证。将经过认真整理的各页记账凭证和所属原始凭证按需装订的量再次整理对齐成册（此时已附封面、封底和护角），用票夹将其紧紧夹住。

第三步，打眼装订。

（1）打眼。用装订机在左上角装订线上分布均匀地打两个眼。打眼位置适中，不能太靠外或太靠里，太靠外了凭证装不牢实，太靠里了，不便于凭证翻阅查证。

（2）穿线。用大针引线绳穿过两个眼。如果没有针，可将回形别针顺直，然后将两端折向同一方向，将线绳从中穿过并夹紧，即可把线引过来。

（3）打结。在凭证的背面打结，要求线绳能将凭证两端系上。打结时要拉紧线头，不能松，如线头拉不紧，凭证就会松松垮垮，一翻就掉下来了而且容易破损。

第四步，封角盖章。

（1）封角。将护角向左上侧折，并将一侧剪开至凭证的左上角，抹上胶水，然后再将护角向上、向后折叠和粘牢，要求护角能将装订线及线头全部覆盖上。

（2）填写封面。在凭证封面上填制账册编号、凭证类型、起止日期、起止号数等内容。

（3）盖章、归档。装订人在装订线封签处签名或盖章，然后归档。

第七节　常用银行结算方式

一、支票结算方式

支票是出票人签发的，委托办理支票存款业务的银行在见票时无条件支付确定的金额给收款人或者持票人的票据。支票分为现金支票、转账支票和普通支票。支票上印有"现金"字样的称为现金支票，用于从银行提取现金；支票上印有"转账"字样的称为转账支票，转账支票只能用于转账，不能提取现金；支票上未印有"现金"或"转账"字样的称为普通支票，普通支票可以从银行提取现金，也可用于转账；在普通支票左上角划两条平行线的称为划线支票，划线支票只能用于转账，不得提取现金。

（一）支票结算的管理规定

（1）支票的使用范围限于单位和个人都在同一票据交换区域的各种款项结算。

（2）支票的提示付款期限自出票日起 10 日内。

（3）对于签发空头支票、签章与预留银行印鉴不符的支票以及使用支付密码的地区支付密码填写错误的支票，银行除退票外，并按票面金额处以 5％但不低于 1 000 元的罚款。

（4）用于转账的支票（现金支票除外）在有效期限内可在同一票据交换区域内背书转让。

（二）支票结算程序

1. 现金支票的结算程序

（1）用现金支票提取现金时，由本单位出纳人员签发现金支票并加盖银行预留印鉴后，到开户银行提取现金。其基本流程如下：

（2）用现金支票向外单位或个人支付现金时，由付款单位出纳人员签发现金支票并加盖银行预留印鉴和注明收款人后交收款人，收款人持现金支票到付款单位开户银行提取现金，并按照银行的要求交验有关证件。其基本流程如下：

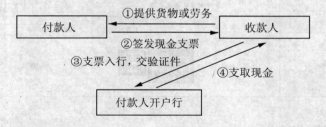

2. 转账支票的结算程序

（1）付款人签发转账支票交收款人办理结算。其基本程序如下：

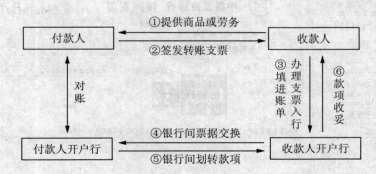

（2）付款人签发转账支票直接送开户银行办理款项划拨的。其基本程序如下：

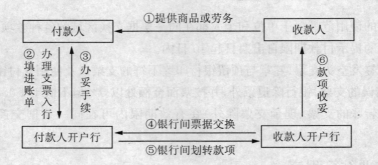

3. 普通支票的结算程序

使用普通支票从银行提取现金时，其结算程序与现金支票结算程序完全一致；用于转账时，其结算程序与转账支票结算程序完全一致；在普通支票左上角划两条平行线的称为划线支票，划线支票只能用于转账，不得提取现金。

（三）填制范例

1. 现金支票填制范例

2. 转账支票填制范例

3. 普通支票填制范例

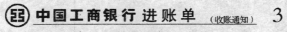

4. 银行进账单位填制范例

中国工商银行 进账单 （收账通知） 3

2007 年 07 月 17 日

出票人	全 称	成都金博士财税服务有限公司	收款人	全 称	四川仰天科技有限公司											此联是收款人开户银行交给收款人的收账通知
	账 号	440292000910015888		账 号	440292000910015666											
	开户银行	工行武侯支行		开户银行	工行草市支行											
金额	人民币（大写）	壹万壹仟柒佰元整				亿	千	百	十	万	千	百	十	元	角	分
									￥	1	1	7	0	0	0	0
	票据种类	转账支票	票据张数	1												
	票据号码	02131371														

复核　　　　记账

收款人开户银行签章

注：支票入行时，须填制银行进账单（一式三联，第1联为"回单"联，此联是开户银行交给持（出）票人的回单；第2联为"贷方凭证"，此联由收款人开户银行作贷方凭证；第3联为"收账通知"，此联是收款人开户银行交给收款人的收账通知），连同支票一并送交其开户银行。

二、汇兑结算方式

汇兑是汇款人委托银行将其款项支付给收款人的结算方式。按汇兑凭证传送方法不同，汇兑可以分为信汇和电汇两种。信汇是指汇款人委托银行通过邮寄方式将款项划转给收款人；电汇是指汇款人委托银行通过电报将款项划转给收款人。

（一）汇兑结算的管理规定

（1）单位及个人在进行商品交易、劳务供应、资金缴拨及清理旧账等经济活动中均可使用汇兑结算方式。

（2）汇兑金额无限制。

（3）汇兑凭证上记载收款人为个人并需要到汇入银行领取汇款的，汇款人应在汇兑凭证上注明"留行待取"字样。

（4）如果汇款人和收款人均为个人，需要在汇入银行支取现金的，应在汇兑凭证上填明"现金"字样。

（5）汇款人对汇出银行尚未汇出的款项可以申请撤销，对已经汇出的款项可以申请退汇，并按有关规定办理撤销或退汇手续。

（二）汇兑结算程序

1. 信汇结算程序

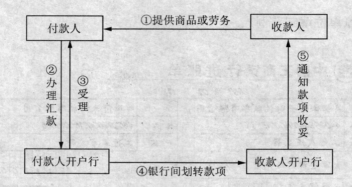

2. 电汇结算程序

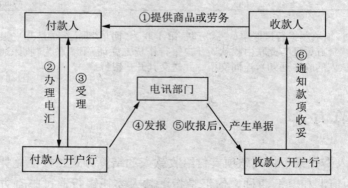

（三）填制范例

1. 汇兑凭证填制范例

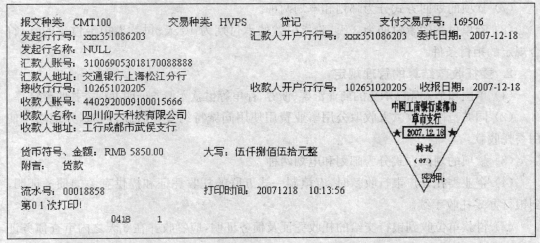

注:该凭证一式三联。第1联,银行作记账凭证;第2联,收款行记账凭证;第3联,付款行给付款人的回单。

2. 支付系统专用凭证填制范例

中国人民银行 支付系统专用凭证 NO 000100333788

报文种类:CMT100	交易种类:HVPS 贷记	支付交易序号:169506
发起行行号:xxx351086203	汇款人开户行行号:xxx351086203	委托日期:2007-12-18
发起行名称:NULL		
汇款人账号:310069053018170088888		
汇款人地址:交通银行上海松江分行		
接收行行号:102651020205	收款人开户行行号:102651020205	收报日期:2007-12-18
收款人账号:440292009100015666		
收款人名称:四川仰天科技有限公司		
收款人地址:工行成都市武侯支行	中国工商银行成都市草前支行 ★ 2007.12.18 转讫 (07) 密押:	
货币符号、金额:RMB 5850.00	大写:伍仟捌佰伍拾元整	
附言:货款		
流水号:00018858	打印时间:20071218 10:13:56	
第01次打印!		
0418 1		

第二联:作客户通知单　　　会计　　　复核　　　记账

注:收款人开户银行在收到汇兑电文时产生一式两联的单据——"支付系统专用凭证",第一联作银行贷方凭证,第二联作客户通知单。

三、托收结算方式

托收结算方式包括托收承付和委托收款两种形式。企业办理托收承付或委托收款结算时,应填制一式五联的"托收凭证",通过银行办理结算。托收承付是根据购销合同由收款人发货后委托银行向异地付款人收取款项,由付款人向银行承认付款的结算方式。委托收款是收款人委托银行向付款人收取款项的一种结算方式。

（一）托收结算的管理规定

1. 托收承付结算的管理规定

（1）国有企业、供销合作社以及经营管理较好，并经开户银行审查同意的城乡集体所有制工业企业可使用托收承付结算方式。

（2）办理托收承付结算的款项必须是商品交易以及因商品交易而产生的劳务供应的款项；代销、寄销、赊销商品的款项不能办理托收承付结算。

（3）购销双方使用托收承付结算必须签有符合《经济合同法》的购销合同，并在合同上订明使用托收承付结算方式。

（4）收款人对同一付款人发货后托收累计三次收不回货款的，收款人开户银行应暂停收款人向付款人办理托收；付款人累计三次提出无理拒付的，付款人开户银行应暂停其向外办理托收。

（5）收款人办理托收，必须具有商品确已发运的证件。

（6）托收承付结算每笔的金额起点为 10 000 元，新华书店系统每笔的金额起点为 1 000 元。

（7）款项的划回方式分为邮划和电划两种。

（8）验单付款的承付期为 3 天，验货付款的承付期为 10 天；付款人拒绝付款的，应符合规定的拒付条件。

2. 委托收款结算的管理规定

（1）单位和个人凭已承兑的商业汇票、债券、存单等付款人债务证明办理委托收款结算。

（2）同城范围内收款人收取公用事业费用使用同城特约委托收款；同城、异地均可使用委托收款。

（3）款项的划回方式分为邮划和电划两种。

（4）企业委托开户银行收款时，应填制一式五联的托收凭证和提供有关的债务证明，到银行办妥托收手续。

（5）付款单位收到银行交给的托收凭证及债务证明，应签收并在 3 天之内审查债务证明是否真实，确认之后通知银行付款。

（二）托收结算程序

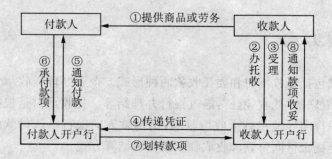

（三）填制范例

1. 托收凭证填制范例

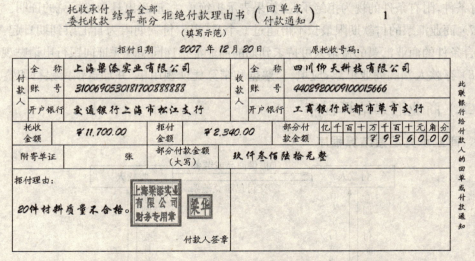

托收凭证（受理回单）　　**1**　　（填写示范）

委托日期　2007 年 12 月 18 日

业务类型	委托收款（□邮划、☑电划）　托收承付（□邮划、□电划）

付款人	全称	上海粱添实业有限公司	收款人	全称	四川仰天科技有限公司
	账号	31006905301817008888888		账号	44029200091000015666
	地址	省 上海 市县　开户行 松江支行		地址	四川省成都 市县　开户行 草市支行

金额	人民币（大写）	壹万壹仟柒佰元整	亿 千 百 十 万 千 百 十 元 角 分 ￥1 1 7 0 0 0 0

款项内容	货款	托收凭证名称	销货发票	附寄单证张数	2

商品发运情况	已发运	合同名称号码	销字20081255

备注		款项收妥日期	
			收款人开户银行签章
复核　　记账		年　月　日	2007 年 12 月 18 日

此联作收款人开户银行给收款人的受理回单

注：该凭证一式五联。第一联"受理回单"，此联作收款人开户银行给收款人的受理回单；第二联"贷方凭证"，此联收款人开户银行作贷方凭证；第三联"借方凭证"，此联付款人开户银行作借方凭证；第四联"汇款依据或收账通知"，此联付款人开户银行凭以汇款或收款人开户银行作收账通知；第五联"付款通知"，此联付款人开户银行给付款人按期付款通知。

2. 拒绝付款理由书填制范例

托收承付 / 委托收款　结算全部部分　拒绝付款理由书（回单或付款通知）　　**1**
（填写示范）

拒付日期　2007 年 12 月 20 日　　原托收号码：

付款人	全称	上海粱添实业有限公司	收款人	全称	四川仰天科技有限公司
	账号	31006905301817008888888		账号	44029200091000015666
	开户银行	交通银行上海市松江支行		开户银行	工商银行成都市草市支行

托收金额	￥11,700.00	拒付金额	￥2,340.00	部分付款金额	亿 千 百 十 万 千 百 十 元 角 分 ￥9 3 6 0 0 0

附寄单证	张	部分付款金额（大写）	玖仟叁佰陆拾元整

拒付理由：			
20件材料质量不合格。			
	付款人签章		

此联银行给付款人的回单或付款通知

注：该凭证一式四联。第一联"回单或付款通知"，此联银行给付款人的回单或付款通知；第二联"借方凭证"，此联银行作借方凭证或存查；第三联"贷方凭证"，此联银行作贷方凭证或存查；第四联"代通知或收账通知"，此联银行给收款人作收账通知或全部拒付通知书。

四、商业汇票结算方式

商业汇票是出票人签发,委托付款人在指定日期无条件支付确定的金额给收款人或者持票人的票据。按承兑人的不同,商业汇票可分为商业承兑汇票和银行承兑汇票,商业承兑汇票由银行以外的付款人承兑,银行承兑汇票由银行承兑。商业汇票的付款人为承兑人。

(一)商业汇票结算的管理规定

(1)在银行开立存款账户的法人以及其他组织之间,必须具有真实的交易关系或债权债务关系,才能使用商业汇票。

(2)商业承兑汇票的出票人为银行以外的企业和其他组织;可以由付款人签发并承兑,也可以由收款人签发交由付款人承兑。

(3)银行承兑汇票由在承兑银行开立存款账户的存款人签发,并与承兑银行签订承兑协议。

(4)银行承兑汇票的出票人应于汇票到期前将票款足额交存其开户银行,如果在汇票到期日未能足额交存票款时,承兑银行除凭票向持票人无条件付款外,对出票人尚未支付的汇票金额按照每天万分之五计收利息。

(5)商业汇票可以在出票时向付款人提示承兑后使用,也可以在出票后先使用再向付款人提示承兑。

(6)付款人接到出票人或持票人向其提示承兑的汇票时,应当向出票人或持票人签发收到汇票的回单,并记明汇票提示承兑的日期并签章;付款人应当在自收到提示承兑的汇票之日起3日内承兑或拒绝承兑,同意承兑的应在汇票正面记载"承兑"字样和承兑日期并签章,并且不得附有条件,附有条件的视为拒绝承兑;如果表示拒绝承兑,应当出具拒绝承兑的证明。

(7)商业汇票的付款期限最长不得超过6个月;提示付款期限为自汇票到期日起10日内;符合条件的商业汇票的持票人可持未到期的商业汇票连同贴现凭证向银行申请贴现。

(8)存款人领购商业汇票,应填写"票据和结算凭证领用单"并加盖预留银行印鉴。

(二)商业汇票结算程序

1. 商业承兑汇票结算程序

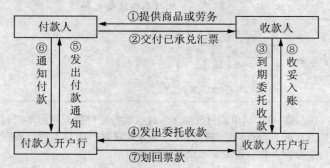

2. 银行承兑汇票结算程序

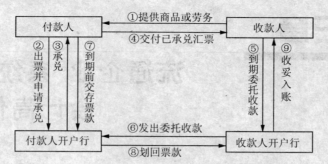

（三）填制范例

1. 商业承兑汇票填制范例

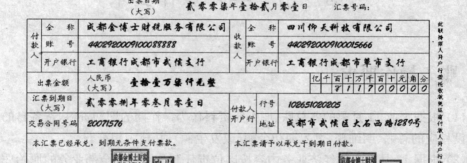

商业承兑汇票

2. 银行承兑汇票填制范例

银行承兑汇票

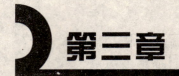

第三章

流通企业"系统运转型"会计高仿真实验

第一节 实习操作要求

一、账务操作要求

（1）根据企业 11 月末的各总账、明细账资料作为操作期的期初资料，按各自的岗位职责开设相应的总账、明细账，过入期初余额（或发生额），并核对相符。

（2）根据 12 月发生的经济业务内容按岗位责任制分别填制全部业务的原始凭证并按规定程序传递。

（3）各岗位根据各自传递到位的原始凭证作相应的业务处理，财会科各岗位根据有关原始凭证编制记账凭证。

（4）根据主办审核编号后的记账凭证登记有关的明细账。

（5）每五天的凭证汇总一次，编制科目汇总表，然后登记总账。

（6）每五天结出总账和明细账各自的余额，并核对相符。

（7）每五天库存商品调拨账应与仓库保管账核对相符；仓库保管账应与实物核对相符。

（8）所有"账—账"、"账—实"核对相符后才能进行岗位轮换。

（9）岗位轮换时要办理交接手续，并填制"岗位轮换交接表"。（注：以后每一次岗位轮换后都要求按以上（2）～（9）的步骤操作。）

（10）正常批发销售时只在库存商品明细账上减少"数量"不减少"金额"。月末在"账—账"、"账—实"核对相符后，商品账组用"加权平均法"计算结存商品的单价和结存金额并按商品小类加总其金额之和，将其交给财会购进账组，由购进账组在类目账上倒挤出已销商品的销售成本。

（11）零售商场的进货、销售业务以及零售商品账的登记交由"总务综合组"代为办理。

（12）财会购进账组用"柜组差价率"计算并结转零售商场已销商品实现的进销差价。

二、岗位轮换要求

（1）每做完五天的业务轮换一次，全月可轮换六次。

（2）在六次轮换中，每个学生应在财会科内部五个岗位（主办、出纳、购进、销售、费用）中至少三个岗位实习。

（3）每次担任"主办会计"的人员除指挥、协调本实验室的工作，对本次账务正确性负责外，还应对本实验科室人员的考勤、清洁卫生、器材器具管理、门窗玻璃的安全以及电灯的开关等负起责任。

（4）主办会计要及时填写"情况记录"，随时记下成绩、问题、不足，并提出建议。

三、期末账务处理及财务分析

（1）在计算所得税前应进行结账、对账，在全部账户平衡后将所有收支账户结转到"本年利润"。

（2）将"本年利润"调整为"应纳税所得额"，计算本年"应纳所得税额"。

（3）将"所得税费用"转入"本年利润"得出税后利润，对"税后利润"进行分配。

（4）将"本年利润"及"利润分配"各子目分别转入"利润分配——未分配利润"的借、贷方。

（5）将计算所得税后的全部记账凭证过入明细账，并经汇总过入总账后，结出所有总账、明细账的余额。

（6）对全部总账账户和全部明细账账户进行试算平衡。

（7）编制"资产负债表"、"利润表"、"现金流量表"及其相关附表。

（8）填制纳税申报表，办理纳税申报与缴纳工作。

（9）出纳将"银行存款日记账"与开户银行的"银行对账单"进行核对，有未达账项时，编制"银行存款余额调节表"将两者余额调整相符。

（10）进行财务分析，编制财务分析报告。

四、期末其他工作

（1）凭证、账簿装订。在确定全部账务已处理完毕并登记入账且正确无误后，进行年终结账。将账本加上封面、封底装订成册。对记账凭证则每五天的凭证装订为一本。

（2）器材归还。仓库保管、零售商场、总务综合组、客体单位等凡有商品牌、货币牌、物品牌的岗位应分品种清点整理，交回资料室；清理所领器具、器材、印章、资料按原始领用人交还资料室。

（3）总结及评比。每个学生纂写"模拟实习日志"、"模拟实习总结"、"实习成绩考核表"，按科室收集，连同本科所有已装订成册的账本、记账凭证册及会计报表上交指导教师，以便于其在总结大会上予以评比、讲评和作为评定成绩的依据。每个科室无记名投票评出"最佳业务能力"、"最佳协调能力"、"最佳书写质量"、"最耐心细心"等奖项。

（4）召开总结大会。指导教师组织总结大会，由教师收集实习成果，进行通报与评述。其主要内容为：第一，各实验室主要财务指标，包括利润、成本、费用、资金平衡状况等；第二，账簿操作质量，凭证、账簿的装订情况等；第三，各科室主要业务运转情况及出现的主要问题；第四，指导教师对存货、现金、银行存款、材料物质的盘点情况及相应的责任人履职情况；第五，各实验科室作为一个实验团队的组织纪律遵守情况、团结协作情况，以及特别应表扬与批评的事例；第六，抽选各种类型有代表性的学生讲自己的主要收获、感受与不足之处，并对实验的设计、组织、指导以及今后发展提出期望。

第二节　实习单位概况

一、注册资金、企业类型、经营性质、经营范围

企业名称：磊山市维达商贸有限公司

住　　所：磊山市小北街二号

联系电话：33968888

注册资金：300万元

　　其中：集团公司投资　250万元

　　　　　银河公司投资　50万元

企业类型：有限责任公司

经营性质：主营批发、兼营零售的中型流通企业

经营范围：百货类、家电类商品的批发、零售，家用电器的维修

纳税人登记号：31124495778

开户行：中国工商银行磊山支行

二、内部组织机构及各机构职能分工

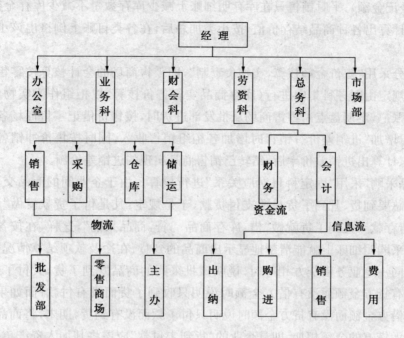

三、购销渠道

磊山市维达商贸有限公司进货渠道为全国各大批发商贸公司,成都、重庆等大中城市批发中心以及从相关厂家直接进货。销售分为批发销售和零售销售:批发销售对象为本市各供销社、毗邻地区供销社、城镇各商业企业、个体经营户;零售销售对象为本地区居民。

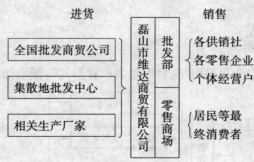

四、核算组织情况

批发和零售业务的会计核算集中在财会科进行。批发部分采用"数量进价金额"核算,其库存商品设三级:即总账—类目账—明细账,第一级库存商品总账和第二级库存商品类目账设在财会科,第三级库存商品明细账采用"两账合一"的核算办法(即:财会科和业务科共用一套库存商品明细账,设在业务科下的商品账组,仓库另设一套保管账,只登记数量,不登记金额);平时销售只在库存明细账上减少库存数量不减少库存金额,月末按加权平均法计算出各种商品结存价值,按小类加总后,在各类目账上倒挤出该小类商品的销售成本。

零售部分采用"售价金额核算,实物负责制",即零售商场的会计核算按零售企业售价核算的有关规定由财务科集中进行(库存商品实行售价核算,以柜组作为实物负责人,设置进销差价账户,定期盘点),零售商场从批发部进货时,按售价借记零售商场各柜组库存商品账,同时增加"进销差价";销售时增加各柜组销售收入,同时按售价冲销各实物负责人责任;月末计算出进销差价率后,结转已销售商品实现的进销差价额。

对"商品采购"采用"固定科目对应关系"进行核算。由于企业间的商品交易规则是:凡付了货款总要到货、凡到了货总要支付货款,于是规定:凡是付了货款就做"借:商品采购 贷:银行存款";凡到了货就做"借:库存商品 贷:商品采购",这样,在按各供货单位设置的商品采购明细账上就能清楚地显示出商品的到货、在途及款项结算情况:凡是商品采购明细账同一笔业务借贷方相等时,说明该批采购的商品既到了货,又付了款;凡是同一笔业务只有贷方金额而没有借方金额时说明只收到了货而没有付款;而如果出现同一笔业务只有借方金额而没有贷方金额时说明只付了款而没有到货,期末,将商品采购明细账有贷方而无借方的金额相加,即是企业的"货到未付款"应该将其加入资产负债表的"应付账款"余额;将商品采购明细账有借方而无贷方和借方大于贷方的金额相加,即企业的"实际在途商品",应该将其加入资产负债表的"存货"余额。

以上办法在实际工作中用得较多,其优点是既进行了正确的账务核算、又能使"货到款未付"商品及时入账,尽快形成销售能力,还避免了对其采用"平时不入账、期末作为应付款估价入账、下期红字冲账、付款后再正式入账"的烦琐账务程序。

五、核算组织形式

磊山市维达商贸有限公司采用"科目汇总表核算形式",图示如下:

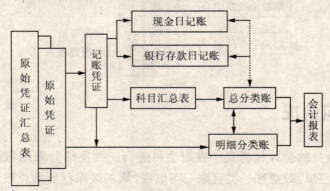

六、账簿组织体系

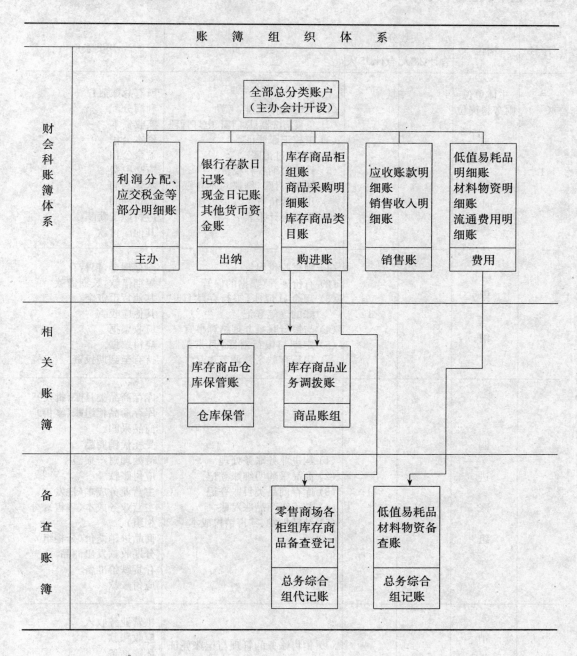

账　簿　组　织　体　系

财会科账簿体系

全部总分类账户
（主办会计开设）

利润分配、应交税金等部分明细账	银行存款日记账 现金日记账 其他货币资金账	库存商品柜组账 商品采购明细账 库存商品类目账	应收账款明细账 销售收入明细账	低值易耗品明细账 材料物资明细账 流通费用明细账
主办	出纳	购进账	销售账	费用

相关账簿

库存商品仓库保管账	库存商品业务调拨账
仓库保管	商品账组

备查账簿

零售商场各柜组库存商品备查登记	低值易耗品材料物资备查账
总务综合组代记账	总务综合组记账

七、各岗位职责分工

序号	岗位	人数分配 合计23人	人数分配 合计15人	职　　责	开设账户
一、(一) 1.	主体单位 财务科岗位 主办会计	3	2	(1) 全组工作安排,考勤 (2) 负责清洗器具、门窗、电灯管理 (3) 审核记账凭证 (4) 汇总,过记账 (5) 计算交纳各种税金 (6) 转账,对账,结账对本科账务正确性负责 (7) 编制会计报表	所有总账账户 利润分配 实收资本 资本公积 盈余公积 应交税费 本年利润 应付利润 应付职工薪酬 其他应付款
2.	出纳	2	1	(1) 现金收付保管 (2) 有价证券,票据的保管 (3) 现金日记账,银行存款日记账的逐笔登记 (4) 与银行联系办理结算事宜 (5) 定期与银行对账,月末编制银行存款余额调节表	库存现金,银行存款 短期借款,长期借款 其他货币资金 其他应收款 应收票据 应付票据 持有至到期投资
3.	购进账组	2	1	(1) 购进业务账务处理 (2) 商品采购明细账登记 (3) 库存商品类目账登记 (4) 与下级商品账对账 (5) 结转批发、零售销售成本	库存商品类目账(批发) 库存商品柜组账(零售) 商品采购 受托代销商品 待处理财产损溢 应付账款 主营业务成本(批发) 主营业务成本(零售)(分柜组) 商品进销差价(分柜组) 分期收款发出商品 存货跌价准备 应付账款
4.	销售账组	2	1	(1) 销售账务的管理与记账凭证的编制 (2) 应收账款的账务管理与登记 (3) 销售收入账务的管理与登记	主营业务收入 应收账款 坏账准备 代销商品款 代购代销收入 其他应付款 营业税金及附加

序号	岗位	人数分配		职　责	开设账户
		合计 23 人	合计 15 人		
5.	费用账组	1	1	(1) 审核费用支出 (2) 费用账务处理 (3) 登记费用明细账 (4) 管理固定资产、在建工程、工程物资、包装物材料物质、低值易耗品	销售费用 财务费用 管理费用 其他业务收入 其他业务成本 营业外收入 营业外支出 固定资产 累计折扣 固定资产清理 在建工程 工程物资 材料物资 包装物 低值易耗品 待摊费用 长期待摊费用 预提费用 应付工资
（二）	公司内部其他岗位				
6.	商品账组	2	1	(1) 登记库存商品明细账 (2) 登记受托代销商品代管商品明细账 (3) 与仓库核对商品数量账 (4) 月末结出每种商品库存数量与余额 (5) 与购进账组配合结转销售成本	库存商品明细账 受托代销商品明细账 代管商品物资明细账
7.	业务科	3	1	(1) 购销合同的签订和执行 (2) 销货开票 (3) 进货审合同,作出承付拒付决定,并签字 (4) 说明拒付理由 (5) 货到时,开收货单,通知仓储组去车站提货 (6) 办理合同执行过程中非常情况的交涉处理	

序号	岗位	人数分配		职　责	开设账户
		合计23人	合计15人		
8.	仓储组	2	1	(1) 管理库存商品、代销商品、代管商品物资 (2) 建立各种商品数量明细账 (3) 收货，根据验收情况填收货单实收数量，及溢缺报告 (4) 根据提货单发货 (5) 每次轮换清点商品，保持账实相符，再办交接手续 (6) 结转成本前，对库存商品进行全面清点	库存商品数量账 代销商品数量账 代管商品数量账
9.	总务综合组	1	1	(1) 管理材料物资、工程物资、包装物、低值易耗品，并作备查登记 (2) 作为内部费用发生单位造工资表，代填旅差费、医药费报销单等 (3) 代零售商场管账：登记商场柜组商品账，填进销存报表，并去公司提货、交款、领材料等。	备查登记： 　材料物资 　工程物资 　包装物 　低值易耗品 代管零售商品账： 　零售百货柜组 　零售家电柜组 家电维修部
二、	客体单位 主体开户行	1	1	(1) 接受磊山市维达商贸有限公司开户 (2) 登记该单位银行存款、银行贷款、专项存款账 (3) 办理各种银行结算业务 (4) 计算存借款利息 (5) 定期与单位对账，提供银行对账单 (6) 出售结算凭证	建立主体单位银行存款、银行借款、专项存款等账，根据结算凭证逐笔登记
11.	客体开户行	1	1	(1) 为磊山市维达商贸有限公司以外其他单位开户 (2) 办理客体单位结算 (3) 接受或传递结算凭证给主体银行或其他单位	集中登记每一笔与磊山市维达商贸有限公司银行收支有关的账务
12.	运输部门	1	1	(1) 模拟铁路、公路部门办理货运手续 (2) 收取货运费用，开出费用结算单据 (3) 发出提货通知，凭提货通知发货	

序号	岗位	人数分配		职　责	开设账户
		合计23人	合计15人		
13.	供货方	1	1	（1）填制增值税销售发票，准备货物 （2）通过运输部门发运商品，支付代垫运费 （3）给磊山市维达商贸有限公司办托收 （4）收到托收回单或收款通知	
14.	购货方	1	1	（1）去磊山市维达商贸有限公司购货、提货，或由磊山市维达商贸有限公司主动发货 （2）货款结算分为支票结算、现金结算、承付托收和银行汇兑付款 （3）款项未付而提货（或由磊山市维达商贸有限公司主动发货时），必须留下"付款承诺书" （4）到零售柜组购货	

第三节　流通企业几个会计处理规定

一、库存商品核算的方法

按2007年新会计准则应用指南的规定，购进商品的费用应加入商品采购成本，但"企业采购商品的进货费用较小的，可以在发生时直接计入当期损益"，我们理解对于煤炭、粮食等商品，其购进费用较大，应该加入成本，而一般工业消费品，运费较小可以进入销售费用核算，这样，库存商品的购进价格即为成本价格。本书即按此约定。

（一）一般规定

库存商品的核算方法包括数量金额核算法和金额核算法两类。

数量金额核算法，是同时采用实物和货币两种量度方式对库存商品的增减变动和结存情况进行反映和监督的核算方法，它既可以提供库存商品的数量指标，又可以提供库存商品的金额指标。数量金额核算法又可分为两种：数量进价金额核算法和数量售价金额核算法。

金额核算法,是仅以货币计量对库存商品的增减变动和结存情况进行反映和监督的核算方法。金额核算法又可分为进价金额核算法和售价金额核算法。

库存商品的核算方法的分类如下:

库存商品的核算方法 { 数量金额核算法 { 数量进价金额核算法 / 数量售价金额核算法 金额核算法 { 售价金额核算法 / 进价金额核算法

商品流通企业可以根据本企业的经营特点及经营管理的要求来选择不同的库存商品核算方法。一般来说,批发商品核算采用数量进价金额核算法,而零售商品核算采用售价金额核算法。由于本实验设计的是一个"批发、零售兼营"的流通企业且其核算集中在财会科,所以以上两种方法都要采用。

1. 数量进价金额核算法的要点

(1)库存商品的总账和明细账都按商品的原购进价格记账。

(2)库存商品明细账按商品的品名分户,分别核算各种商品收进、付出及结存的数量和金额。

2. 售价金额核算法的要点

(1)建立实物负责制,企业将所经营的全部商品按品种、类别及管理的需要划分为若干实物负责小组,确定实物负责人,实物负责人对其所经营的商品负全部经济责任。

(2)售价记账、金额控制,库存商品总账和明细账都按商品的销售价格记账,库存商品明细账按实物负责人或柜组分户而不按商品的明细品种分户,只记售价金额不记实物品种数量。

(3)设置"商品进销差价"科目,由于库存商品是按售价记账,对于库存商品售价与进价之间的差额应设置"商品进销差价"科目来核算,并在期末计算和分摊已售商品的进销差价。

(4)定期实地盘点商品,实行售价金额核算必须加强商品的实地盘点制度,通过实地盘点,对库存商品的数量及价值进行核算,并对实物负责人履行经济责任的情况进行检查。

(二)对外销售时库存商品明细账的处理方法

1. 批发销售

批发是指将商品卖给企业或相关主体,以作为进一步转卖的交易行为。比起零售来,批发是成批销售,其销量比较大,价格较零售要低。而对外销售了某种商品,其库存商品的数量和金额都要发生变化,需要说明的是一般批发企业在销售商品后并不逐日逐笔地结转商品销售成本,而是等到月末采用一定的方法集中计算并结转全月销售成本。所以平时只减少数量(对每一笔因销售和其他原因减少的商品数量都要做序时逐笔的登记),

月末结转成本时才集中减少货币金额

2. 零售销售

零售是指将商品卖给最终消费者以供直接消费的交易行为,零售销售以门市销售为主,销货业务频繁,数量零星,一般采用"售价金额核算实物负责制"。其要点如下:

(1)零售商场进货时要按售价记账,不记明细品种,记柜组的总售价金额。

(2)零售企业每日营业终了时,各营业柜组(实物负责小组)清点销货款,填制商品进销存日报表及内部缴款单,连同销货款送交企业财会部门据以入账。

(3)财会核算一方面按售价确认销售收入,另一方面按售价结转成本,以便冲销实物负责人的实物责任,由于"库存商品"科目是按售价记账的,则注销实物责任时也按售价借记"商品销售成本"科目,贷记"库存商品"科目。

(4)由于平时按售价结转的成本,成本包含了进销差价,是虚增的,月末要计算出已销商品实现的进销差价,并编制分录,将此差价从成本中冲出。

(5)零售商品的售价里包含了增值税销项税额,月末要将销项税从销售收入中分离出来,计算公式为:商品实际销售额=含税销售收入/(1+增值税税率);增值税销项税额=商品实际销售额×增值税税率,同时做会计分录冲销零售销售收入,增加销项税。

二、流通企业几种核算的约定

流通企业的销售可以作如下分类:

$$
销售分类
\begin{cases}
按地域分:同城、异地 \\
按环节分:批发、零售 \\
按形式分:仓库、直运 \\
特殊形式:分期收款、委托代销
\end{cases}
$$

本实验设计的业务包括了以上所有类别,这里着重比较仓库销售与直运销售、委托代销及受托代销的特点及流程。

(一)直运销售的核算

仓库销售是指购进的商品储存在本企业的仓库或寄存外库,销售时再将商品从仓库中发出的交易行为。本实验大部分销售业务都是仓库销售,并标有详细的业务流程,这里不再赘述。直运销售是与仓库销售相对应的,它是指批发企业将其从异地购进的商品直接发运给购货单位而不经过批发企业仓库储存的销售方式。采用这种销售方式可以加速商品流转、节约商品流通费用,所以是一种重要的销售方式。

(1)直运销售的做法。其具体做法是:批发企业从异地供货单位购进商品直接发运给购货单位,办理直运时可以委托供货单位代办,也可以由批发企业派采购员在供货单位所在地监督办理。一般是批发企业向销货单位购进商品并向购货单位发运后,由销货单位填制两套托收款凭证,同时交开户银行办理委托收款:一套是以购货单位的名义向批发企业收款,货款由批发企业开户银行账户划回销货单位开户银行账户;另一套是以批发企业名义向购货单位收款,货款直接划回批发企业开户银行,收入批发企业账户。进行直运销售的核算,需填制直运商品收发货单,其中既要注明购进单价,又要注明销售单价,以此作为办理托收货款及记账的依据。

（2）直运销售的特点。其具体特点是:①批发商品购进与销售同时进行,企业一方面根据银行转来的结算凭证向销货单位支付进货款,作商品购进的账务处理;另一方面又通过销货单位或企业采购人员向购货单位发货,并向购货单位办理托收销货款手续后转给批发企业的直运商品收发货单位,作托收销货款及取得商品销售收入的账务处理。②商品直运不经过批发企业仓库,在核算上不通过"库存商品"科目。③直运销售是整批购进直接销售,在商品销售的同时可按商品进价逐笔结转商品销售成本,而不必集中在月末结转。

（3）直运销售的业务流程。其具体业务流程如下:

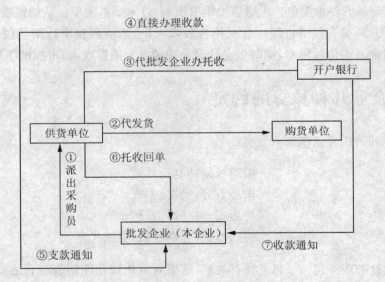

上述程序,对于采用直运销售的批发企业来说分为支付购货款（④⑤）和收取销货款两部分（③⑥⑦）,其中④是供货单位用托收方式向批发企业收取货款,⑤是银行转来要求支款的通知;③是由供货方代批发企业办托收,⑥是由批发企业采购员寄回的托收回单,⑦是销货款收到后的收款通知。

批发企业根据收到的凭证作以下账务处理:

收到支款通知付款时,借记"商品采购"及相关科目,贷记"银行存款",同时结转直运商品销售成本,借记"主营业务成本",贷记"商品采购";收到托收回单时,借记"应收账款",贷记"主营业务收入"及相关科目;收到收款通知时,借记"银行存款",贷记"应收账款"。

（二）代销业务的核算

代销商品是商品流通企业为促进商品销售而采用的销售方式。这种销售方式的特点是,委托方向受托方发出代销商品时,并不转移商品的所有权,也不作商品销售处理,直到代销商品销售后才确认商品销售成立。商品流通企业可以接受其他单位委托代销商品,也可以委托其他单位代销本企业的商品。

(1) 受托代销商品的核算。受托代销商品是指企业接受其他单位的委托而代为销售的商品。企业接受代销商品时,应设置"受托代销商品"科目,还应设置"代销商品款"科目,核算接受代销商品的价款。

本实验将受托代销业务一律视为本企业的商品销售处理。其流程及账务处理如下:

代销商品销售后,企业将代销商品收入及应交增值税记入"主营业务收入"和"应交税费——应交增值税(销项税额)"科目的贷方,并将收入款项记入"银行存款"科目的借方。同时,按代销商品接受价(不包含增值税进项税)结转商品销售成本,借记"主营业务成本"科目,贷记"受托代销商品"科目,并按接受价将代销货款记入债务,借记"代销商品款",贷记"应付账款";在实际支付货款时,由委托方开出增值税发票并确认为委托方的主营业务收入、销项税及货款。这时接受方要另外支付进项税。如果双方商议接受价包含了进项税,则受托方接到增值税发票后,要将进项税从成本中剥离、冲转出来并做分录,借记"应交税费——增值税(进项税额)",贷记"主营业务成本"。

(2) 委托代销商品的核算。委托代销商品是指企业委托其他单位代销本企业的商品。企业作为委托方发出代销商品时,由于商品的所有权没有转移,所以不能作商品销售处理,而应设置"委托代销商品"明细科目进行核算,直到委托代销的商品售出后,委托企业收到受托企业开出的代销清单及货款时,才开出增值税发票,作代销商品销售处理,同时结转代销商品成本,借记"主营业务成本",贷记"委托代销商品"。

(三)"商品采购"与"库存商品"的固定科目对应关系

"商品采购"明细账采用固定科目对应关系核算,即:只要托收单到付款就借记"商品采购",贷记"银行存款",只要商品到就借记"库存商品",贷记"商品采购",这样如到了货而没有付款或货款没有结清时,该明细账上就只有贷方余额。而此时贷方余额实际上是"货到未付款",在填列资产负债表时应该将此余额填在"应付账款"。本实验报表的"应付账款"即按此方法,将"商品采购"明细账中"长虹电视机厂"和"成都化工厂"的贷方余额合计填入。

第四节　购销业务综合流转程序及凭证传递程序

这里详细说明发货制销售、提货制销售和发货制异地购进三种典型业务的流转程序及凭证传递程序。为更进一步地讲解,后附有三种业务流程图并在实验室设置了电子流程教学系统,学生可一边看文字说明,一边拿原始凭证,一边跟着电动流程图的程序流转来彻底弄清楚各种流转程序及凭证传递程序。

一、发货制销售业务流转程序

发货制销售是指销售方根据事先签订的合同,委托运输部门将货发至购货方指定的车站、码头交接的一种销售业务。其货款结算一般采用销售方通过银行办理委托收款或托收承付,由购货方承付货款的结算方式。其整个程序分为商品的发运和货款的结算两个部分(业务流程见图3.1)。

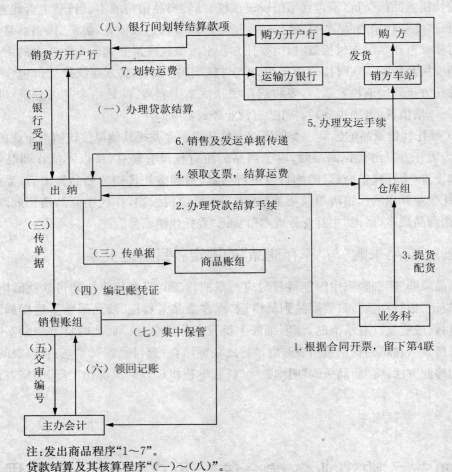

注:发出商品程序"1~7"。
货款结算及其核算程序"(一)~(八)"。

图3.1 异地销售业务流程(采用"发货制"、"托收"方式)

(一)商品的发运

(1)业务科根据事先签订的经济合同或协议开具增值税销售发票一式七联,留下第4

联（留底联），其余各联连同承付货款承诺书或托收货款委托书一起到财会科办理款项结算手续。

（2）财会科根据货款结算情况在增值税发票的抵扣联（第 2 联）、发票联（第 3 联）、提货联（第 6 联）分别盖上结算章（"转账"），并在收款人处盖上出纳员私章，在备注栏注明结算方式，再留下第 1 联（销售账）、第 2 联（抵扣联）、第 3 联（发票联）、第 5 联（商品账）。

（3）业务科根据财会科盖有结算章的第 6 联（提货联）到仓库提货配货。

（4）由储运部门持第 7 联将货运往车站码头发货，将第 7 联随货装箱，如需代垫运费，则事先需在出纳处领取转账支票以代垫运费。

（5）由运输部门收取货物运费，开出运费结算单据，填制货票。

（6）储运部门交运费结算单据、支票存根给财会科，证明货已发运以便向购货方办理托收。

（7）划转运费。

（二）款项的结算

（1）出纳员将货款、税款连同代垫运费一起加总，填制"委托收款"或"托收承付"结算凭证一式五联，并在其第 2 联加盖办结算的法定印章（原已将盖有法定印章的印鉴卡片留存银行）。办理委托收款或托收承付的后附原始凭证为：增值税销售发票第 2 联、第 3 联，代垫运费结算单。

（2）出纳到银行办理托收手续。银行审查合同和商品发运手续，决定予以受理时，盖章退回托收凭证第 1 联，其余各联连同后附原始单据留下以便办理收款。

（3）出纳将托收回单第 1 联、增值税发票第 1 联、支票存根交与销售账组制单，确认销售收入；将增值税发票第 5 联交与商品账组以减少商品数量账。

（4）销售账组编记账凭证：

借：应收账款

　　贷：销售收入、应交税金、银行存款

（5）记账凭证交与主办会计审核编号。

（6）销售账组领回已编号后的记账凭证，作为记入明细账的依据。

（7）已记入各明细账后的记账凭证交主办集中保管，以便五天一汇总后根据汇总凭证记入总账。

（8）银行受理托收，盖章退回托收凭证第 1 联，留下第 2 联，其余凭证交付款方银行，付款方银行将托收的第 5 联连同后附的全部原始凭证交付款方。如付款方同意付款，则银行于验单付款 3 日（验货付款 10 日）后从付款方账户划转货款给收款方的银行账户，同时传回托收凭证第 4 联，收款方银行收到第 4 联，则知道对方已承付货款，随即凭第 2 联增加收款方银行存款，同时将第 4 联交给收款方，企业根据传回的托收凭证第 4 联编记账凭证：

借:银行存款

　　贷:应收账款

到此,发货与收款全部完成。

二、提货制销售业务流转程序

提货制销售指购货方派采购员到销货方采购商品,自行提货,货款结算用支票(同城)、委托收款(同城或异地)或托收承付(异地)方式的销售业务。其业务流程说明如下(业务流程见图3.2)。

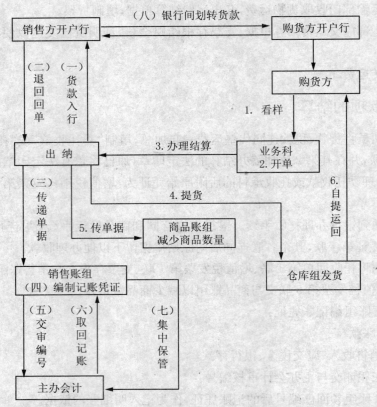

注:发出商品程序"1~6"。

货款结算及其核算程序"(一)~(八)"。

图3.2　提货制销售业务流程(货自提运回,采用支票或委托收款结算)

(一) 发货手续

(1)购货方派出采购员到销货方业务科看样选货。

(2)销货方业务科开具增值税销货发票一式七联,留下第4联,其余交购方采购员。

(3)购方采购员持其余联到财务科交款或办理货款结算手续。

① 如为支票或现金结算,出纳员收取货款后在第2联(发票)、第3联(抵扣联)、第6联(提货联)盖上财务结算章和出纳员章后只留下第1联、第5联,将其余联次都交购方采购员。

② 如为委托收款或托收承付或信汇结算,购方采购员要留下具有法定效力的办理托收委托书或付款承诺书,出纳员盖上款项结算方式章和出纳员章后将第1、2、3、5联都留下,只将第6联(提货联)、第7联(随货联)交给购方采购员。

(4) 购方采购员凭已办理结算手续后的第6联(提货联)到销货方仓库提货,保管员收单,并照单发货后记入库存商品保管账。

(5) 购方采购员自行提货运回,款项以后再结算的只带回销货发票第7联(随货联);货款已结算的,则带回销货发票的第2联(发票联)、第3联(抵扣联)、第7联(随货同行联)和结算回单。

(6) 财会科留下第1联做销售收入账,并将第5联交给商品账组减少商品数量。

(二) 销售货款入账

(1) 如购货方用支票结算,应将收到支票交存银行,交存时填进账单连同支票一起送交。如采用办理托收等方式结算,应填制委托收款或托收承付结算凭证,并将销售发票的第2联、第3联和付款承诺书作为办理托收的依据,随托收送交银行办理收款手续。

(2) 银行在进账单上盖章后退回一联或受理托收后退回第1联,此联与销售发票的第1联一起作为确认销售收入的依据。

(3) 传递单据。

(4) 编制记账凭证。在款项未收到前,记应收账款增加;款项收到或汇到后,记银行存款增加,应收账款减少。

(5) 交审编号。

(6) 记账。

(7) 集中管理,以便五天一汇总。

(8) 银行间结算货款。

三、发货制异地购进业务流转程序

发货制异地购进指购货方在本城(地)以外的其他地方购进商品,对方将货发至购方指定的车站码头予以交货的一种商品购销方式。其货款结算一般采用委托收款或托收承付方式。

对于购货方来说,由于货与托收单到达企业的时间先后不同,就形成了“货先到单后到”、“单先到货后到”、“单货同到”三种不同情况,相应形成“先收货后付款”、“先付款后收货”、“付款与收货同时发生”三种情况。不管何种情况下,对购货方来说,总涉及“货的到达与验收”、“托收的审核与款项的承付”两大部分(业务流程见图3.3)。

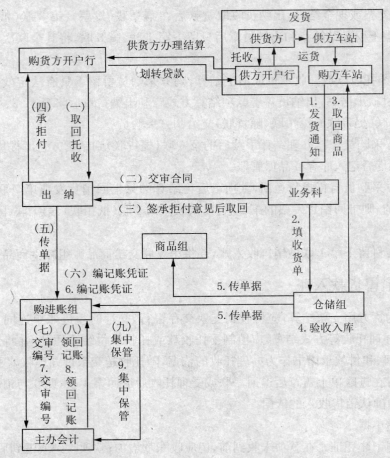

注：收进商品程序"1~9"。
货款结算及其核算程序"(一)~(九)"。

图 3.3 异地购货业务流程(采用"发货制"、"托收"方式)

(一)货的到达与验收

供方将增值税销售发票第 7 联(随货联)与货物一起交运输部门发运至购方指定的车站码头后：

(1)由运输部门根据货票发出取货通知。

(2)购方业务科根据购货合同填收货单一式四联(在数量栏填应收数)留下留底联,其余各联交储运部门安排车辆去车站码头提货。

(3)储运部门凭取货通知提货,将货运回并带回随货联。

(4)仓库验收后,在数量栏填实收数,如有溢缺,填溢缺报告单一式三联(一联留底,一联交财会科,另一联交业务科)。

(5)仓库将收货单仓库联留下据以增加保管库存,将商品账联送交商品账组以增加调拨库存,将收货单财会联与发票随货联(如有溢缺加送溢缺报告单)送交财会科,据以增加财会库存(财会类目账)。

(6) 财会部门购进账组编制记账凭证。

借:库存商品

　　贷:商品采购

(7) 主办会计审核、编号。

(8) 根据审核编号后的记账凭证记明细账。

(9) 已记入明细账后的记账凭证交回主办保管,以便主办五天一汇总,再根据汇总凭证记入总账。

(二) 托收的审校与款项的承付

供方将货物发运后,凭货物发运凭证、增值税发票第 2 联和第 3 联(如为托收承付,还要有合同)填制托收凭证,办理托收手续,通过银行向购方收款。

(1) 购货方出纳从银行取回本单位的托收凭证(支款通知)。

(2) 交由业务科审核、签字,表明承、拒付意见。

(3) 出纳取回已签上承、拒付意见的托收凭证。

(4) 如承付,三天后银行主动划款给供方;如拒付,先要由业务科写出书面意见,财会科三天内必须到银行办理拒付手续。

(5) 将承付的托收凭证交由购进账组编制记账凭证:

借:商品采购、应交税金、营业费用

　　贷:银行存款

(6)、(7)、(8)、(9)同上述"货的到达与验收"部分的相应内容。

第五节　期　初　资　料

一、总分类账户操作期期初资料

(一) 11 月末资产、负债、所有者权益类各总分类账户余额

【主办会计《总账》】

资　产　类		负债类及资本类	
库存现金	1 500	**负债类:**	
银行存款	1 315 399	短期借款	4 500 000

（续表）

资　产　类		负债类及资本类	
应收账款	206 877	应付票据	484 000
坏账准备（减项）	5 200	其他应付款	5 000
其他应收款	9 300	预提费用	73 000
应收票据	35 000	应交税费	157 360
商品采购	115 000	应付职工薪酬	34 640
库存商品	4 005 400	受托代销商品款	210 000
受托代销商品	210 000	长期借款	350 000
商品进销差价（减项）	144 400	**负债类合计：**	**5 814 000**
存货跌价准备（减项）	8 700		
周转材料	73 900	**资本类：**	
待摊费用	7 200	实收资本	3 000 000
待处理财产损溢	6 224	资本公积	1 005 000
固定资产	6 700 000	盈余公积	516 000
累计折旧（减项）	588 000	本年利润	2 010 000
持有至到期投资	70 000		
在建工程	135 000	**资本类合计：**	**6 531 000**
工程物资	200 500		
资产类合计：	**12 345 000**	**负债类及资本类合计：**	**12 345 000**

　　期初建账时，直接将所给定的余额过入相应账户的余额栏，并注明借贷方向，摘要栏填"期初余额"、"月初余额"或"上月结转"。此处及后面资料中的"【×××《×××》】"，是指××所建立的《×××》账簿。

（二）1～11月各损益类总分类账户累计"发生额"

　　1～11月各收支账户"余额"为0，期初建账时各收支账户的借方、贷方发生额栏都登记以下同样的数字，摘要栏为"1～11月累计发生额"，余额借贷方向栏记"平"，余额栏作符号"—O—"。

【主办会计《总账》】

收　入　类		支　出　类	
主营业务收入	48 000 000	主营业务成本	42 221 300
其他业务收入	120 000	其他业务成本	82 000
营业外收入	22 000	营业税金及附加	155 000

收 入 类		支 出 类	
		销售费用	1 250 000
		管理费用	759 400
		财务费用	635 000
		资产减值损失	13 900
		营业外支出	25 400
		所得税费用	990 000
收入类合计：	48 142 000	支出类合计：	46 132 000
收入支出差额：	2 010 000		

提示：期初建账时账簿的启用情况

财会科岗位	账簿名称	其他岗位	账簿名称
主办会计	《总账》 《主办会计明细账》	商品账组	《库存商品明细账》
出　　纳	《现金日记账》 《银行存款日记账》 《出纳其他明细账》	仓储组	《仓储保管账》
购进账组	《购进明细账》	总务综合组	《总务备查账》 《零售商品账》
销售账组	《销售明细账》		
费用账组	《费用明细账》		

二、各明细账户操作期期初资料

（一）操作期11月末资产、负债、所有者权益各明细账户余额

期初建账时，直接将所给定的余额过入相应账户的余额栏，并注明借贷方向，摘要栏填"期初余额"、"月初余额"或"上月结转"。涉及实物数量核算的，如仓储组所建立的《仓储保管账》、商品账组所建立的《库存商品明细账》、总务综合组所建立的《总务备查账》，则摘要栏填"期初结存"、"月初结存"或"上月结存"。

1. 资本类

（1）"实收资本"明细账。合计贷方余额：3 000 000 元。

【主办会计《主办会计明细账》】

项　　目	集团公司投资	利新实业投资
金　　额	2 500 000	500 000

（2）"盈余公积"明细账。合计贷方余额：516 000元。

【主办会计《主办会计明细账》】

项　　目	法定盈余公积	法定公益金
金　　额	344 000	172 000

（3）"资本公积"明细账。合计贷方余额：1 005 000元。

【主办会计《主办会计明细账》】

项　　目	资本溢价	其他资本公积
金　　额	500 000	505 000

（4）"本年利润"明细账。贷方余额：2 010 000元。

2．负债类

（1）"短期借款"明细账。合计贷方余额：4 500 000元。

【出纳《出纳其他明细账》】

项　　目	磊山市工行——商品周转借款
金　　额	4 500 000

（2）"应付票据"明细账。合计贷方余额：484 000元。

【出纳《出纳其他明细账》】

项　　目	成都珠峰商贸公司	上海寰宇商贸公司	广州大洋贸易中心
金　　额	145 000	169 000	170 000

（3）"其他应付款"明细账。合计贷方余额：5 000元。

【销售账组《销售明细账》】

项　　目	包装物押金
金　　额	5 000

（4）"预提费用"明细账。合计贷方余额：73 000元。

【费用账组《费用明细账》】

项　　目	预 提 利 息
金　　额	73 000

（5）"应交税费"明细账。合计贷方余额：157 360 元。

【主办《主办会计明细账》】

项目	应交所得税	未交增值税	应交城建税	应交教育附加费	应交土地使用税	应交房产税	应交车船使用税
金额	82 500	68 000	3 400	1 360	1 500	440	160

（6）"应付职工薪酬——福利费"明细账。合计贷方余额：34 640 元。

【主办《主办会计明细账》】

（7）"受托代销商品款"明细账。合计贷方余额：210 000 元。

【销售账组《销售明细账》】

项　目	重庆五洲商贸公司	成都丰瑞公司
金　额	50 000	160 000

（8）"长期借款"明细账。合计贷方余额：350 000 元。

【出纳《出纳其他明细账》】

项　目	建设银行——基建借款
金　额	350 000

3. 资产类

（1）"库存现金"日记账。合计余额：1 500 元（见【出纳《现金日记账》】）。

（2）"银行存款"日记账。合计余额：1 315 399 元（见【出纳《银行存款日记账》】）。

（3）"应收账款"明细账。合计借方余额：206 877 元。

【销售账组《销售明细账》】

户名	杨柳供销社	大安供销社	太和供销社	太平供销社	三柏供销社	平中代销店	华欣公司
金额	15 000	36 270	72 170	13 000	19 873.60	563.40	50 000

（4）"坏账准备"明细账。合计贷方余额：5 200 元（见【销售账组《销售明细账》】）。

（5）"其他应收账"明细账。合计借方余额：9 300 元。

【出纳《出纳其他明细账》】

户名	总务综合组	唐本田	雷强	洪冰	张华	陈山	周易
金额	1 800	2 000	1 500	2 500	1 000	250	250

（6）"应收票据"明细账。合计借方余额：35 000 元

【出纳《出纳其他明细账》】

项 目	太和供销社
金 额	35 000

(7)"商品进销差价"明细账。合计贷方余额：144 400 元。

【购进账组《购进明细账》】

项 目	家电柜组	百货柜组
金 额	90 750	53 650

(8)"商品采购"明细账。合计借方余额：115 000 元。

【购进账组《购进明细账》】

单位名称	时间	备 注	借方余额
重庆五洲商贸公司	11.28 11.29	支付压力锅等货款 71 000 支付购鞋款 48 500	119 500
上海寰宇商贸公司	11.19	支付凤凰平车、永久加重车款	34 000
北京欣欣商贸公司	11.27	支付面盆款	20 000
杭州海天商贸公司	11.28	支付彩花水瓶等款	18 000
广东江门洗衣机厂	11.29	支付金羚洗衣机款	92 000
重庆三峡洗衣机厂	11.28	支付三峡双缸洗衣机款	32 500
长虹电视机厂	11.27	长虹 34″彩电验收入库	贷方 140 000
成都新源化工厂	11.27	肥皂等入库	贷方 61 000

由于"商品采购"明细账采用"固定科目对应关系"核算，即只要托收单到付款就借记"商品采购"，贷记"银行存款"，只要商品到就借记"库存商品"，贷记"商品采购"，这样如到了货而没有付款或货款没有结清时，该明细账上就只有贷方余额。而此时贷方余额实际上是"货到未付款"，在填列资产负债表时应该将此余额填在"应付账款"。本报表的"应付账款"即按此方法，将"商品采购"明细账中"长虹电视机厂"和"成都化工厂"的贷方余额合计填入。

(9)"受托代销商品"明细账。合计借方余额：210 000 元。

【购进账组《购进明细账》】

项 目	重庆五洲商贸公司	成都丰瑞公司
金 额	(山鹰自行车 200 辆，单价 250 元) 50 000	(丰瑞微波炉 200 台，单价 800 元) 160 000

（10）"周转材料"明细账。合计借方余额：73 900 元。

①"包装物"明细账。合计借方余额：9 500 元。

【费用账组《费用明细账》】【总务综合组《总务备查账》】

包装物名称	木 箱	塑料周转箱
数量（个）	400	220
单价（元）	10	25
金额（元）	4 000	5 500

②"低值易耗品"明细账。合计借方余额：32 400 元。

第一，在用低值易耗品。合计借方余额：64 800 元。

【费用账组《费用明细账》】【总务综合组《总务备查账》】

名 称	数 量	单 价	金 额
货 柜	40 个	400	16 000
办 公 桌	40 个	250	10 000
货 架	47 个	200	9 400
文 件 柜	28 个	500	14 000
电 风 扇	20 台	380	7 600
沙 发	10 对	580	5 800
自 行 车	5 辆	400	2 000

第二，低值易耗品摊销。合计贷方余额：32 400 元（见【费用账组《费用明细账》】）。

③"材料物资"明细账。合计借方余额：32 000 元。

第一，其他材料。合计借方余额：16 500。

【费用账组《费用明细账》】【总务综合组《总务备查账》】

品名	维修木料	油漆	汽油	防虫药品	凭证	导线	肥皂	麻绳	包装带
单位	立方米	听	公斤	瓶	本	米	箱	公斤	捆
数量	6	10	2 000	20	100	800	5	50	100
单价	800	80	3	45	2	2	90	15	10
金额	4 800	800	6 000	900	200	1 600	450	750	1 000

第二，家电修理材料。合计借方余额：15 500（见【费用账组《费用明细账》】）。

（11）"待摊费用"明细账。合计借方余额：7 200 元。

【费用账组《费用明细账》】

项 目	待摊保险费	待摊书报费
金 额	5 300	1 900

（12）"待处理财产损溢"明细账。合计借方余额：6 224 元。

【购进账组《购进明细账》】

项　目	待处理流动资产损溢	待处理固定资产损溢
金　额	3 224	3 000

（13）"固定资产"明细账。合计借方余额：6 700 000 元。

【费用账组《费用明细账》】

名　称	营业大楼	仓库	汽车	彩电	保险柜
金　额	6 060 000	500 000	120 000	15 000	5 000

（14）"累计折旧"明细账。合计贷方余额：588 000 元。

【费用账组《费用明细账》】

名　称	营业大楼	仓库	汽车	彩电	保险柜
金　额	510 000	49 000	24 000	4 000	1 000

（15）"工程物资"明细账。合计借方余额：200 500 元。

【费用账组《费用明细账》】【总务综合组《总务备查账》】

名　称	数量	单价	金额
木　材	20 立方米	3 000	60 000
钢　材	5 吨	3 500	17 500
水　泥	800 袋	50	40 000
砖	20 万匹	2 500（每万匹）	50 000
瓦	20 万匹	1 500（每万匹）	30 000
电　线	1 000 米	3	3 000

（16）"在建工程"明细账。合计借方余额：135 000 元。

【费用账组《费用明细账》】

工程项目	4#仓库工程
金　额	135 000

（17）"持有至到期投资"明细账。合计借方余额：70 000 元。

【出纳《出纳其他明细账》】

项　目	国家重点建设债券	国库券
金　额	50 000	20 000

(18)"库存商品"类目账及"库存商品"零售柜组账合计借方余额:4 005 400 元。

① "库存商品"类目账。合计借方余额:4 005 400 元。

【购进账组《购进明细账》】

商品大类	小　类	金　额
批发百货类	食具类	134 400
	五金类	150 000
	鞋　类	151 500
	钟表类	175 500
	搪瓷制品类	42 500
	日用化工类	152 500
小　计		**806 400**
零售百货柜组		145 000
小　计		**145 000**
百货类合计		**951 400**
批发家电类	电视类	856 000
	冰箱类	975 000
	微波炉类	395 000
	洗衣机类	470 000
	小家电类	83 000
小　计		**2 779 000**
零售家电柜组		275 000
小　计		**275 000**
家电类合计		**3 054 000**
库存商品总计:951 400 + 3 054 000 = 4 005 400		

② "库存商品"零售柜组账。合计借方余额:420 000 元。

【总务综合组《零售商品账》】

库存商品	零售—百货柜组	零售—家电柜组
金　额	145 000	275 000

(19)"存货跌价准备"明细账。贷方余额:8 700 元。

【购进账组《购进明细账》】

(20)操作期 11 月末在批发仓库的"库存商品"明细账。

【商品账组《库存商品明细账》】【仓储组《仓储保管账》】

类别	品　　名	规格	数量	进价	金额
食具类	铝　锅	24 厘米	200	50	10 000
	铝　锅	26 厘米	200	60	12 000
	铝茶壶	22 厘米	200	45	9 000
	铝茶壶	24 厘米	200	50	10 000
	铝饭盒	特大号	200	10	2 000
	铝饭盒	大　号	200	9	1 800
	铝饭盒	中　号	200	8	1 600
	不锈钢压力锅	24 公分	200	170	34 000
	不锈钢压力锅	26 公分	300	180	54 000
小　计					**134 400**
五金类	牡丹牌缝纫机	FA2-1	100	250	25 000
	华南牌缝纫机	JA2-1	100	230	23 000
	鹰轮牌缝纫机	JA2-1	100	220	22 000
	凤凰牌自行车	26″	100	330	33 000
	加重永久牌自行车	28″	100	350	35 000
	三防锁		200	30	6 000
	弹子锁		200	8	1 600
	剪　刀	大　号	400	6	2 400
	剪　刀	小　号	400	5	2 000
小　计					**150 000**
鞋　类	加高便靴	25 号	150	80	12 000
	工矿便靴	25 号	150	100	15 000
	解 放 鞋	25 号	500	20	10 000
	解 放 鞋	24 号	500	16	8 000
	旅 游 鞋	25 号	150	280	42 000
	牛皮女鞋	24 号	150	100	15 000
	牛皮男鞋	26 号	150	120	18 000
	猪皮女鞋	24 号	150	60	9 000
	猪皮男鞋	25 号	150	70	10 500
	农田水靴	26 号	150	80	12 000
小　计					**151 500**
钟表类	上海牌全钢三防男表		250	80	20 000
	山城牌全钢三防男表		250	76	19 000
	上海牌镀金女表		200	140	28 000
	青岛金锚牌镀金女表		200	130	26 000
	石英电子男表		250	200	50 000
	金鸡闹钟		250	60	15 000
	双铃闹钟		250	70	17 500
小　计					**175 500**

类别	品　名	规格	数量	进价	金额
搪瓷制品类	彩花水瓶	5 号	250	20	5 000
	彩花水瓶	8 号	250	26	6 500
	细花面盆	36 厘米	250	30	7 500
	新花面盆	34 厘米	250	30	7 500
	加厚面盆	36 厘米	250	40	10 000
	全白面盆	36 厘米	200	20	4 000
	口　杯	大　号	200	10	2 000
小　计					42 500
日用化工类	芙蓉肥皂	50 连装	250	150	37 500
	双猫洗衣粉	50 袋装	250	300	75 000
	效力多牙膏	10 支装	250	60	15 000
	洗发膏	10 包装	250	100	25 000
小　计					152 500
批发一百货类　合　计					806 400
电视类	长虹彩电—显管	29″	40	1 500	60 000
	长虹彩电—显管	34″	40	2 100	84 000
	长虹彩电—液晶	32″	40	3 800	152 000
	长虹彩电—液晶	42″	40	7 000	280 000
	TCL 彩电—等离子	32″	40	3 600	144 000
	创维彩电—等离子	37″	40	3 400	136 000
小　计					856 000
冰箱类	新飞冰箱（河南）	180 升	50	2 100	105 000
	新飞冰箱（河南）	230 升	50	2 800	140 000
	容声冰箱	200 升	50	2 800	140 000
	容声冰箱	260 升	50	3 100	155 000
	海尔冰箱（青岛）	250 升	50	2 900	145 000
	海尔冰箱（青岛）	280 升	50	3 300	165 000
	雪花冰柜	300 升	50	2 500	125 000
小　计					975 000
微波炉类	格兰仕微波炉	P7021	50	900	45 000
	格兰仕微波炉	G8023	50	1 100	55 000
	美的微波炉	KD23	50	1 200	60 000
	美的微波炉	KD21	50	1 100	55 000
	海尔微波炉	MO23	50	1 200	60 000
	LG 微波炉	MS27	50	1 200	60 000
	松下微波炉	NN21	50	1 200	60 000
小　计					395 000

（续表）

类别	品　名	规格	数量	进价	金额
洗衣机类	金羚双缸	5 kg	40	700	28 000
	金羚全自动	4 kg	40	1 600	64 000
	三峡双缸洗衣机(重庆)	5 kg	40	650	26 000
	小鸭滚筒全自动(济南)	5 kg	40	2 100	84 000
	海棠全自动	4 kg	40	1 500	60 000
	海棠全自动	5 kg	40	1 700	68 000
	威力全自动	3.6 kg	40	1 600	64 000
	小天鹅全自动(无锡)	5 kg	40	1 900	76 000
小　计					470 000
小家电类	电饭锅	1000 W	100	180	18 000
	电饭锅	750 W	100	160	16 000
	蒸汽电熨斗	1000 W	100	90	9 000
	蒸汽电熨斗	650 W	100	80	8 000
	电水壶	800 W	100	130	13 000
	电水壶	600 W	100	110	11 000
	电吹风	800 W	100	80	8 000
小　计					83 000
批发—家电类　合　计					2 779 000

　注:这里的"库存商品",是指存放在企业仓库里的商品,不包括零售商场的库存商品。

（21）"受托代销商品"明细账。

【商品账组《库存商品明细账》】【仓储组《仓储保管账》】

类别	委托单位	品名	计量	数量	接受价	金额	批发价
代销商品类	重庆五洲商贸公司	山鹰自行车	辆	200	250	50 000	300
	成都丰瑞公司	丰瑞微波炉	台	200	800	160 000	900
合　计						210 000	

　注:这里的"受托代销商品",是指存放在企业仓库里的商品,不包括零售商场的库存商品。

（二）操作期1～11月有关损益类账户的明细资料

　　1～11月各收支账户"余额"为0,期初建账时各收支账户的借贷方发生额栏都登记同样的数字,摘要栏为"1～11月累计发生额",借贷方向栏记"平",余额栏作符号"—O—"

　　（1）"主营业务收入"明细账。1～11月累计发生额:48 000 000元。

【销售账组《销售明细账》】

项　目	金　额
批发百货类	16 500 000
批发家电类	24 750 000
零售百货柜	2 950 000
零售家电柜	3 800 000
合　计	**48 000 000**

（2）"其他业务收入"明细账。1～11月累计发生额：120 000元。

【费用账组《费用明细账》】

项　目	金　额
修理家电收入	84 000
出租包装物收入	24 000
出售材料收入	12 000
合　计	**120 000**

（3）"营业外收入"明细账。1～11月累计发生额：22 000元。

【费用账组《费用明细账》】

项　目	金　额
罚款收入	4 400
处置固定资产净收益	17 600
合　计	**22 000**

（4）"主营业务成本"明细账。1～11月累计发生额：42 221 300元。

【购进账组《购进明细账》】

项　目	金　额
批发百货类	14 446 300
批发家电类	22 522 500
零售百货柜	2 212 500
零售家电柜	3 040 000
合　计	**42 221 300**

（5）"其他业务成本"明细账。1～11月累计发生额：82 000元。

【费用账组《费用明细账》】

项 目	金 额
修理家电支出	57 300
出租包装物支出	16 320
出售材料成本	8 380
合 计	82 000

（6）"营业税金及附加"明细账。1～11月累计发生额：155 000元。

【销售账组《销售明细账》】

项 目	金 额
教育费附加	58 125
城建税	96 875
合 计	155 000

（7）"销售费用"明细账。1～11月累计发生额：1 250 000元。

【费用账组《费用明细账》】

项 目	金 额
进货运费	525 000
装卸费	83 000
包装费	76 353
保证费	85 000
仓储保管费	96 500
展览费	6 110
广告费	43 280
商品损耗	16 250
经营人员工资及福利费	318 507
合 计	1 250 000

（8）"管理费用"明细账。1～11月累计发生额：764 600元。

【费用账组《费用明细账》】

项 目	金 额
管理人员工资及福利费	239 050
业务招待费	123 000
低值易耗品摊销	23 100
折旧费	231 250
修理费	27 520

项　　目	金　　额
房产税	5 805
土地使用税	1 760
印花税	3 570
车船使用税	1 560
工会经费	11 085
劳动保险费	84 200
职工教育经费	7 500
合　　计	**759 400**

（9）"财务费用"明细账。1～11月累计发生额：635 000元。

【费用账组《费用明细账》】

项　　目	金　　额
利　　息	450 000
银行手续费	5 000
销售折扣	180 000
合　　计	**635 000**

（10）"资产减值损失"明细账。1～11月累计发生额：13 900元。

【费用账组《费用明细账》】

项　　目	金　　额
坏账准备	5 200
存货减值损失	8 700
合　　计	**13 900**

（11）"营业外支出"明细账。1～11月累计发生额：25 400元。

【费用账组《费用明细账》】

项　　目	金　　额
非常损失	12 400
捐赠支出	10 000
罚款支出	3 000
合　　计	**25 400**

（12）"所得税费用"明细账。1～11月累计发生额：990 000元（见【费用账组《费用明细账》】）。

三、操作期期初报表资料

资产负债表

会企 01 表

编制单位:四川省磊山市维达商贸有限公司　　　　　××××年11月30日　　　　　单位:元

资　产	期末余额	负债和所有者权益 (或股东权益)	期末余额
流动资产:		**流动负债:**	
货币资金	1 316 899	短期借款	4 500 000
交易性金融资产		交易性金融负债	
应收票据	35 000	应付票据	484 000
应收账款	201 677	应付账款	201 000
预付款项		预收款项	
应收利息		应付职工薪酬	34 640
应收股利		应交税费	157 360
其他应收款	9 300	应付利息	
存货	4 242 200	应付股利	
一年内到期的非流动资产		其他应付款	5 000
其他流动资产	13 424	一年内到期的非流动负债	
流动资产合计	**5 815 500**	其他流动负债	73 000
非流动资产:		**流动负债合计**	**5 455 000**
可供出售金融资产		**非流动负债:**	
持有至到期投资	70 000	长期借款	350 000
长期应收款		应付债券	
长期股权投资		长期应付款	
投资性房地产		专项应付款	
固定资产	6 112 000	预计负债	
在建工程	135 000	递延所得税负债	
工程物资	200 500	其他非流动负债	
固定资产清理		**非流动负债合计**	350 000
生产性生物资产		**负债合计**	**5 805 000**
油气资产		**所有者权益(或股东权益):**	
无形资产		实收资本(或股本)	3 000 000
开发支出		资本公积	1 005 000
商誉		减:库存股	

资　　产	期末余额	负债和所有者权益（或股东权益）	期末余额
长期待摊费用		盈余公积	516 000
递延所得税资产		未分配利润	2 010 000
其他非流动资产		**所有者权益（或股东权益）合计**	**6 631 000**
非流动资产合计	6 517 500		
资产总计	12 336 000	负债和所有者权益（或股东权益）总计	12 336 000

利润表

编制单位：四川省磊山市维达商贸有限公司　　　　　　　　　×××× 年 11 月

会企 02 表
单位：元

项　　目	本月金额	本年累计数
一、营业收入		**48 120 000**
减：营业成本		42 303 300
营业税金及附加		155 000
销售费用		1 250 000
管理费用		759 400
财务费用		635 000
资产减值损失		13 900
加：公允价值变动收益（损失以"－"号填列）		
投资收益（损失以"－"号填列）		
其中：对联营企业和合营企业的投资收益		
二、营业利润（亏损以"－"填列）		**3 003 400**
加：营业外收入		22 000
减：营业外支出		25 400
其中：非流动资产处置损失		
三、利润总额（亏损以"－"填列）		**3 000 000**
减：所得税费用		990 000
四、净利润（净亏损以"－"填列）		**2 010 000**
五、每股收益		
（一）基本每股收益		
（二）稀释每股收益		

由于"商品采购"明细账采用"固定科目对应关系"核算，即只要托收单到付款就借记"商品采购"，贷记"银行存款"，只要商品到就借记"库存商品"，贷记"商品采购"，这样如到了货而没有付款或货款没有结清时，该明细账上就只有贷方余额。而此时贷方余额实际上是"货到未付款"，在填列资产负债表时应该将此余额填在"应付账款"。资产负债表的"应付账款"即按此方法，将"商品采购"明细账中"长虹电视机厂"和"成都化工厂"的贷方余额合计填入。

第六节　操作期业务

一、第一轮业务（12 月 1～5 日）

（1）12 月 1 日，出纳填"结算凭证领用单"，向银行购进各种结算凭证如下，另购银行费用结算券 100 元，均以现金支付。结算凭证及费用结算券交财会科出纳使用。

凭证名称	数 量	单 价	金 额
现金支票	1	10	10
转账支票	2	10	20
委托收款	2	10	20
托收承付	2	10	20
商业承兑汇票	1	10	10
信　汇	1	5	5
电　汇	1	5	5
拒付理由书	1	5	5
银行进账单	1	5	5
合　计			100

附原始单据：
① 空白凭证领用单（回单联）。【金额共 100 元】
② 收据（发票联）。【购银行费用结算券，开具金额为 100 元】
业务流转程序：
提示：
① 出纳填"空白凭证领用单"交银行，付款购结算凭证；付款购银行费用结算券。

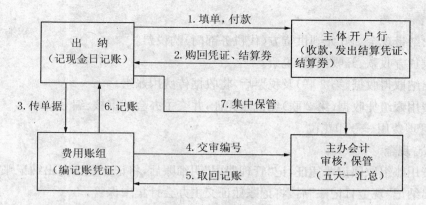

② 银行收款后发出各种结算凭证及结算券。

③ 出纳领回结算凭证和结算券,将空白凭证领用单(回单联)、收据第 2 联(发票联)传费用账组。

④ 费用账组凭空白凭证领用单(回单联)、收据第 2 联(发票联)编记账凭证,并交主办会计审核、编号。

借:管理费用——办公费(为购结算凭证所发生的费用)

　　财务费用——银行手续费(为购结算券所发生的费用)

　　贷:现金

⑤ 费用账组取回记账凭证,记"管理费用"、"财务费用"明细账后,将记账凭证交出纳记账。

⑥ 出纳记"现金日记账"后,将记账凭证交主办会计集中保管。

(2) 12 月 1 日,向税务部门购买印花税票 200 元,以现金支付,税票交由出纳管理。

附原始单据:

购买税票收据(发票联)。

业务流转程序:

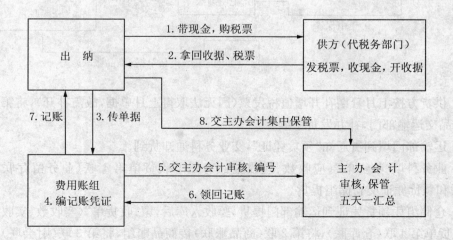

提示:

① 出纳带现金 200 元到供货方(代税务部门)购税票。

② 供货方收款、开收据、发税票。

③ 出纳取得收据(第 2 联)及税票后,将收据传费用账组。

④ 费用账组凭收据(第 2 联)编记账凭证,并交主办会计审核、编号。

借:管理费用——印花税

　　贷:现金

⑤ 费用账组取回记账凭证,记"管理费用"明细账后,将记账凭证交出纳记账。

⑥ 出纳记"现金日记账"后,将记账凭证交主办会计集中保管。

(3) 12 月 1 日,车站发来到货通知,业务科填收货单(应收数)交仓储组去车站提货并验收入库:三峡双缸洗衣机 50 台,单价 650 元,该批商品货款已于上月 28 日向重庆三峡洗衣机厂承付。

附原始单据:

① 增值税专用发票(随货同行联)。

② 收货单(财会联)。

业务流转程序:

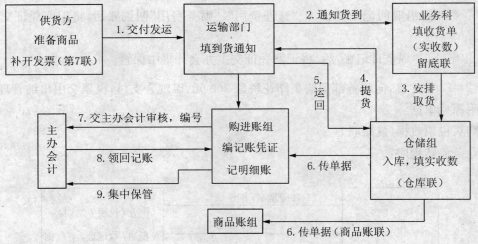

提示:

① 供货方按上月日期补开增值税发票(因无法取得上月单据,故需补开),将第 7 联及所售商品交运输部门,补办发货手续。

② 运输部门填到货通知"领货凭证",交业务科通知货到。

③ 业务科填"收货单"(应收数、应收金额),留下收货单第 1 联(业务留存联),将第 2～4 联和领货凭证交仓储组提货。

④ 仓储组凭领货凭证到运输部门提货,验收入库后,填"收货单"(实收数、实收金额),留下收货单第 4 联(仓库联),将第 2 联(商品账联)传商品账组,将第 3 联(财会联)和增值

税发票第 7 联(随货同行联)传购进账组。

⑤ 仓储组凭收货单第 4 联(仓库联)登保管账。

⑥ 商品账组凭收货单第 2 联(商品账联)登库存商品明细账。

⑦ 购进账组凭收货单第 3 联、增值税发票第 7 联编记账凭证,并交主办会计审核、编号。

借:库存商品——批发家电类(洗衣机类)

　　贷:商品采购——重庆三峡洗衣机厂

⑧ 购进账组取回记账凭证,记"库存商品"类目账、"商品采购"明细账后,将记账凭证交主办会计集中保管。

(4) 12 月 1 日,业务科开出内部调拨单,将以下商品调拨给零售商场。

品　名	规　格	数　量	进　价	零售价	零售价合计
日用化工类:					
芙蓉肥皂	50 连/箱	50	150	200	10 000
双猫洗衣粉	50 包/箱	50	300	400	20 000
效力多牙膏	10 支/盒	50	60	90	4 500
五金类:					
三防锁		100	30	45	4 500
弹子锁		100	8	14	1 400
剪刀	大号	100	6	10	1 000
剪刀	小号	100	5	8.5	850
合　计					42 250

附原始单据:

商品调拨单(财务记账联)。

业务流转程序:

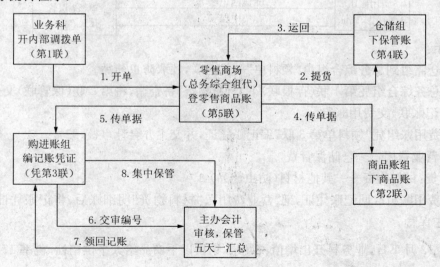

提示：

① 业务科填"商品调拨单"，留下第 1 联（存根联），将第 2～5 联交总务综合组（代零售商场）。

② 总务综合组凭第 4 联（仓库联）到仓储组提货运回，自留第 5 联（收货单位执存联），并将第 2 联（商品账联）交商品账组，第 3 联（财务记账联）交购进账组。

③ 总务综合组凭调拨单第 5 联（收货单位执存联）登记零售商品账。

④ 仓储组凭调拨单第 4 联（仓库联）下保管账。

⑤ 商品账组凭调拨单第 2 联（商品账联）下库存商品明细账。

⑥ 购进账组凭"调拨单第 3 联（财务记账联）"编记账凭证，并交主办会计审核、编号。

借：库存商品——零售百货柜　　　　　　　　　　　　42 250

　　贷：库存商品——批发百货类（日用化工类）　　　　25 500

　　　　　　　　——批发百货类（五金类）　　　　　　4 900

　　　　商品进销差价——百货柜组　　　　　　　　　11 850

⑦ 购进账组取回记账凭证，记"库存商品——零售百货柜"类目账、"商品进销差价"明细账、"库存商品（日用化工类和五金类）"类目账后，将记账凭证交主办会计集中保管。

（5）12 月 1 日，仓库填物品领用单，领用防虫药品 10 瓶，每瓶单价 45 元。

附原始单据：

物品领用单（记账联）。

业务流转程序：

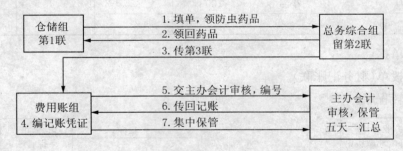

提示：

① 仓储组到总务综合组填"领料单"一式三联，领取防虫药品。

② 总务综合组凭第 1 联（存根联）下"材料物资"备查账，将第 2 联（保管联）交仓储组，第 3 联（记账联）交费用账组。

③ 费用账组凭"领料单第 3 联"编记账凭证，并交主办会计审核、编号。

借：营业费用——仓储保管费

　　贷：材料物资——其他材料（防虫药品）

④ 费用账组取回记账凭证，记"营业费用"、"材料物资"明细账后，将记账凭证交主办会计集中保管。

（6）12 月 1 日，业务科开出增值税发票，销售以下商品给太平供销社，税率 17%，商品自提,当日办妥委托收款手续(太平供销社留下付款承诺书)。

品　　名	规　格	数　量	单　价	金　额
长虹彩电—显管	29″	10	1 700	17 000
长虹彩电—显管	34″	10	2 400	24 000
长虹彩电—液晶	32″	10	4 100	41 000
TCL 彩电—等离子	32″	10	4 000	40 000
创维彩电—等离子	37″	10	3 800	38 000
合　　计		50		**160 000**

附原始单据:

① 增值税发票(记账联)。

② 委托收款(回单联)。

业务流转程序:

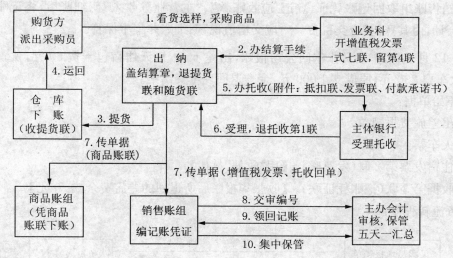

提示:

①.购货方派出采购员到业务科看样选货,确定所购商品。

② 业务科开"增值税发票"一式七联,留下第 4 联(留存联),将其余联交采购员。

③ 采购员持"增值税发票"和"付款承诺书"到出纳处办理货款结算手续。

④ 出纳在增值税发票第 2 联(抵扣联)、第 3 联(发票联)、第 6 联(提货联)盖上结算方式章("转账")和出纳员印章,并在备注栏注明结算方式,留下增值税发票相关联和付款承诺书,只将第 6 联(提货联)、第 7 联(随货联)交采购员。

⑤ 采购员凭已办理结算手续后的增值税发票第 6 联到仓储组提货,保管员收下第 6 联,照单发货后凭第 6 联(提货联)下库存商品保管账。

⑥ 采购员提货运回,此时只带回了增值税发票第 7 联(随货联)。

⑦ 出纳填委托收款结算凭证一式五联,连同增值税发票第 2 联(抵扣联)、第 3 联(发

票联)和付款承诺书送交银行办理委托收款手续。

⑧ 主体银行受理托收后盖章退回托收凭证第1联(回单),留下第2联(收款凭证),将第3~5联和所附单据送交客体银行;客体银行留下托收凭证第3联(支款凭证),暂留第4联(收账通知),将第5联(支款通知)和附带的单据(增值税发票第2、3联和付款承诺书)交购货方。

⑨ 出纳将增值税发票第1联和委托收款第1联交销售账组,将增值税发票第5联交商品账组。

⑩ 商品账组凭增值税发票第5联(商品账联)下库存商品明细账。

⑪ 销售账组凭增值税发票第1联(记账联)和委托收款第1联(回单联)编记账凭证,并交主办会计审核、编号。

借:应收账款——太平供销社

　　贷:主营业务收入——批发家电类

　　　　应交税费——应交增值税(销项税额)

⑫ 销售账组取回记账凭证,登记"应收账款"、"主营业务收入"明细账后,将记账凭证交主办会计,由其登记"应交税费——应交增值税"明细账并集中保管。

(7) 12月1日,采购员张华回公司报账,出差十天,每天住宿包干费50元,伙食补助20元,火车票230元,原借支1 000元,余款退回现金交出纳。

附原始单据:

① 出差旅费报销单。

② 火车票。

③ 住宿发票第2联(发票联)。【用"收据"替代】

④ 收据第3联(记账凭证联)。【收张华报账后所退回的差旅费余款70元】

业务流转程序:

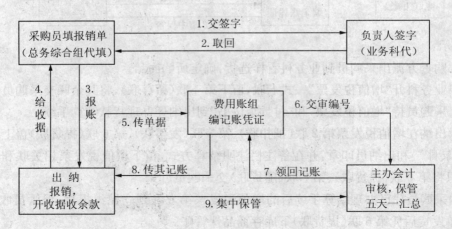

(8) 12月1日,业务科开出增值税发票,销售以下商品给北门商场,增值税税率为17%,收到转账支票送存银行,给予2%的现金折扣。

商品名称	数量	批发价	金额	合计
上海牌金刚三防男表	50	100	5 000	
上海牌镀金女表	50	170	8 500	
小　计				13 500
蒸汽电熨斗 1 000 W	50	120	6 000	
蒸汽电熨斗 650 W	50	110	5 500	
电水壶 800 W	50	160	8 000	
电水壶 600 W	50	140	7 000	
电吹风 800 W	50	110	5 500	
小　计				32 000
合　计				**45 500**

附原始单据：

① 增值税发票（记账联）。

② 转账进账单（回单联）。

业务流转程序：

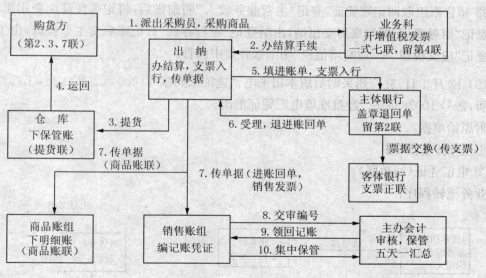

提示：

① 购货方派出采购员（带上支票）到业务科看样选货，确定所购商品。

② 业务科开"增值税发票"一式七联，留下第 4 联（留存联），将其余联次交购货方采购员。

③ 采购员持增值税发票和支票到出纳处办理货款结算手续。

④ 出纳在增值税发票第 3 联（发票联）、第 2 联（抵扣联）、第 6 联（提货联）盖上结算章（"转账"）和出纳员印章，并在备注栏注明结算方式，留下增值税发票第 1、5 联和支票，将第 2、3、6、7 联交采购员。

⑤ 采购员凭已办理结算手续后的第 6 联到仓储组提货，保管员收下第 6 联，照单发货后凭第 6 联（提货联）下保管账。

⑥ 采购员提货运回（此时购货方拥有增值税发票第 2、3、7 联和支票存根联）。

⑦ 出纳填"转账进账单"一式二联，带上支票，到主体银行办理支票入行手续。

⑧ 主体银行受理后盖章退回进账单第 1 联（回单），留下第 2 联（贷方凭证），将支票正联传客体银行。

⑨ 出纳将增值税发票第 1 联和转账进账单第 1 联交销售账组，将增值税发票第 5 联交商品账组。

⑩ 商品账组凭增值税发票第 5 联（商品账联）下库存商品明细账。

⑪ 销售账组凭增值税发票第 1 联（记账联）和转账进账单第 1 联（回单）编记账凭证，并交主办会计审核、编号。

借：银行存款　　　　　　　　　　　　　　　　　52 170.30

　　财务费用——销售折扣【(45 500＋7 735)×2%】　1 064.70

　　贷：主营业务收入——批发百货类　　　　　　　　　13 500

　　　　　　　　　　——批发家电类　　　　　　　　　32 000

　　　　应交税费——应交增值税（销项税额）【45 500×17%】　7 735

⑫ 销售账组取回记账凭证，登记"主营业务收入"明细账后，将记账凭证交费用账组，由其登记"财务费用"明细账后交出纳，出纳登记"银行存款"日记账后交主办会计，由主办会计登记"应交税费——应交增值税"明细账并集中保管。

(9) 12 月 1 日，驻广州采购员唐本田来电："速汇采购款 50 000 元。汇入行：工行珠市营业所，账号 100283556。"经批准填电汇凭证汇出。

附原始单据：

① 电报。【自制】

② 电汇凭证（回单联）。

业务流转程序：

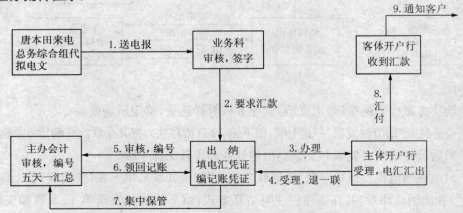

【注：出纳新开设"其他货币资金——外埠存款"账户，没有期初余额，直接填发生额。】

（10）12月1日,零售商场报来进销存报表(代内部缴款单)和缴款回单:家电柜组上交营业款 30 000 元,百货柜组 23 000 元,货款已填缴款单存入银行。

附原始单据:

① 现金交款单(回单联)。

② 金额对账缴款单(会计记账)。【即进销存报表】

业务流转程序:

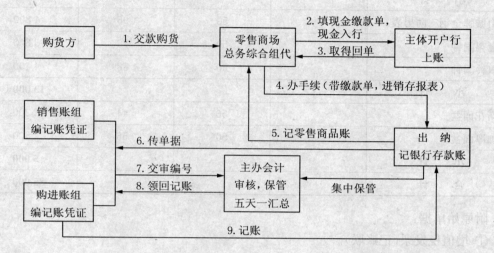

（11）12月1日,银行转来信汇凭证收款通知,三柏供销社上月所欠货款 10 000 元已收妥入账,其余货款以后结算。

附原始单据:

信汇凭证(收款通知)。

业务流转程序:

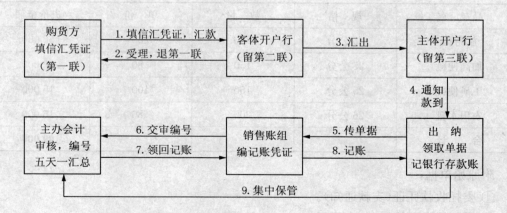

（12）12月1日,业务科开出增值税发票,销售以下商品给三柏供销社,增值税税率为17%,商品自提,当日办妥委托收款手续。

品 名	规 格	数量	单价	金 额
牡丹牌缝纫机	FA2-1	50	300	15 000
鹰轮牌缝纫机	JA2-1	50	260	13 000
凤凰牌自行车	26″	50	380	19 000
永久牌自行车	28″	50	400	20 000
小 计				67 000
山城牌全钢三防男表		50	96	4 800
金鸡闹钟		50	76	3 800
双铃闹钟		50	88	4 400
小 计				13 000
新花面盆		50	44	2 200
加厚面盆		50	56	2 800
小 计				5 000
合 计				85 000

附原始单据：

① 增值税发票(记账联)。

② 委托收款(回单联)。

业务流转程序：

见第(6)笔业务。

(13) 12 月 1 日,银行转来青岛双星鞋厂委托收款凭证支款通知,发来如下商品,增值税税率为 17％,代垫费用 1 800 元,货未到。

品 名	规 格	数量	单 价	进价金额
旅游鞋	25 公分	200	280	56 000
加高便靴	25 公分	150	80	12 000
工矿便靴	25 公分	150	100	15 000
农田水靴	26 公分	200	80	16 000
合 计				99 000

附原始单据：

① 委托收款凭证(支款通知)。

② 增值税发票第 3 联(发票联)。

③ 运费结算单据。

业务流转程序：

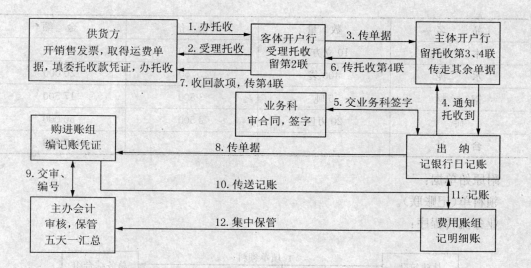

（14）12月1日，银行转来长虹电视机厂委托收款凭证支款通知及有关单据，托收上月27日验收入库的20台长虹34″彩电货款，每台进价7 000元，增值税税率为17％，代垫运费800元。审核无误，同意付款。

附原始单据：

① 委托收款凭证（支款通知）。

② 增值税发票第3联（发票联）。

③ 运费结算单据。

业务流转程序：

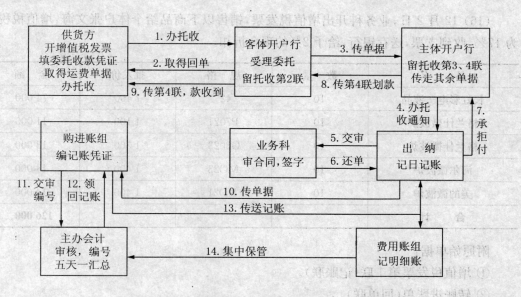

（15）12月1日，"四号仓库"工程领用下列专项物资，该工程已承包给县建筑队（包工不包料）。

品 名	数 量	单 价	金 额
木 材	10 立方米	3 000	30 000
水 泥	400 袋	50	20 000
钢 材	5 吨	3 500	17 500
砖	20 万匹	2 500	50 000
合 计			117 500

附原始单据：

领料单（记账联）。

业务流转程序：

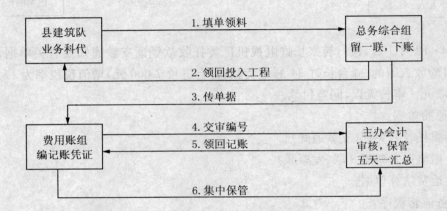

（16）12月2日，业务科开出增值税发票，销售以下商品给个体户张文海，增值税税率为17％，收到支票，送存银行，给予2％的现金折扣。

品 名	数 量	规 格	批发价	金 额
长虹彩电一液晶	10	42″	7 400	74 000
格兰仕微波炉	10	P7021	1 100	11 000
格兰仕微波炉	10	G8023	1 300	13 000
海尔微波炉	10	MO23	1 400	14 000
美的微波炉	10	KD21	1 400	14 000
合 计				126 000

附原始单据：

① 增值税发票第1联（记账联）。

② 转账进账单（回单联）。

业务流转程序：

见第（8）笔业务。

(17) 12月2日,业务科开出增值税发票,销售以下商品给太平供销社,增值税税率为17%,商品自提,货款立即汇来(记"应收账款")。

品　名	规　格	数　量	单　价	金　额
铝锅	24公分	50	60	3 000
铝锅	26公分	50	75	3 750
铝茶壶	22公分	50	55	2 750
铝茶壶	24公分	50	60	3 000
不锈钢压力锅	24公分	50	190	9 500
小　计				**22 000**
海棠全自动洗衣机	4 kg	10	1 700	17 000
海棠全自动洗衣机	5 kg	10	1 900	19 000
威力全自动洗衣机	3.6 kg	10	1 800	18 000
小　计				**54 000**
合　计				**76 000**

附原始单据:

① 增值税发票(记账联)。

② 付款承诺书。

业务流转程序:

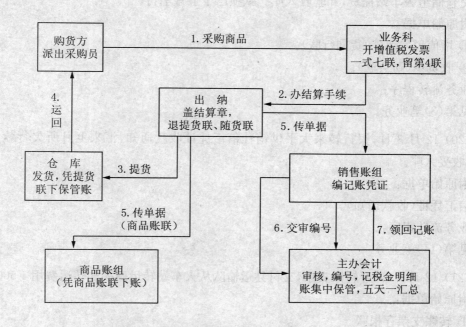

(18) 12月2日,总务综合组出售废弃物料,收到现金100元,已交出纳入账。

附原始单据:

① 收据(记账凭证联)。

② 废弃物品清单。

业务流转程序:

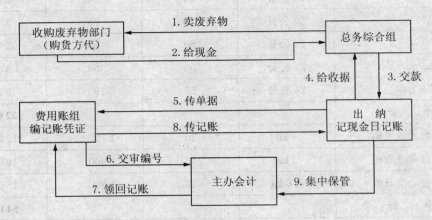

提示:

① 出售废弃物料所收到的现金,应记"营业外收入"。

② 如为出售材料,则记"其他业务收入"。

(19) 12月2日,车站传来到货通知:广州江门洗衣机厂发来金羚全自动洗衣机40台(4 kg),每台1 600元;金羚双缸洗衣机40台(5 kg),每台700元。业务科填收货单(应收数),交仓储组去车站提货,并验收入库。款项已于上月承付。

附原始单据:

① 增值税发票(随货同行联)。

② 收货单(财会联)。

业务流转程序:

见第(3)笔业务。

(20) 12月3日,银行转来太平供销社信汇凭证收款通知,汇来上月所欠货款8 000元,已收妥入账。

附原始单据:

信汇凭证(收款通知)。

业务流转程序:

见第(11)笔业务。

(21) 12月3日,开转账支票,支付县运输队从火车站转运商品的转运费用1 500元。

附原始单据:

① 转账支票存根联。

② 运费结算单据。

业务流转程序：

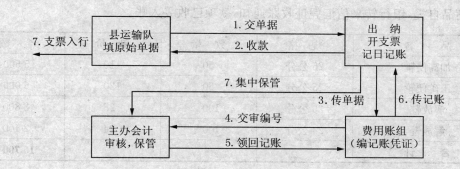

(22) 12月3日,银行转来委托收款凭证收款通知,杨柳供销社上月所欠款项 10 000
元,已收妥入账。

附原始单据：

委托收款凭证(收账通知)。

业务流转程序：

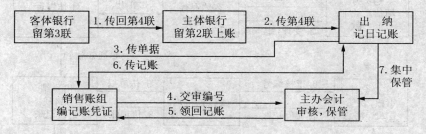

提示：

① 首先补办上月委托收款手续,托收程序见第(6)笔业务。

② 然后传递本笔业务凭证。

(23) 12月3日,以现金 350 元支付临时工修理仓库包装用品的修理费。

附原始单据：

修理工领款凭证。【自制】

业务流转程序：

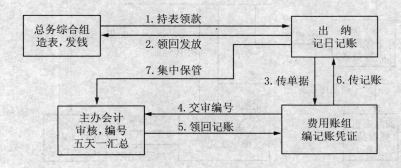

（24）12月3日，业务科开出增值税发票，销售以下商品给蓬安供销社，增值税税率为17%，商品自提，银行转来信汇凭证收账通知，款项已收妥入账。

品　名	规　格	数　量	单　价	金　额
加高便靴	25公分	50	110	5 500
工矿便靴	25公分	50	120	6 000
解放鞋	25公分	100	28	2 800
解放鞋	24公分	100	24	2 400
合　计				16 700

附原始单据：

① 信汇凭证（收款通知）。

② 增值税发票（记账联）。

业务流转程序：

程序一：由蓬安供销社办信汇汇出货款

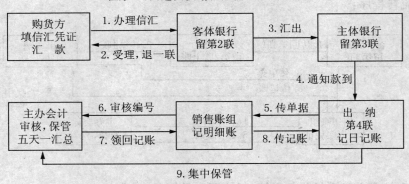

程序二：蓬安供销社采购员采购商品

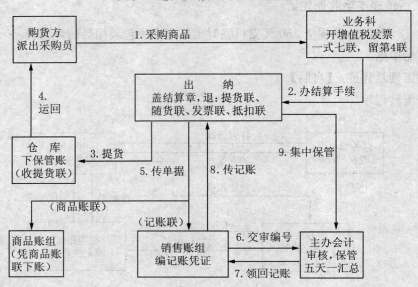

提示：

操作时，以上两个程序同时运转。

（25）12月3日，业务科开出增值税发票，销售以下商品给南门家电商场，增值税税率为17％，给予现金折扣2％，其余款项已收到转账支票并送存银行。

品　　名	规　格	数　量	单　价	金　额
新飞冰箱	180升	20	2 350	47 000
容声冰箱	200升	20	3 100	62 000
海尔冰箱	250升	20	3 200	64 000
雪花冰柜	300升	20	2 800	56 000
合　　计		80		229 000

附原始单据：

① 增值税发票（记账联）。

② 转账进账单（回单联）。

业务流转程序：

见第（8）笔业务。

（26）12月3日，车站发来到货通知，重庆五洲商贸公司发来下列商品。业务科填收货单（应收数），仓储组去车站提货并验收入库。货款已于上月承付。

品　　名	规　格	数　量	单　价	金　额
不锈钢压力锅	24厘米	100	175	17 500
不锈钢压力锅	26厘米	100	185	18 500
电饭锅	1 000 W	100	185	18 500
电饭锅	750 W	100	165	16 500
合　　计		400		71 000

附原始单据：

① 增值税发票（随货同行联）。

② 收货单（财会联）。

业务流转程序：

见第（3）笔业务。

（27）12月3日，银行转来收账通知和部分拒付理由书，大安供销社以上月25日所购10台新飞冰箱（批发价3 100元）其中一台以碰扁为由，拒付该台货税款，原托收36 270元，拒付3 627元，实际承付32 643元。

附原始单据：

① 委托收款凭证(收账通知)。

② 拒付理由书(收账通知)。

业务流转程序：

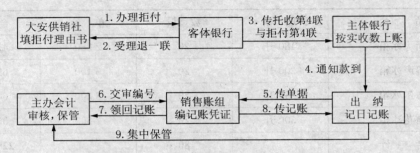

提示：

① 首先由我方出纳补办上月托收手续,流转程序见前面业务中的委托收款程序。

② 再由大安供销社填拒付理由书,办部分拒付手续,其余承付,程序如上。

(28) 12 月 3 日,业务科开出增值税发票,销售以下商品给杨柳供销社,增值税税率为 17%,另以银行存款代垫运费 250 元,商品已由县车队运去,当日办妥托收手续。

品　名	规　格	数　量	单　价	金　额
铝　锅	24 公分	100	60	6 000
铝　锅	26 公分	100	75	7 500
铝饭盒	大号	100	13	1 300
铝饭盒	中号	100	12	1 200
不锈钢压力锅	24 公分	100	190	19 000
不锈钢压力锅	26 公分	100	200	20 000
合　计		600		55 000

附原始单据：

① 增值税发票(记账联)。

② 转账支票存根。【代垫运费】

③ 委托收款凭证(回单)。

业务流转程序：

① 业务科开销货发票,办理结算,安排仓储组配货发货。

② 仓储组从出纳处领取转账支票(用于代垫运费)后,到运输部门发货。

③ 运输部门运货至购货方;填进账单,支票入行。

④ 仓储组、商品账组分别下账。

⑤ 出纳结算,办托收;传单据。

⑥ 销售账组编记账凭证。

(29) 12月4日,银行转来信汇凭证收款通知,太平供销社2日所购商品货款及税款88 920元已收妥入账。

附原始单据:

信汇凭证(收款通知)。

业务流转程序:

见前面信汇凭证流转程序。

(30) 12月4日,车站发来到货通知,上海寰宇商贸公司发来凤凰牌自行车50辆,单价330元,加重永久牌自行车50辆,单价350元。业务科填收货单(应收数),仓储组去车站提货并验收入库。货款34 000元,税款5 780元,已于上月承付。

附原始单据:

① 增值税发票(随货同行联)。

② 收货单(财会联)。

业务流转程序:

见第(3)笔业务。

(31) 12月4日,业务科开出增值税发票,销售以下商品给大安供销社,增值税税率为17%,另以银行存款400元代垫运费,商品已由县车队运去,当日办妥委托收款手续。

品　名	规　格	数　量	单　价	金　额
芙蓉肥皂	箱(50连装)	50	200	10 000
双猫洗衣粉	箱(50包装)	50	400	20 000
效力多牙膏	盒(10支装)	50	90	4 500
洗发膏	箱(10包装)	50	140	7 000
合　计		**100**		**41 500**

附原始单据:

① 增值税发票(记账联)。

② 转账支票存根。【代垫运费】

③ 委托收款凭证(回单联)。

(32) 12月4日,零售商场家电维修部交来修理家电收入2 150元。

附原始单据:

① 现金缴款单(回单)。【款项送存银行】

② 修理收入清单。【自制】

业务流转程序:

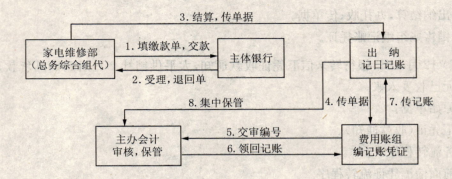

（33）12 月 4 日，业务科开出增值税发票，销售以下商品给三柏供销社，增值税税率为 17%，商品自提，货税款承诺立即汇来（记"应收账款"）。

品　名	规　格	数　量	单　价	金　额
旅游鞋	25 公分	100	300	30 000
牛皮女鞋	24 公分	100	120	12 000
牛皮男鞋	26 公分	100	140	14 000
猪皮女鞋	24 公分	100	80	8 000
猪皮男鞋	25 公分	100	90	9 000
农田水靴	26 公分	100	100	10 000
合　计		**600**		**83 000**

附原始单据：

① 增值税发票（记账联）。

② 付款承诺书。

业务流转程序：

见第（17）笔业务。【待对方汇来款项后，再交给有关单证】

（34）15 月 5 日，业务科开出内部调拨单，调拨以下商品给零售商场。

品　名	规　格	数　量	进　价	零售价	零售价合计
金羚双缸洗衣机	5 kg	10	700	920	9 200
金羚全自动洗衣机	4 kg	10	1 600	1 900	19 000
三峡双缸洗衣机	5 kg	10	650	860	8 600
小鸭滚筒洗衣机	5 kg	10	2 100	2 600	26 000
小天鹅全自动洗衣机	5 kg	10	1 900	2 400	24 000
小　计					**86 800**
电饭锅	1 000 W	50	180	240	12 000
电饭锅	750 W	50	160	230	11 500
小　计					**23 500**

品　名	规　格	数　量	进　价	零售价	零售价合计
青岛金锚牌镀金女表		50	130	170	8 500
石英电子男表		50	200	270	13 500
小　计					**22 000**
彩花水瓶	5 磅	50	20	36	1 800
彩花水瓶	8 磅	50	26	50	2 500
细花面盆	36 厘米	50	30	56	2 800
小　计					**7 100**
合　计					**139 400**

附原始单据：

商品调拨单（发货单位财务记账联）。

业务流转程序：

见第（4）笔业务流转程序。

（35）12 月 5 日，银行转来信汇凭证收款通知，太平供销社上月所欠货款 5 000 元，已汇入我单位账户。

附原始单据：

信汇凭证（收款通知）。

业务流转程序：

见第（11）笔业务。

财会模拟实习

岗位轮换交接记录表

姓名		班级		科室		轮次	
交接前岗位				交接后岗位			
原岗位交给何人				有无交接手续			
新岗位由何人交来				有无交接手续			

原所管账户	总　　账	明细账（或实物）	是否平衡	接受人签字

原业务流转程序	有无交接手续	接受人签字

总务综合组所管商品牌是否移交供货方	品　　种	数　　量	有无交接手续	接受人签字

购货方所管商品牌是否移交供货方	品　　种	数　　量	有无交接手续	接受人签字

二、第二轮业务(12 月 6～10 日)

(36) 12 月 6 日,业务科开出增值税发票,销售以下商品给三柏供销社,增值税税率为17%,商品自提,采用汇兑结算,款项已于当日收妥。

品　　名	规　格	数　量	单　价	金　额
新飞冰箱	230 升	10	3 100	31 000
容声冰箱	260 升	10	3 400	34 000
海尔冰箱	280 升	10	3 600	36 000
美的微波炉	KD21	10	1 300	13 000
LG 微波炉	MS27	10	1 400	14 000
松下微波炉	NN21	10	1 400	14 000
合　　计		60		142 000

附原始单据:
① 增值税发票(记账联)。
② 信汇凭证(收账通知)。

业务流转程序:
① 首先由三柏供销社信汇货款。
② 然后再派出采购员采购商品。
③ 具体业务流程见第(24)笔业务。

(37) 12 月 6 日,银行转来本月 2 日委托收款收账通知,所收三柏供销社货税款 99 450元,已入账。【见第(12)笔业务】

附原始单据:
委托收款凭证(收账通知)。

业务流转程序:

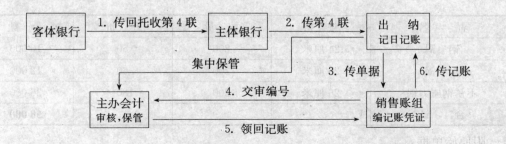

提示:
回传第(12)笔业务托收凭证第 4 联(收账通知)。

(38) 12月6日,业务科开出增值税发票,销售以下商品给蓬安供销社,增值税税率17%,用支票结算代垫运费315元,已办妥委托收款手续。

品　名	规　格	数　量	单　价	金　额
加高便靴	25公分	50	110	5 500
工矿便靴	25公分	50	120	6 000
解放鞋	25公分	50	28	1 400
解放鞋	24公分	50	24	1 200
小　计				**14 100**
电饭锅	1 000 W	50	220	11 000
电饭锅	750 W	50	200	10 000
小　计				**21 000**
合　计				**35 100**

附原始单据:

① 增值税发票(记账联)。

② 委托收款凭证(回单)。

③ 转账支票存根。【代垫运费】

业务流转程序:

① 业务科开销货发票,办理结算,安排仓储组配货发货。

② 仓储组从出纳处领取转账支票(用于代垫运费)后,到运输部门发货。

③ 运输部门运货至购货方。

④ 仓储组、商品账组分别下账。

⑤ 出纳结算,办托收;传单据。

⑥ 销售账组编记账凭证。

(39) 12月6日,银行转来成都华丰商贸公司托收承付结算凭证支款通知,托收以下商品货款,另代垫运费1 200元,经审核无误,同意承付,商品已到。

品　名	规　格	数　量	单　价	金　额
铝　锅	24厘米	200	50	10 000
铝　锅	26厘米	200	60	12 000
不锈钢压力锅	26厘米	200	180	36 000
合　计				**58 000**

附原始单据:

① 托收单据。包括:

● 增值税发票(抵扣联、发票联)。

- 运费结算单。
- 托收凭证(承付支款通知)。
② 收货单据。包括:
- 收货单(财会联)。
- 增值税发票(随货同行联)。

业务流转程序:

① 货到入库环节。
- 供货方开票,发货,办托收。
- 运输,通知货到。
- 业务科开收货单,仓储组提货、入库、传单据。
- 仓储组、商品账组记商品账。

② 承付货款环节。
- 客体银行传主体银行,主体银行传出纳,托收到。
- 业务科签字,同意承付。主体传客体,客体传供货方,款到。

③ 账务处理。
- 出纳传单据,购进账组编记账凭证,主办审核编号。
- 购进账组、出纳、主办分别记明细账、日记账。
- 主办集中保管,五天一汇总。

(40) 12 月 6 日,业务科报来销售单,销售给北门商场食具一批,增值税税率为 17%,货款已收到转账支票入行,给予 2% 的现金折扣。

品 名	规 格	数 量	单 价	金 额
铝锅	24 厘米	200	60	12 000
铝 锅	26 厘米	200	57	11 400
铝茶壶	24 厘米	100	60	6 000
铝茶壶	22 厘米	100	55	5 500
铝饭盒	特大号	100	14	1 400
不锈钢压力锅	24 厘米	100	190	19 000
不锈钢压力锅	26 厘米	200	200	40 000
合 计				95 300

附原始单据:

① 增值税发票(记账联)。
② 转账进账单(回单联)。【支票入行】

业务流转程序:

见第(8)笔业务。

(41) 12 月 6 日,华欣公司欠我方 50 000 元货款,因无力偿还,与我方达成债务重组协定:以一辆桑塔纳车清偿债务。该车原价 8 万元,已提折旧 3.5 万元,市场公允价值 3.7 万元。车已交我方使用。我方已按 5‰ 计提坏账准备。

附原始单据:

① 债务重组协议书。【自制单据】

② 固定资产评估证明。【自制单据】

③ 接收单。【自制单据】

业务流转程序:

① 业务科与购货方(代华欣公司)签订债务重组协议。

② 供货方(代评估人员)出具固定资产评估证明。

③ 费用账组接收桑塔纳车,制接收单。

④ 销售账组凭债务重组协议书、固定资产评估证明、接收单编记账凭证,并交主办会计审核、编号。

借:固定资产——桑塔纳车　【增设"桑塔纳车"子目,单独核算】

　　坏账准备

　　营业外支出——债务重组损失

　　贷:应收账款——华欣公司

⑤ 销售账组取回记账凭证,记"应收账款"明细账、"坏账准备"明细账后,将记账凭证传费用账组。

⑥ 费用账组登记明细账后,将记账凭证交主办会计集中保管。

(42) 12 月 6 日,业务科报来销售单,销售给县贸易公司家用电器一批,增值税税率为 17%,款项已收到,转账支票已入行,给予 2% 的现金折扣。

品　名	规　格	数　量	单　价	金　额
长虹彩电—显管	34″	20	2 400	48 000
长虹彩电—液晶	32″	20	4 100	82 000
长虹彩电—液晶	42″	20	7 400	148 000
TCL 彩电—等离子	32″	20	4 000	80 000
创维彩电—等离子	37″	20	3 800	76 000
合　计				434 000

附原始单据:

① 增值税发票(记账联)。

② 转账进账单(回单联)。【支票入行】

业务流转程序:

见第(8)笔业务。

（43）12月6日，银行转来成都新源化工厂托收承付结算凭证支款通知，托收以下商品货款，另代垫运费1350元，经审核无误，同意承付，商品已于上月27日验收入库。

品　名	规　格	数　量	单　价	金　额
芙蓉肥皂	50连装	100	150	15 000
双猫洗衣粉	50包装	100	300	30 000
效力多牙膏	10支装	100	60	6 000
洗发膏	10包装	100	100	10 000
合　计				**61 000**

附原始单据：
① 增值税发票（抵扣联、发票联）。
② 运费结算单。
③ 托收凭证（承付支款通知）。
业务流转程序：
见第（14）笔业务。

（44）12月7日，零售商场家电柜组、百货柜组分别报来进销存报表（代内部缴款单），百货柜组上缴营业款34 000元，家电柜组42 000元，款项已填现金交款单送存银行。

附原始单据：
① 现金交款单（回单联）。
② 金额对账缴款单（会计记账）。【即进销存报表】
业务流转程序：
见第（10）笔业务。

（45）12月7日，借款到期，填制银行借款偿还凭证，以银行存款偿还到期借款100 000元。

附原始单据：
① 借款偿还凭证。【自制】
② 转账支票存根。
业务流转程序：
① 出纳填支票，送交银行，偿还借款。
② 主体银行出具借款偿还凭证（自制）。
③ 出纳编记账凭证，交审编号，领回记账。
④ 主办审核编号，集中保管。

（46）12月7日，销售给县乡镇企业供销公司山鹰自行车50辆，售价300元（重庆五洲商贸公司委托代销）；丰瑞微波炉50台，售价900元（成都丰瑞公司委托代销）。款项收到，支票入行。

附原始单据:

① 增值税发票(记账联)。

② 转账进账单(回单)。【支票入行】

业务流转程序:【流转程序同自销,只是会计分录有差异。】

① 购货方派出采购员(带上支票)到业务科看样选货,确定所购商品。

② 业务科开"增值税发票"一式七联,留下第 4 联(留存联),将其余联交购货方采购员。

③ 采购员持增值税发票其余联和支票到出纳处办理货款结算手续。

④ 出纳在增值税发票第 2 联(抵扣联)、第 3 联(发票联)、第 6 联(提货联)盖上结算章("转账")和出纳员印章,并在备注栏注明结算方式,留下增值税发票第 1、5 联和支票,将第 2、3、6、7 联交采购员。

⑤ 采购员凭已办理结算手续后的第 6 联到仓储组提货,保管员收下第 6 联,照单发货后凭第 6 联(提货联)下保管账。

⑥ 采购员提货运回(此时购货方拥有增值税发票 第 2、3、7 联和支票存根联)。

⑦ 出纳填"转账进账单"一式二联,带上支票,到主体银行办理支票入行手续。

⑧ 主体银行受理后盖章退回进账单第 1 联(回单),留下第 2 联(贷方凭证),将支票正联传客体银行。

⑨ 出纳将增值税发票第 1 联和"转账进账单"第 1 联交销售账组,将增值税发票第 5 联交商品账组。

⑩ 商品账组凭增值税发票第 5 联(商品账联)下库存商品明细账。

⑪ 销售账组凭增值税发票第 1 联(记账联)和"转账进账单"第 1 联(回单)编记账凭证,并交主办会计审核、编号。

⑫ 销售账组取回记账凭证,登记"主营业务收入"、"代销商品款"明细账后,将记账凭证交购进账组,由其登记"主营业务成本"、"受托代销商品"、"应付账款"明细账后交出纳,出纳登记"银行存款"日记账后交主办会计,由主办会计登记"应交税费——应交增值税"明细账并集中保管。

会计分录:

借:银行存款   70 200

  贷:主营业务收入——代销商品类(300 × 50 ＋ 900 × 50)   60 000

    应交税费——应交增值税(销项税额)   10 200

借:主营业务成本——代销商品类   52 500

  贷:受托代销商品——重庆五洲商贸公司(山鹰自行车)   12 500

    ——成都丰瑞公司(丰瑞微波炉)   40 000

借:代销商品款——重庆五洲商贸公司   12 500

  代销商品款——成都丰瑞公司   40 000

贷:应付账款——重庆五洲商贸公司   12 500
　　应付账款——成都丰瑞公司   40 000

（47）12 月 7 日，业务科转来销货更正单，6 日销售给北门商场的 26 厘米铝锅 200 口，单价应为 75 元，误收为 57 元，应补收货款及税款，下次进货时一并结算。

附原始单据：

增值税发票（记账联）。【即蓝字销货更正单】

业务流转程序：

① 业务科与对方联系，协商一致后，开销货更正单（增值税发票）。

② 销售账组编记账凭证，按补充登记法补做销售，补收货税款。【查第（42）笔业务可知双方已商定不考虑折扣】

借:应收账款——北门商场   4 212
　　贷:主营业务收入——批发百货类[(75 － 57) × 200]   3 600
　　　　应交税费——应交增值税（销项税额）   612

③ 交审编号，分别记账，集中保管。

提示：

由于不涉及实物流转，仓库和商品账组不登账，为免造成单据误传和错误记账，因此要求业务科在开具发票时不填数量，直接按差额填单价和金额栏，并在备注栏注明更正情况。然后将第 1 联传销售账组，第 2、3、7 联传购货方，其余联次不传，由业务科保管。

（48）12 月 7 日，业务科报来销售单，销售给三柏供销社商品一批，增值税税率为 17%，商品已委托县车队运往三柏供销社，以银行存款代垫运费 300 元。当日办妥托收手续。

品　名	规　格	数　量	单　价	金　额
彩花水瓶	5 磅	100	28	2 800
彩花水瓶	8 磅	100	36	3 600
细花面盆	36 厘米	100	44	4 400
加厚面盆	36 厘米	100	56	5 600
新花面盆	34 厘米	100	44	4 400
全白面盆	36 厘米	100	28	2 800
口　杯	大号	100	14	1 400
合　计				**25 000**

附原始单据：

① 增值税发票（记账联）。

② 现金支票存根。【代垫运费 300 元】

③ 委托收款凭证（回单联）。

业务流转程序：

见第（28）笔业务。

(49) 12 月 7 日,业务科报来销售单,销售给太和供销社商品一批,商品自提,货款以汇兑方式结算,尚未汇来。

品　名	规　格	数　量	单　价	金　额
彩花水瓶	5 号	50	28	1 400
彩花水瓶	8 号	50	36	1 800
细花面盆	36 厘米	50	44	2 200
加厚面盆	36 厘米	50	56	2 800
新花面盆	34 厘米	50	44	2 200
全白面盆	36 厘米	50	28	1 400
合　计				**11 800**

附原始单据:

① 增值税发票(记账联)。

② 付款承诺书。

业务流转程序:

见第(17)笔业务。

(50) 12 月 7 日,车站发来到货通知,北京欣欣商贸公司以下商品运到。业务科填收货单(应收数)交仓储组去车站提货并验收入库,货款已于上月承付。

品　名	规　格	数　量	单　价	金　额
细花面盆	36 厘米	200	30	6 000
加厚面盆	36 厘米	200	40	8 000
新花面盆	34 厘米	200	30	6 000
合　计				**20 000**

附原始单据:

① 增值税发票(随货同行联)。

② 收货单(财会联)。

业务流转程序:

见第(3)笔业务。

(51) 12 月 7 日,业务科报来销售单,销售给县乡镇企业供销公司家用电器一批,增值税税率为 17%,支票结算。转账支票已入行,给予 2% 的现金折扣。

品　名	规　格	数　量	单　价	金　额
新飞冰箱	180 升	10	2 350	23 500
容声冰箱	200 升	10	3 100	31 000
海尔冰箱	250 升	10	3 200	32 000

品　　名	规　格	数　量	单　价	金　　额
雪花冰柜	300 升	10	2 800	28 000
格兰仕微波炉	P7021	10	1 300	13 000
美的微波炉	KD23	10	1 400	14 000
格兰仕微波炉	G8023	10	1 300	13 000
合　　计				154 500

附原始单据：

① 增值税发票（记账联）。

② 转账进账单（回单）。【支票入行】

业务流转程序：

见第（8）笔业务。

（52）12 月 8 日，接县乡镇企业供销公司转来"开具红字增值税专用发票通知单"，7 日销售给县乡镇企业供销公司的格兰仕微波炉单价有误，销售单价应为 1 100 元，误收为 1 300 元，当即由业务科开出红字增值税发票更正并开转账支票退还多收货税款。

附原始单据：

① 红字增值税发票第 1 联（记账联）。

② 转账支票（存根联）。

业务流转程序：

① 业务科与对方联系，协商一致后，开红字销货更正单（即红字增值税发票，套红色复书纸，用红色笔填写）。

② 出纳填转账支票，退还多收货税款。

③ 销售账组编记账凭证，按"红字更正法"冲减销售。

借：财务费用——销售折扣　　　　　　　　　　46.80【红字】

　　贷：主营业务收入——批发家电类　　　　2 000.00【红字】

　　　　应交税费——应交增值税（销项税额）　340.00【红字】

　　　　银行存款　　　　　　　　　　　　2 293.20【蓝字】

④ 交审编号，分别记账，集中保管。

提示：

由于不涉及实物流转，仓库和商品账组不登账，为免造成单据误传和记账错误，要求业务科在开具红字发票时不填数量，直接按差额填单价和金额栏，并在备注栏注明更正情况。然后将第 1 联传销售账组，第 2、3、7 联传购货方，其余联次不传，由业务科保管。

（53）12 月 8 日，2 日入库的广州江门洗衣机厂金羚全自动洗衣机单价有误，进价应为 1 500 元，结算价为 1 600 元，应退还我单位货款 4 000 元及税款 680 元。我单位填"开具红字增值税专用发票申请单"(一式二联,税务、我方各留一联)向税务部门申请批准后,由税务部门开出"开具红字增值税专用发票通知单"一式三联(税务机关留第1联、我方交购货方第2联、我方自留第3联),现广州江门洗衣机厂已接到通知单第2联,并开来红字增值税发票,款未汇来。

附原始单据:

① 开具红字增值税专用发票申请单(第1、3联)。

② 红字增值税发票(发票联、抵扣联、随货联)。

③ 红字收货单第3联(财会联)。

业务流转程序:

① 我方填申请单向税务部门申请(客体银行代理),得到通知单并已将第2联寄交对方。

② 供货方(代广州江门洗衣机厂)开具红字销货更正单(红字增值税发票)将第2联、第3联、第7联传对方。

③ 业务科开红字收货单(按差额用红字填单价和金额,不填数量),第2联传商品账组、第3联传购进账组,其余不传。

④ 商品账组凭红字收货单第2联记商品账,在收入栏按差额用红字填单价和金额,不填数量;对原入账的单价和金额进行调整,结存数量不变。(要将原有数与更正数结合起来进行理解。)

⑤ 购进账组凭红字增值税发票第3联、第7联和红字收货单第3联(财会联)编记账凭证。【为与电算化统一,建议采用方法二】

方法一:

借:应收账款——广州江门洗衣机厂　　　　　　　　　　　　4 680
　贷:库存商品——批发家电类(洗衣机类)　　　　　　　　　4 000
　　　应交税费——应交增值税(进项税额)　　　　　　　　　680

方法二:【电算化时采用该方法,真正体现冲销更正,借贷方余额为零,不违背会计原则】

借:应收账款——广州江门洗衣机厂　　　　　　　　　　　　4 680
　库存商品——批发家电类(洗衣机类)　　　　　　　　 4 000【红字】
　应交税费——应交增值税(进项税额)　　　　　　　　　 680【红字】

(54)业务科转来内部调拨单,将以下商品调拨给零售商场百货柜组。

品　名	规　格	数　量	进　价	零售价	零售价合计
芙蓉肥皂	50连装	50	150	200	10 000
双猫洗衣粉	50包装	50	300	400	20 000
效力多牙膏	10支装	50	60	90	4 500
洗发膏	10包装	50	100	140	7 000
合　计					**41 500**

附原始单据：

商品调拨单（发货单位财务记账联）。

业务流转程序：

见第（4）笔业务。

（55）12 月 8 日，业务科报来销售单，销售以下商品给太平供销社，增值税税率为 17％，商品委托县车队运往太平供销社，以银行存款代垫运费 650 元。当日办妥委托收款手续。

品　　名	规　格	数　量	单　价	金　额
牡丹牌缝纫机	FA2-1	50	300	15 000
华南牌缝纫机	JA2-1	50	280	14 000
鹰轮牌缝纫机	JA2-1	50	260	13 000
合　　计				**42 000**

附原始单据：

① 增值税发票（记账联）。

② 转账支票（存根）。【代垫运费】

③ 委托收款凭证（回单）。

业务流转程序：

见第（28）笔业务。

（56）12 月 9 日，车站发来到货通知，业务科填收货单，仓储组提货验收入库，并补填收货单实收数和溢缺报告单。同日，银行转来长虹厂托收凭证支款通知，我公司拒付短缺商品货税款，其余货税款及代垫运费 2 100 元承付。

品　　名	规　格	应收数	实收数	进货单价	实托货款
长虹彩电—显管	34″	30	30	2 100	63 000
长虹彩电—液晶	32″	30	30	3 800	114 000
长虹彩电—液晶	42″	30	25	7 000	210 000
合　　计					**387 000**

附原始单据：

① 托收及拒付单据。包括：

● 托收承付凭证第 5 联（承付支款通知）。

● 增值税发票第 2、3、7 联。

● 运费结算单据。【货票】

● 拒付理由书第 1 联（回单）。

② 收货单据。包括：

● 收货单第 3 联（财会联）。

● 溢缺报告单第 4 联（财会联）。

业务流转程序：

① 供货方开票，发货，办托收。

② 运输部门运货，通知货到。

③ 业务科填收货单，安排提货。签署承拒付意见。

④ 仓储组提货，入库实收数，短缺部分填溢缺报告单。

⑤ 托收凭证由供货方通过客体银行办理，通过客体银行到主体银行再到出纳。

⑥ 出纳填拒付理由书 1—4 联办部分拒付：银行受理后，退给出纳回单联，主体银行、客体银行、供货方各留一联，银行只能划转承付部分的货款。

⑦ 购进账组收齐单据，编记账凭证，交审编号。

借：库存商品——批发家电类（电视类）【按实收数计算】

　　应交税费——应交增值税（进项税额）

　　销售费用——进货运费

　　贷：银行存款

⑧ 购进账组、费用账组、出纳、主办会计分别记账。

⑨ 集中保管。

提示：

以上分录也可以分开，承付货款时增加"商品采购"，商品入库后转销"商品采购"。

(57) 12 月 9 日，业务科报来销售单，销售以下商品给三柏供销社，增值税税率为 17%，商品自提。当日办妥委托收款手续。

品　名	规　格	数　量	单　价	金　额
小鸭滚筒全自动洗衣机	5 kg	20	2 400	48 000
海棠全自动洗衣机	5 kg	20	1 900	38 000
海棠全自动洗衣机	4 kg	20	1 700	34 000
威力全自动洗衣机	3.6 kg	20	1 800	36 000
小天鹅全自动洗衣机	5 kg	20	2 100	42 000
合　计				198 000

附原始单据：

① 增值税发票（记账联）。

② 委托收款凭证（回单）。

业务流转程序：

见第（6）笔业务。

(58) 12 月 9 日，银行转来托收承付结算凭证收账通知，4 日向大安供销社所托收款 48 955 元，已收妥入账。

附原始单据:

托收承付凭证(收账通知)。

业务流转程序:

将前面第(31)笔业务所办托收承付凭证第4联(收账通知)传回。

(59)12月9日,业务科报来销售单,销售给大安供销社商品一批,增值税税率为17%,商品自提运回,货款尚未汇到。

品　名	规　格	数　量	单　价	金　额
上海牌全钢三防男表		100	100	10 000
山城牌全钢三防男表		100	96	9 600
上海牌镀金女表		100	170	17 000
青岛金锚牌镀金女表		100	148	14 800
石英电子男表		100	240	24 000
金鸡闹钟		100	76	7 600
双铃闹钟		100	88	8 800
合　计				91 800

附原始单据:

① 增值税发票(记账联)。

② 付款承诺书。

业务流转程序:

见第(17)笔业务。

(60)12月10日,零售商场家电维修部交来修理家电收入1 810元,款项当即送存银行。

附原始单据:

① 现金缴款单(回单)。【款项送存银行】

② 修理收入清单。【自制】

业务流转程序:

见第(32)笔业务。

(61)12月10日,业务科报来销售单,销售给三柏供销社商品一批,增值税税率为17%,商品自提运回,货款尚未汇到。

品　名	规　格	数　量	单　价	金　额
芙蓉肥皂	50连装	50	200	10 000
双猫洗衣粉	50包装	50	400	20 000
效力多牙膏	10支装	50	90	4 500
洗发膏	10包装	50	140	7 000
合　计				41 500

附原始单据：

① 增值税发票(记账联)。

② 付款承诺书。

业务流转程序：

见第(17)笔业务。

(62) 12 月 10 日,银行转来重庆钟表公司委托收款结算凭证支款通知并代垫运费 580 元,经审核同意付款,商品尚未到达。

品　名	规　格	数　量	单　价	金　额
石英电子男表		150	210	31 500
金鸡闹钟		150	64	9 600
双铃闹钟		150	76	11 400
合　计				**52 500**

附原始单据：

① 委托收款凭证(支款通知)。

② 增值税发票(发票联、抵扣联)。

③ 运费结算单据。

业务流转程序：

见第(13)笔业务。

(63) 12 月 10 日,银行转来杨柳供销社信汇凭证收账通知,上月所欠货款 5 000 元已收妥入账。

附原始单据：

信汇凭证(收账通知)。

业务流转程序：

见第(11)笔业务。

(64) 12 月 10 日,零售商场报来进销存报表及银行交款回单:百货柜组上缴营业款 63 500 元,家电柜组 115 000 元。

附原始单据：

① 现金交款单(回单联)。

② 金额对账缴款单(会计记账)。【即进销存报表】

业务流转程序：

见第(10)笔业务。

(65) 12 月 10 日,主办会计填纳税申报表,缴纳 11 月应交所得税 82 500 元,应交增值税 68 000 元,应交城建税 3 400 元,应交房产税 440 元,应交车船使用税 160 元,应交土地使用税 1 500 元。上述税款开转账支票支付。

附原始单据：

① 纳税凭证。

② 支票存根。

会计分录：

借：应交税费——应交所得税

应交税费——未交增值税

应交税费——应交城建税

应交税费——应交房产税

应交税费——应交车船使用税

应交税费——应交土地使用税

贷：银行存款

(66) 12 月 10 日，以银行存款(开支票)缴纳教育费附加 1 360 元。

附原始单据：

① 纳税凭证。【自制】

② 支票存根。

会计分录：

借：其他应交款——教育费附加

贷：银行存款

(67) 12 月 10 日，借给太和供销社包装木箱 100 个，每个账面价值 10 元。每个收取押金 15 元，押金 1 500 元已收。

附原始单据：

① 包装物出借凭证。【自制】

② 收据(财会联)。

会计分录：

借：现金

贷：其他应付款——包装物押金

借：包装物——出借包装物

贷：包装物——木箱

(68) 12 月 10 日，银行转来委托收款结算凭证支款通知及有关附件，系向成都珠峰家电商城购进彩电货税款及 2 400 元代垫运费，经审核同意付款，商品未到。

品　　名	规　格	数　量	单　价	金　额
TCL 彩电—等离子	32″	40	3 500	140 000
创维彩电—等离子	37″	40	3 300	132 000
合　　计				**272 000**

附原始单据:

① 委托收款凭证(支款通知)。

② 增值税发票(发票联、抵扣联)。

③ 运费结算单据。

业务流转程序:

见第(13)笔业务。

(69) 12 月 10 日,仓库转来收货单及代管商品收货单,青岛双星鞋厂商品运到,经验收发现一种商品误发,拒收代管,其余已验收入库,货款已于 12 月 1 日承付。业务科与该厂联系有关事宜。将 26 公分农田水靴 200 双,单价 80 元,误发为 26 公分牛皮男鞋 200 双,进价 120 元,拒收代管。

品　　名	规　格	应收数	实收数	单　价	实收金额
旅游鞋	25 公分	200	200	280	56 000
加高便靴	25 公分	150	150	80	12 000
工矿便靴	25 公分	150	150	100	15 000
农田水靴	26 公分	200	0	80	0
合　　计					**83 000**

附原始单据:

① 增值税发票(随货同行联)。

② 收货单(财会联)。

③ 代管商品收货单。【自制】

业务流转程序:

见前面货到入库程序,注意与第(13)笔、第(115)笔业务的前后联系。

提示:

代管商品从产权上说不是我方商品,代管时另开账页,且只记数量。

会计分录:

借:库存商品——批发百货类(鞋类)

　　应收账款——青岛双星鞋厂

　　贷:商品采购——青岛双星鞋厂

(70) 12 月 10 日,零售商场向总务综合组材料库领用一次性耗用包装用品:麻绳 20 公斤,每公斤 15 元;包装带 10 捆,单价 10 元。

附原始单据:

领料单(记账联)。

业务流转程序:

见第(5)笔业务。

财会模拟实习

岗位轮换交接记录表

姓名		班级		科室		轮次	
交接前岗位				交接后岗位			
原岗位交给何人				有无交接手续			
新岗位由何人交来				有无交接手续			

原所管账户	总　　账	明细账（或实物）	是否平衡	接受人签字

原业务流转程序		有无交接手续	接受人签字

总务综合组所管商品牌是否移交供货方	品　　种	数　　量	有无交接手续	接受人签字

购货方所管商品牌是否移交供货方	品　　种	数　　量	有无交接手续	接受人签字

三、第三轮业务(12 月 11～15 日)

(71) 12 月 11 日,总务综合组报来物品领用单如下:

品　名	数　量	单　价	金　额	用　途
维修木料	1.5 立方米	800	1 200	修理房屋
油　漆	5 听	80	400	油漆门窗
汽　油	300 公斤	3	900	汽车运输
合　计			2 500	

附原始单据:

领料单(记账联)。

(72) 12 月 11 日,总务综合组向县日杂公司购进以下物品,该物品直接用于修理房屋、家具,出纳付给现金以补足其业务周转金。

品　名	数　量	单　价	金　额	用　途
乳　胶	10 瓶	5	50	
保丽板	2 张	75	150	修理房屋家具
元　钉	10 公斤	10	100	
合　计			300	

附原始单据:

购物发票。【用收据替代】

(73) 12 月 11 日,业务科查实,大安供销社 3 日拒付理由属实,经协商,碰掉漆的 230 升新飞冰箱由 3 100 元降价为 2 500 元,该社补作购进。根据业务科报来红、蓝字销货单进行账务处理,并于当日办妥托收手续。

附原始单据:

① 开具红字增值税发票的通知单第 2 联。

② 委托收款回单。

③ 红字增值税发票(记账联),冲销 3 100 元的原售价。

④ 蓝字增值税发票(记账联),补开 2 500 元的新售价。

业务流转程序:

注意与第(27)笔业务、第(147)笔业务的前后联系。

提示:

要由大安供销社向税务部门申请并交来开具红字增值税发票的通知单更正方法,先按红字发票全额冲销,再按蓝字发票做账。

会计分录:

借:应收账款——大安供销社　　　　　　　　　　　　3 627【红字】
　　贷:主营业务收入——批发家电类　　　　　　　　　3 100【红字】
　　　　应交税费——应交增值税(销项税额)　　　　　527【红字】

借:应收账款——大安供销社　　　　　　　　　　　　2 925
　　贷:主营业务收入——批发家电类　　　　　　　　　2 500
　　　　应交税费——应交增值税(销项税额)　　　　　425

(74) 12 月 11 日,职工向红回家探亲,经批准预借差旅费 1 000 元,业务科李才出差预借 2 000 元。

附原始单据:

① 借款单。【自制】

② 现金支票存根。

(75) 12 月 12 日,业务科报来销售单,销售给太平供销社商品一批,增值税税率为 17%。采用送货制汇兑结算,商品已经运到并取得太平供销社验收回单,货款尚未汇来。

品　名	规　格	数　量	单　价	金　额
金羚双缸洗衣机	5 kg	40	840	33 600
金羚全自动洗衣机	4 kg	40	1 800	72 000
三峡双缸洗衣机	5 kg	40	780	31 200
合　计				136 800

附原始单据:

① 增值税发票(记账联)。

② 对方验收单。【自制】

③ 付款承诺书。

(76) 12 月 12 日,车站发来到货通知,成都华丰商贸公司货到。业务科填收货单,仓储组验收入库。托收凭证未到。

品　名	规　格	应收数	实收数	进货单价	金　额
铝　锅	24 厘米	200	200	50	10 000
铝　锅	26 厘米	200	200	60	12 000
不锈钢压力锅	26 厘米	200	200	180	36 000
合　计					58 000

附原始单据:

① 增值税发票(随货同行联)。

② 收货单（财会联）。

（77）12月12日，业务科报来销售单，销售给三柏供销社商品一批，增值税税率为17%，商品已自提运回，货款尚未汇来。

品　名	规　格	数量	售价	金　额
上海牌全钢三防男表		50	100	5 000
山城牌全钢三防男表		50	96	4 800
上海牌镀金女表		50	170	8 500
青岛金锚牌镀金女表		50	148	7 400
石英电子男表		100	240	24 000
金鸡闹钟		100	76	7 600
双铃闹钟		100	88	8 800
合　计				**66 100**

附原始单据：

① 增值税发票（记账联）。

② 付款承诺书。

（78）12月12日，银行转来托收凭证收账通知，3日托收杨柳供销社款项64 600元已收妥入账。

附原始单据：

委托收款凭证（收账通知）。

（79）业务科开内部调拨单，调拨给零售商场如下商品：

品　名	规　格	数　量	进　价	零售价	零售金额
凤凰牌自行车	26″	50	330	430	21 500
永久牌自行车	28″	50	350	450	22 500
小　计					
蒸汽电熨斗	1 000 W	50	90	140	7 000
蒸汽电熨斗	650 W	50	80	130	6 500
电水壶	800 W	50	130	180	9 000
电水壶	600 W	50	110	160	8 000
电吹风	800 W	50	80	130	6 500
小　计					
合　计					**81 000**

附原始单据：

商品调拨单（发货单位财务记账联）。

(80) 12月12日，南门家电商场来我公司购进如下商品，商品自提，转账支票已递交银行，给予2%的现金折扣。

品　名	规　格	数　量	进　价	金　额
剪　刀	大号	200	8	1 600
剪　刀	小号	200	7	1 400
三防锁		100	40	4 000
弹子锁		100	12	1 200
小　计				
电饭锅	1 000 W	100	220	22 000
电饭锅	750 W	100	200	20 000
小　计				
合　计				**50 200**

附原始单据：

① 增值税发票（记账联）。

② 转账进账单（回单）。

(81) 12月13日，仓库报来收货单和商品溢缺报告单，从成都珠峰家电商城购进彩电到货，短缺37″创维彩电—(等离子)10台，短缺金额33 000元，原因待查。【见第(68)笔业务】

品　名	规　格	应收数	实收数	进货单价	实收金额
TCL 彩电—等离子	32″	40	40	3 500	140 000
创维彩电—等离子	37″	40	30	3 300	99 000
合　计					**239 000**

附原始单据：

① 增值税发票（随货同行联）。

② 收货单（财会联）。

③ 商品溢缺报告单（财会联）。

(82) 12月13日，太和供销社还来木箱100个，每个收取折损费4元，退还押金1 100元，当即汇兑付出。

附原始单据：

① 包装物入库凭证。【自制】

② 收据（记账凭证联）。【收取折损费】

③ 信汇凭证（回单）。

（83）12 月 13 日，业务科报来销售单，销售给大安供销社家用电器一批，商品自提，已于本日办妥委托收款手续。

品 名	规 格	数 量	单 价	金 额
新飞冰箱	230 升	20	3 100	62 000
容声冰箱	260 升	20	3 400	68 000
海尔冰箱	280 升	20	3 600	72 000
长虹彩电—显管	29″	20	1 700	34 000
美的微波炉	KD21	20	1 300	26 000
海尔微波炉	M023	20	1 400	28 000
合 计				290 000

附原始单据：

① 增值税发票（记账联）。

② 委托收款凭证（回单）。

（84）12 月 13 日，经批准向县五金公司购进脚踏三轮车两辆，每辆进价 650 元，开转账支票付讫。三轮车当日交零售商场使用，按五五法计算摊销。

附原始单据：

① 购物发票。

② 转账支票存根。

③ 物品领用单（记账联）。

④ 内部转账单。【自制凭证】

提示：

内部转账单的内容至少包括原价、摊销方法、摊销金额等项目。

（85）12 月 13 日，总务综合组向县日杂公司购进清洁卫生用品及办公用品，以转账支票付款，该批物品当即交各科室领用。

品 名		数 量	购进价	金 额
拖 把		10	30	300
塑料扫把		10	10	100
办公用文具盒		50	15	750
合 计				**1 150**

附原始单据:

① 购物发票。

② 转账支票存根。

③ 物品领用单。

提示:

不需要入库,直接进费用。

(86) 12 月 13 日,收到三柏供销社信汇凭证收账通知,4 日所欠货款 97 110 元已如数汇来。

附原始单据:

信汇凭证(收款通知)。

(87) 职工王大力病故,按政策支付丧葬费 700 元并对其供养人口每月支付供养费 200 元,丧葬费及本月供养费 900 元以现金支付。

附原始单据:

丧葬费及供养费领取凭证。【自制】

(88) 12 月 13 日,收到三柏供销社信汇凭证收账通知,上月所欠货款 9 873 元已如数汇来。

附原始单据:

信汇凭证(收款通知)。

(89) 12 月 13 日,仓库报来入库单,重庆钟表公司下列商品验收入库。同时收到该批商品托收凭证付款通知,同意承付货税款及 600 元代垫运费。

品 名	规 格	数 量	购进价	金 额
上海牌全钢三防男表		200	80	16 000
山城牌全钢三防男表		200	76	15 200
上海牌镀金女表		200	140	28 000
青岛金锚牌镀金女表		200	130	26 000
金鸡闹钟		100	60	6 000
双铃闹钟		100	70	7 000
合 计				**98 200**

附原始单据:

托收到:

① 委托收款凭证(支款通知)。

② 增值税发票(发票联、抵扣联)。

③ 运费结算单据。

货到:

收货单(财会联、随货同行联)。

(90) 12月13日,职工组织文娱活动一次,共计开支2 100元,开支票付款给文化娱乐公司,在职工福利基金中列支。

附原始单据:

① 消费发票。

② 转账支票存根。

(91) 12月14日,业务科报来销货单,销售给蓬安供销社商品一批,自提运回,货款尚未汇到。

品 名	规 格	数 量	销售价	金 额
细花面盆	36 cm	100	44	4 400
新花面盆	34 cm	100	44	4 400
加厚面盆	36 cm	100	56	5 600
全白面盆	36 cm	50	28	1 400
口 杯	大号	100	14	1 400
合 计				17 200

附原始单据:

① 增值税发票(记账联)。

② 付款承诺书。

(92) 12月14日,银行转来信汇凭证收账通知,系太平供销社汇来所购洗衣机货税款160 056元。

附原始单据:

信汇凭证(收款通知)。

(93) 12月14日,业务科报来内部调拨单,调拨以下商品给零售商场。

品 名	数 量	进 价	零售价	售价金额
格兰仕微波炉 P7021	20	900	1 250	25 000
格兰仕微波炉 G8023	20	1 100	1 500	30 000
美的微波炉 KD23	20	1 200	1 600	32 000
LG 微波炉 MS27	20	1 200	1 600	32 000
松下微波炉 NN21	20	1 200	1 600	32 000
合 计				150 000

附原始单据：

商品调拨单（发货单位财务记账联）。

(94) 12 月 14 日，银行转来托收凭证收账通知，7 日所收三柏供销社 29 550 元已收妥入账。【见第(48)笔业务】

附原始单据：

委托收款凭证（收账通知）。【回传第(48)笔业务单据】

(95) 12 月 14 日，销售给南门家电商场彩电一批，支票结算，给予 2% 现金折扣，商品自提，支票已送存银行。

品　　名	规　格	数　量	单　价	售价金额
长虹彩电—显管	34″	20	2 400	48 000
长虹彩电—液晶	32″	20	4 100	82 000
长虹彩电—液晶	42″	20	7 400	148 000
TCL 彩电—等离子	32″	20	4 000	80 000
创维彩电—等离子	37″	20	3 800	76 000
合　　计				434 000

附原始单据：

① 增值税发票（记账联）。

② 转账进账单（回单）。

(96) 12 月 14 日，总务综合组经批准，出售过时货柜 10 个，每个账面净值 200 元，作价 40 元，收到现金 400 元已交出纳入账（采用五五摊销法）。

附原始单据：

① 收据（记账凭证）。

② 内部转账单。【自制】

提示：

内部转账单一式二联，一联交费用账组，一联交总务综合组。要求其内容至少包括：出售过时物资的名称、数量、原值、已摊销金额、摊余价值、可收回金额、最后摊销金额等项目。

(97) 12 月 14 日，零售商场因销售不畅，小鸭滚筒全自动洗衣机 10 台，调回仓库以备批发，该商品进价每台 2 100 元，零售价 2 600 元，业务科开出红字"商品调拨单"。

附原始单据：

红字商品调拨单（发货单位财务记账联）。

(98) 12 月 14 日，银行转来太和供销社信汇凭证收款通知，7 日所欠货款 13 806 元，已如数汇来。【见第(49)笔业务】

附原始单据：

信汇凭证（收款通知）。

(99) 12月14日,旧货架10个已破损不能使用,经批准报废,每个账面净值100元,残值作价8元,共计1000元,80元作为维修用木材交总务综合组保管(采用五五摊销法)。

附原始单据:

摊销凭证。【自制】

提示:

摊销凭证一式二联,一联交费用账组,一联交总务综合组(维修木料入账)。要求其内容至少包括:报废物资名称、数量、原值、已摊销金额、摊余价值、可收回维修木料价值、最后摊销金额等项目。

(100) 12月14日,仓库转来收货单及溢缺报告单,重庆钟表公司到货情况如下,货款已于10日承付。【见第(62)笔业务】

品　　名	应收数量	实收数量	单　价	实收金额
金鸡闹钟	150	150	64	9 600
双铃闹钟	150	150	76	11 400
石英电子男表	150	100	210	21 000
合　　计				42 000

附原始单据:

① 增值税发票(随货同行联)。

② 收货单(财会联)。

③ 商品溢缺报告单(财会联)。

(101) 12月14日,开出转账支票,支付县建筑工程队4#仓库工程款84 000元。

附原始单据:

① 转账支票存根。

② 工程结算单。【自制】

(102) 12月14日,业务科转来内部调拨单,拨交零售商场百货柜组商品一批。

品　　名	规　格	数　量	进　价	零售价	售价金额
不锈钢压力锅	26公分	200	180	220	44 000
铝　　锅	26公分	100	60	85	8 500
铝　　锅	24公分	100	50	70	7 000
合　计					59 500

附原始单据:

商品调拨单(发货单位财务记账联)。

(103) 12月15日,业务科报来销货单,销售以下商品给太和供销社,根据事先签订的购销合同,采用商业承兑汇票结算,该社签发并经承兑的商业承兑汇票已收到,3个月后付款,商品已自提运回。

品 名	规 格	数 量	单 价	金 额
金羚双缸洗衣机	5 kg	20	840	16 800
金羚全自动洗衣机	4 kg	20	1 800	36 000
三峡双缸洗衣机	5 kg	20	780	15 600
小鸭滚筒全自动洗衣机	5 kg	20	2 400	48 000
合　　计				116 400

附原始单据:

① 增值税发票(记账联)。

② 商业承兑汇票。

(104) 12 月 15 日,业务科转来增值税销货发票,销售给大安供销社商品一批,已自提运回,货款尚未汇来。

品 名	规 格	数 量	单 价	金 额
加高便靴	25 公分	100	110	11 000
工矿便靴	25 公分	100	120	12 000
解放鞋	25 公分	150	28	4 200
解放鞋	24 公分	150	24	3 600
旅游鞋	25 公分	150	340	51 000
牛皮女鞋	24 公分	25	120	3 000
合　　计				84 800

附原始单据:

① 增值税发票(记账联)。

② 付款承诺书。

(105) 12 月 15 日,零售商场家电维修部上缴修理家电收入 2 100 元。

附原始单据:

① 现金缴款单(回单)。

② 修理收入清单。【自制】

业务流转程序:

见第(32)笔业务。

（106）12 月 15 日，银行转来委托收款结算凭证收账通知，8 日所托收太平供销社 49 790 元，已收妥入账。【见第(55)笔业务】

附原始单据：委托收款凭证（收款通知）。【回传第(55)笔业务单据】

（107）12 月 15 日，零售商场为庆贺开业一周年九折优惠酬宾一天，家电柜组实收 45 600 元，百货柜组实收 32 500 元，报来进销存报表及银行交款回单，解缴营业款。

附原始单据：

① 现金交款单（回单）。

② 金额对账缴款单（会计记账）。

提示：

① 总务综合组在填进销存报表（即"金额对账缴款单"）时，"交回货款"栏填实际交回金额（即家电柜组为 45 600 元，百货柜组为 32 500 元），"商品减值"栏填打折部分的金额，即家电柜组为 5 066.67 元（45 600 ÷ 90% × 10%），百货柜组为 3 611.11 元（32 500 ÷ 90% × 10%）。

② 总务综合组在登记零售商品账时，应还原为打折前金额，分别按家电柜组 50 666.67 元（45 600 ÷ 90%）和百货柜组 36 111.11 元（32 500 ÷ 90%）记库存商品零售商品账，打折部分视同已缴，减少其责任。

③ 具体流转程序见第(10)笔业务。

④ 会计分录：

借：银行存款　　　　　　　　　　　　　　　　　78 100.00
　　贷：主营业务收入——零售家电柜　　　　　　　　　　45 600.00
　　　　主营业务收入——零售百货柜　　　　　　　　　　32 500.00

借：主营业务成本——零售家电柜　　　　　　　　45 600.00
　　主营业务成本——零售百货柜　　　　　　　　32 500.00
　　商品进销差价——零售家电柜　　　　　　　　 5 066.67
　　商品进销差价——零售百货柜　　　　　　　　 3 611.11
　　贷：库存商品——零售家电柜　　　　　　　　　　　50 666.67
　　　　库存商品——零售百货柜　　　　　　　　　　　36 111.11

（108）12 月 15 日，为庆祝元旦办专刊，总务综合组向日杂公司购进红纸 20 张，单价 2 元，白纸 20 张，单价 2 元，墨汁 2 瓶，单价 10 元，广告颜料 5 瓶，单价 10 元，以上物品已交工会使用，经审核无误，出纳以现金付讫。

附原始单据：

购物发票。

（109）12 月 15 日，银行转来委托收款结算凭证收账通知，系本月 1 日向太平供销社收取货款 187 200 元，已收妥入账。【见第(6)笔业务】

附原始单据:

委托收款凭证(收款通知)。【回传第(6)笔业务单据】

(110) 12 月 15 日,收到成都珠峰家电商城如下商品,货已验收入库。同日该商品托收凭证已到,承付全部货税款及 780 元代垫运费。

品　　名	规　格	数　量	单　价	金　额
蒸汽电熨斗	1 000 w	200	95	19 000
蒸汽电熨斗	650 w	200	85	17 000
电水壶	800 w	200	135	27 000
电水壶	600 w	200	115	23 000
电吹风	800 w	200	85	17 000
合　　计				**103 000**

附原始单据:

托收到:

① 托收凭证(承付支款通知)。

② 增值税发票(发票联、抵扣联)。

③ 运费结算单据。

货到:

收货单(财会联、随货同行联)。

(111) 12 月 15 日,经业务科与重庆钟表公司联系,石英电子男表短少 50 只系对方少发,货款 10 500 及税款 1 785 元已如数退来,银行已转来信汇凭证收账通知,及对方红字增值税发票。【与第(100)笔业务相联系】

附原始单据:

① 开具红字增值税专用发票申请单第 1 联。

② 开具红字增值税专用发票通知单第 3 联。

③ 红字增值税发票(发票联、抵扣联、随货联)。

④ 红字收货单第 3 联(财会联)。

⑤ 信汇凭证(收款通知)。

业务流转程序:

见第(53)笔业务。

(112) 12 月 15 日,4#仓库工程完工,退回剩余钢材 0.5 吨,计 1 750 元,水泥 5 袋,计 250 元。

附原始单据:

红字领料单(记账联)。

提示:

退回的材料进入材料物资核算,同时冲销工程成本。

(113)12月15日,收到成都新源化工厂如下商品,托收凭证未到。

品　名	规　格	数　量	单　价	金　额
芙蓉肥皂	50连装	250	160	40 000
双猫洗衣粉	50包装	250	320	80 000
效力多牙膏	10支装	250	70	17 500
洗发膏	10包装	250	110	27 500
合　计				**165 000**

附原始单据:
① 增值税发票(随货同行联)。
② 收货单(财会联)。

(114)12月15日,采购员洪兵回公司报账,出差十天,根据新规定每天住宿包干费100元,伙食补助50元,火车票890元,原借支2 500元,余款退还出纳。

附原始单据:
① 出差旅费报销单。
② 火车票。
③ 住宿发票第2联(发票联)。【用客体方"收据"替代】
④ 收据第3联(记账凭证联)。【收洪兵报账后所退回的差旅费余款】

业务流转程序:
见前第(7)笔业务。

(115)经业务科联系,与青岛双星鞋厂达成如下协议:前第(69)笔业务拒收代管的200双26号牛皮男鞋,同意作价100元(原价120元)补作购进,同时汇去200双鞋的差价款每双20元及税款。【与第(69)笔业务前后联系,对方应补开的发票未到】

附原始单据:
① 信汇凭证(回单)。
② 收货单(财会联)。

提示:
① 出纳填信汇凭证汇款。出纳传主体,主体传客体,客体传供货方,款到。
② 业务科填收货单,安排仓储将原拒收代管的商品重新验收入库,冲平代管商品。
③ 仓储组和商品账组记商品账。
④ 购进账组编记账凭证,交审核后,各账组分别记账。
⑤ 集中保管。

财会模拟实习

岗位轮换交接记录表

姓名		班级		科室		轮次	
交接前岗位				交接后岗位			
原岗位交给何人				有无交接手续			
新岗位由何人交来				有无交接手续			
原所管账户		总　　账	明细账（或实物）		是否平衡	接受人签字	
原业务流转程序			有无交接手续			接受人签字	
总务综合组所管商品牌是否移交供货方		品　　种		数　　量		有无交接手续	接受人签字
购货方所管商品牌是否移交供货方		品　　种		数　　量		有无交接手续	接受人签字

四、第四轮业务(12 月 16～20 日)

(116) 12 月 16 日,收到成都珠峰家电商城发来的商品一批,验收入库。同日托收凭证到达,经审核同意付款(包括货税款及 1 500 元代垫运费)。

品　名	规　格	数　量	单　价	进价金额
小鸭滚筒式洗衣机	5 kg	40	2 000	80 000
海棠全自动洗衣机	4 kg	40	1 500	60 000
海棠全自动洗衣机	5 kg	40	1 600	64 000
威力全自动洗衣机	3.6 kg	40	1 500	60 000
小天鹅全自动洗衣机	5 kg	40	1 800	72 000
合　计				336 000

附原始单据:

① 托收凭证(承付支款通知)。

② 增值税发票(发票联、抵扣联)。

③ 运费结算单据。

④ 收货单(财会联)、增值税发票(随货联)。

(117) 12 月 16 日,建设银行转来长期借款利息结算清单,本年应付利息 12 000 元。按借款费用准则规定,资本化计入在建工程。

附原始单据:

长期借款利息结算清单。【银行自制】

(118) 12 月 16 日,业务科报来销售单,销售给太和供销社商品一批,已由太和供销社自提运回,货款尚未汇来。

品　名	规　格	数　量	单　价	金　额
工矿便靴	25 号	50	120	6 000
解放鞋	24 号	100	24	2 400
解放鞋	25 号	100	28	2 800
旅游鞋	25 号	50	340	17 000
牛皮男鞋	26 号	100	144	14 400
合　计				42 600

附原始单据:

① 增值税发票(记账联)。

② 付款承诺书。

(119) 12 月 16 日,重庆三峡洗衣机厂运来三峡双缸洗衣机 100 台,单价 660 元,增值税税率为 17%,货已由我方验收入库,当即电汇货税款。

附原始单据:

① 增值税发票(发票联、抵扣联、随货联)。

② 收货单(记账联)。

③ 电汇凭证(回单)。

(120) 12 月 16 日,业务科报来销售单,销售给杨柳供销社商品一批,增值税税率为 17%,商品自提。当日办妥委托收款手续。

品 名	规 格	数 量	单 价	金 额
TCL 彩电—等离子	32″	20	4 000	80 000
创维彩电—等离子	37″	20	3 800	76 000
小 计				
新飞冰箱	180 升	20	2 350	47 000
容声冰箱	200 升	20	3 100	62 000
小 计				
合 计				**265 000**

附原始单据:

① 增值税发票(记账联)。

② 委托收款凭证(回单)。

(121) 12 月 16 日,仓库转来收货单,杭州海天商贸公司下列商品验收入库。货款 18 000 元已于上月支付。

品 名	规 格	数 量	单 价	金 额
彩花水瓶	5 磅	200	24	4 800
彩花水瓶	8 磅	200	30	6 000
全白面盆	36 厘米	200	24	4 800
口 杯	大号	200	12	2 400
合 计				**18 000**

附原始单据:

① 增值税发票(随货同行联)。

② 收货单(财会联)。

(122) 12 月 17 日,仓库转来收货单,重庆五洲商贸公司下述商品验收入库。货款已于上月 29 日承付。

品　名	规·格	数　量	单　价	金　额
解放鞋	25 号	250	24	6 000
解放鞋	24 号	250	20	5 000
猪皮女鞋	24 号	250	70	17 500
猪皮男鞋	25 号	250	80	20 000
合　计				48 500

附原始单据：

① 增值税发票（随货同行联）。

② 收货单（财会联）。

(123) 12 月 17 日，我公司驻长虹厂采购员采用直运销售方式，直接给县南门家电商场发出如下商品，同时寄来向县家电商场办托收的回单和销售发票。

品　名	规　格	数　量	单　价	金　额
长虹彩电—显管	29″	50	1 700	85 000
长虹彩电—显管	34″	50	2 400	120 000
长虹彩电—液晶	32″	50	4 100	205 000
长虹彩电—液晶	42″	50	7 400	370 000
合　计				780 000

附原始单据：

① 增值税发票（记账联）。

② 托收承付凭证（回单）。【此处为我方向县南门家电商场办托收】

业务流转程序：

参见第三章第三节。

提示：

① 委托长虹厂根据直运商品发货单代填委托收款凭证，代办托收，并将托收回单交我方采购员寄回。或者在长虹厂发货后，将有关单据交由我方采购员。在当地办托收后，寄回托收回单，我方补填增值税发票，将有关联次交予南门家电商场。

② 销售账组编记账凭证，交审核后，各账组分别记账。最后主办集中保管。

借：应收账款——县南门家电商场

　　贷：主营业务收入——直运销售收入【单独核算】

　　　　应交税费——应交增值税（销项税额）

③ 由于采用的是直运方式销售，货物不从我方仓库发出，因此仓储组和商品账组不记商品账。

④ 该直运商品成本的结转在后面第(143)笔业务中进行，此笔不结转。

(124) 12月17日,银行转来托收凭证收账通知,6日向蓬安供销社托收货税款及运费款共计41 382元,已收妥入账;同时银行转来大安供销社、三柏供销社信汇凭证收款通知,9日所欠货款107 406元及42 939元均已汇到入账。【见第(38)、(59)、(61)笔业务】

附原始单据:

① 委托收款凭证(收款通知)。【回传第(38)笔业务单据】

② 信汇凭证(收款通知)。【第(59)、(61)笔业务分开汇出】

(125) 12月17日,应付广州贸易公司进货款17万元的应付票据到期(期限三个月,年利率5%),因我方资金周转困难,经双方协商,达成债务重组协议如下:

一部分以10万元现款清偿,款已汇出;另一部分以直运销售方式从长虹厂发去4台42″长虹液晶彩电(该公司已收到),该彩电进价7 000元,售价7 400元,代垫运费2 500元,增值税税率为17%,已收到长虹厂托收凭证,同意承付全部款项。

附原始单据:

① 债务重组协议书。

② 长虹厂直运商品全套托收凭证。包括:

● 增值税发票(发票联、抵扣联)。【长虹厂按进价开具给我方】

● 运费结算单据。

● 托收承付凭证(支款通知)。

③ 增值税发票(记账联)。【我方按售价开具给广州贸易公司】

④ 信汇凭证(回单联)。

业务流转程序:

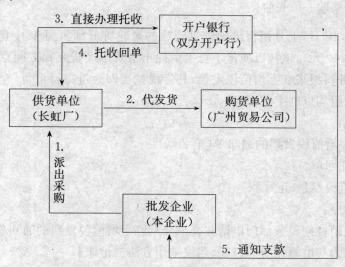

提示:

① 业务科与购货方(代广州贸易公司)签订债务重组协议。

② 出纳填信汇凭证汇款。(出纳传主体,主体传客体,客体传购货方,款到。)

③ 业务科派人到供货方(代长虹厂)联系购货,并按我方要求发往购货方。

④ 供货方开票、发货、代垫运费；填委托收款凭证办托收（供货方传客体，客体传主体，主体传出纳，托收到）。

⑤ 业务科签字承付。（回传托收第 4 联，主体传客体，客体传供货方，款到。）

⑥ 由于直运销售的彩电是抵原应付票据，不需要向广州贸易公司收款，所以不必向其办托收，只需要将增值税发票的相关联次转寄对方。

⑦ 购进账组编记账凭证，交审核后，各账组分别记账，最后主办会计集中保管。

会计分录：

借：应付票据——广州贸易公司	170 000	
财务费用——利息	2 125	
贷：银行存款		100 000
主营业务收入		29 600
应交税费——应交增值税（销项税额）		5 032
营业外收入——债务重组利得		37 493

借：商品采购——长虹厂	28 000	
应交税费——应交增值税（进项税额）	4 760	
销售费用——进货运费	2 500	
贷：银行存款		35 260

借：主营业务成本	28 000	
贷：商品采购——长虹厂		28 000

（126）12 月 18 日，上月销售给杨柳供销社的鹰轮牌缝纫机（JA2-1 型）50 辆（我方进价 220 元，售价 260 元），该社以质量不符为由提出退货。经研究我方同意退货，商品退回已验收入库，业务科报来红字增值税发票，其货税款当即通过银行汇付（仓储组、商品账组和财会上相应账组均以红字冲销售）。

附原始单据：

① 开具红字增值税发票的通知单（第 2 联）。

② 信汇凭证回单。

③ 红字增值税发票（记账联）。

业务流转程序：

要由杨柳供销社向税务部门申请并交来开具红字增值税发票的通知单。

会计分录：【为与电算化统一口径，建议采用方法二记账】

方法一：

借：主营业务收入——批发百货类	13 000	
应交税费——应交增值税（销项税额）	2 210	
贷：银行存款		15 210

借:库存商品——批发百货类(五金类)   11 000

   贷:主营业务成本——批发百货类   11 000

方法二:【电算化采用该方法】

贷:主营业务收入——批发百货类   13 000 【红字】

   应交税费——应交增值税(销项税额)   2 210 【红字】

   银行存款   15 210 【蓝字】

借:主营业务成本——批发百货类   11 000 【红字】

   贷:库存商品——批发百货类(五金类)   11 000 【红字】

(127)12月18日,银行转来委托收款收账通知,三柏供销社12月9日所购各种洗衣机货税款已收妥入账,金额231 660元。

附原始单据:

委托收款凭证(收款通知)。【回传第(57)笔业务单据】

(128)12月18日,业务科报来销售单,销售给太平供销社商品一批。商品已自提运回,我方当日已办妥托收手续。

品　名	规　格	数　量	单　价	金　额
芙蓉肥皂	50 连装	100	180	18 000
双猫洗衣粉	50 包装	100	360	36 000
效力多牙膏	10 支装	100	74	7 400
洗发膏	10 包装	100	120	12 000
合　计				73 400

附原始单据:

① 委托收款凭证(回单)。

② 增值税发票(记账联)。

(129)12月18日,销售给个体户李金发商品一批,给予2‰的现金折扣,支票已送存银行。

品　名	规　格	数　量	单　价	金　额
美的微波炉	KD21	10	1 250	12 500
海尔微波炉	M023	10	1 300	13 000
LG 微波炉	MS27	10	1 300	13 000
松下微波炉	NN21	10	1 350	13 500
合　计				52 000

附原始单据：

① 增值税发票（记账联）。

② 转账进账单（回单）。

（130）12 月 18 日，销售给蓬安供销社商品一批，并收到该供销社签发的为期六个月的已承兑商业汇票，商品已自提运回。

品　名	规　格	数　量	单　价	金　额
加重永久牌自行车	26″	50	400	20 000
凤凰牌自行车	28″	50	380	19 000
华南牌缝纫机	JA2-1	50	280	14 000
合　计				53 000

附原始单据：

① 增值税发票（记账联）。

② 商业承兑汇票。

（131）12 月 18 日，销售给南门家电商场山鹰自行车 50 辆单价 300 元，丰瑞微波炉 50 台单价 900 元，上述商品分别由重庆五洲商贸公司及成都丰瑞公司委托代销，货款已于当日送存银行。【见第（46）笔业务】

附原始单据：

① 增值税发票（记账联）。

② 转账进账单（回单）。

（132）12 月 18 日，收到省大发五金城发来以下商品。商品已验收入库，当即汇出货税款（工行成都新华路办事处，账号：610055678）。

品　名	规　格	数　量	单　价	金　额
凤凰牌自行车	26″	100	320	32 000
加重永久牌自行车	28″	100	340	34 000
三防锁		200	32	6 400
弹子锁		200	10	2 000
剪　刀	大号	300	7	2 100
剪　刀	小号	300	6	1 800
合　计				78 300

附原始单据：

① 增值税发票（发票联、抵扣联、随货联）。

② 收货单（记账联）。

③ 信汇凭证（回单）。

(133) 12 月 19 日,销售给蓬安供销社商品一批,货已自提运回,款项尚未汇来。

品 名	规 格	数 量	单 价	金 额
彩花水瓶	5 磅	100	28	2 800
彩花水瓶	8 磅	100	36	3 600
细花面盆	36 厘米	100	44	4 400
加厚面盆	36 厘米	100	56	5 600
新花面盆	34 厘米	100	44	4 400
全白面盆	36 厘米	100	28	2 800
合 计				23 600

附原始单据:

① 增值税发票(记账联)。

② 付款承诺书。

(134) 12 月 19 日,河南新飞冰箱厂托收凭证到,托收新飞冰箱货款及 2 000 元代垫运费,货未到。

品 名	规 格	数 量	单 价	金 额
新飞冰箱	180 升	50	2 000	100 000
新飞冰箱	230 升	50	2 700	135 000
合 计				235 000

附原始单据:

① 托收凭证(承付支款通知)。

② 增值税发票(发票联、抵扣联)。

③ 运费结算单据。

(135) 12 月 19 日,销售如下商品给北门商场,给予 2% 的现金折扣,支票已送存银行。

品 名	规 格	数 量	单 价	金 额
铝 锅	24 厘米	150	60	9 000
铝 锅	26 厘米	150	75	11 250
铝茶壶	22 厘米	50	55	2 750
铝茶壶	24 厘米	50	60	3 000
不锈钢压力锅	24 厘米	50	190	9 500
合 计				35 500

附原始单据:

① 增值税发票(记账联)。

② 转账进账(回单)。

(136) 12 月 19 日,银行转来三柏供销社信汇凭证收账通知,12 日所欠货款 77 337 元已汇到入账。【见第(77)笔业务】

附原始单据:

信汇凭证(收款通知)。

(137) 调拨给零售商场家电柜组 250 升海尔冰箱 20 台,每台进价 2 900 元,零售价 3 400元。

附原始单据:

商品调拨单(发货单位财务记账联)。

(138) 12 月 19 日,销售给县乡镇企业供销公司商品一批,给予 2% 的现金折扣,支票已送存银行。

品　　名	规　格	数　量	单　价	金　额
海尔冰箱	280 升	20	4 300	86 000
雪花冰柜	300 升	20	3 500	70 000
合　　计				156 000

附原始单据:

① 增值税发票(记账联)。

② 转账进账单(回单)。

(139) 12 月 19 日,鹰轮牌缝纫机因质量不过关,重庆精工缝纫机厂同意退货,已退回 50 台,原进价 220 元,但运费 500 元由我方负担,货款留待下次进货一并结算。【第(126)笔业务由杨柳供销社退回我方,本笔业务由我方退回生产厂家】

附原始单据:

① 红字增值税发票(发票联、抵扣联、随货联)。

② 红字收货单(财会联)。

③ 运费结算单据。

④ 支票存根。【付运费 500 元】

⑤ 开具红字增值税专用发票申请单第 1 联、第 3 联。

业务流转程序:

见第(53)笔业务。

会计分录:【为与电算化操作一致,建议采用方法二】

方法一:

借:应收账款——重庆精工缝纫机厂　　　　　　　　　　　　　12 870

	销售费用——进货运费	500
	贷:库存商品——批发百货类(五金类)	11 000
	应交税费——应交增值税(进项税额)	1 870
	银行存款	500

方法二:【电算化采用本方法】

借:应收账款——重庆精工缝纫机厂　　　　　　　　　　　　　12 870

应交税费——应交增值税(进项税额)　　　　　　　　1 870【红字】

销售费用——进货运费　　　　　　　　　　　　　　　　　500

贷:库存商品——批发百货类(五金类)　　　　　　　　　　11 000

银行存款　　　　　　　　　　　　　　　　　　　　　　500

(140) 12月19日,三柏供销社要求退回24号牛皮女鞋200双。经研究同意退货,业务科报来红字销货单,退回商品已验收入库,销售价每双120元,进价每双100元,货款留待下次结算。

附原始单据:

① 开具红字增值税专用发票通知单第2联。

② 红字增值税发票(记账联)。

业务流转程序:

要由杨柳供销社向税务部门申请并交来开具红字增值税发票通知单。

(141) 12月20日,三柏供销社购进下列商品,自提运回,货款与昨日应退24号牛皮女鞋200双款项相抵后,已信汇来其差额。

品　名	规　格	数　量	单　价	进价金额
牛皮男鞋	26号	100	144	14 400
猪皮女鞋	24号	100	80	8 000
农田水靴	26号	50	100	5 000
合　计				27 400

附原始单据:

① 增值税发票(记账联)。

② 信汇凭证(收款通知)。

(142) 12月20日,业务科报来销售单,销售给北门商场商品一批。商品自提,给予2%的现金折扣,连同7日应补货税款4 212元,开来转账支票,已送存银行。【见第(47)笔业务】

品　名	规　格	数　量	单　价	进价金额
彩花水瓶	5磅	50	28	1 400
彩花水瓶	8磅	50	36	1 800

（续表）

品　名	规　格	数　量	单　价	进价金额
细花面盆	36 厘米	50	44	2 200
加厚面盆	36 厘米	50	56	2 800
新花面盆	34 厘米	50	44	2 200
合　计				10 400

附原始单据：

① 增值税发票（记账联）。

② 转账进账单（回单）。

（143）12 月 20 日，我公司 17 日向县南门家电商场直运销售所办托收已收妥入账。银行转来托收收款通知，同日收到长虹厂向我公司办理托收承付付款通知，当即承付全部货款及 1 000 元代垫运费。【见第（123）笔业务】

品　名	规　格	数　量	单　价	进价金额
长虹彩电—显管	29″	50	1 500	75 000
长虹彩电—显管	34″	50	2 100	105 000
长虹彩电—液晶	32″	50	3 800	190 000
长虹彩电—液晶	42″	50	7 000	350 000
合　计				720 000

附原始单据：

① 托收凭证（承付支款通知）。【此处为长虹厂向我方托收】

② 长虹厂开具的增值税发票第 2、3 联。

③ 托收承付凭证（收账通知）

提示：

① 此笔业务所发生的运费，应由县南门家电商场承担，收回款项时应将运费结算单据应转交县南门家电商场。

② 我方向县南门家电商场托收，由客体银行回传第（123）笔业务单据。

会计分录：

借：银行存款　　　　　　　　　　　　　　　　　912 600

　　贷：应收账款——县南门家电商场　　　　　　　　　912 600

借：商品采购——长虹厂　　　　　　　　　　　　720 000

　　应交税费——应交增值税（进项税额）　　　　122 400

　　应收账款——县南门家电商场　　　　　　　　 1 000

借:银行存款   843 400

借:主营业务成本——直运销售成本   720 000
　　贷:商品采购——长虹厂   720 000

（144）12月20日,业务科转来内部调拨单,调拨商品一批给零售商场百货柜组。

品　名	数　量	单　价	零售价	售价金额
上海牌全钢三防男表	50	80	112	5 600
山城牌全钢三防男表	50	76	110	5 500
上海牌镀金女表	50	140	190	9 500
青岛金锚牌镀金女表	50	130	170	8 500
石英电子男表	50	200	270	13 500
合　　计				**42 600**

附原始单据:

商品调拨单（发货单位财务记账联）。

（145）12月20日,业务科与三柏供销社签订提前付货分期收款销售合同,销售25号猪皮男鞋250双,我方进价每双70元,批发价每双90元,合同规定分二次付款,本次收100双,下年1月20日收150双,商品已提走,仓库报来提前付货分期收款发货单及100双鞋的销货单。

附原始单据:

① 增值税发票（记账联）。

② 转账进账单（回单）。

③ 销货合同书。

④ 分期收款销售商品发货单。【可用"商品调拨单"替代】

提示:

① 商品账组在"库存商品明细账"中增设"分期收款发出商品"账页,单独核算分期收款发出的商品,视同调拨250双处理,同时作100双的销售。

② 购进账组新开设"分期收款发出商品"科目,单独核算分期收款发出的商品,同时在"主营业务成本"科目下增设"分期收款销售成本"子目。

③ 销售账组在"主营业务收入"科目下增设"分期收款销售收入"子目。

④ 由于分期收款销售商品在分期确认销售收入时已同时结转成本,因此期末转成本时不再作处理。

会计分录:

借:分期收款发出商品——三柏供销社（25#猪皮男鞋）
　　贷:库存商品——批发百货类（鞋类）

借:银行存款

  贷:主营业务收入——分期收款销售收入【确定100双的销售收入】

    应交税费——应交增值税(销项税额)

借:主营业务成本——分期收款销售成本【同时结转100双的销售成本】

  贷:分期收款发出商品——三柏供销社(25♯猪皮男鞋)

(146) 12月20日,零售商场家电柜组、百货柜组报来进销存报表及银行交款回单,家电柜组上缴营业款98 500元,百货柜组45 600元。

附原始单据:

① 现金交款单(回单)。

② 金额对账缴款单(会计记账)。

业务流转程序:

见第(10)笔业务。

(147) 12月20日,银行转来委托收款凭证收账通知,11日向大安供销社办理的委托收款2 925元,已收妥入账。

附原始单据:

委托收款凭证(收账通知)。【回传前面第(73)笔业务托收单据第4联】

(148) 12月20日,银行转来重庆五洲商贸公司信汇凭证收账通知及销货更正单,3日到货的24厘米压力锅100口,对方单价每口应为157元,误开为175元,退来多收货税款2 106元,同时业务科报来红字收货单。【见第(26)笔业务】

附原始单据:

① 信汇凭证(收款通知)。

② 红字增值税发票(发票联、抵扣联、随货同行联)。

③ 红字收货单(财会联)。

提示:

① 商品账组凭红字收货单在收入购进栏用红字按差额记单价、金额,不记数量。

② 会计分录:【实习时,为与电算化一致,建议采用方法二记账】

方法一:

借:银行存款   2 106

  贷:库存商品——批发百货类(食具类)   1 800

    应交税费——应交增值税(进项税额)   306

方法二:【电算化采用该方法】

借:银行存款   2 106

  库存商品——批发百货类(食具类)   1 800【红字】

  应交税费——应交增值税(进项税额)   306【红字】

(149) 零售商场家电维修部应上缴家电维修收入 2 800 元,但坐支 950 元购买修理用备件。其余收入送存银行,交来现金缴款回单。

附原始单据:

① 现金交款单(回单)。

② 修理收入清单。

③ 购买备件发票。

(150) 12 月 20 日,业务科报来销售单,销售给蓬安供销社商品一批,商品已委托县车队运往蓬安,另以银行存款代垫运费 350 元。办妥托收承付结算手续。

品　名	规　格	数　量	单　价	金　额
芙蓉肥皂	50 连装	50 箱	200	10 000
双猫洗衣粉	50 包装	50 箱	400	20 000
效力多牙膏	10 支装	50 箱	94	4 700
洗发膏	10 包装	50 箱	140	7 000
合　　计				**41 700**

附原始单据:

① 托收承付凭证(回单)。

② 增值税发票(记账联)。

③ 转账支票存根。

(151) 12 月 20 日,承付上海寰宇商贸公司货税款及 900 元代垫运费,货未到但已分两批发出。

品　名	规　格	数　量	单　价	金　额
石英电子男表		250	210	52 500
金鸡闹钟		250	64	16 000
双铃闹钟		250	76	19 000
合　　计				**87 500**

附原始单据:

① 委托收款凭证(支款通知)。

② 增值税发票(发票联、抵扣联)。

③ 运费结算单据。

(152) 12 月 20 日,根据人事部门提供的工资表,发放本月工资(采用银行代发放的方式,将实发数开出转账支票转入工行县支行工资专户),提取应付福利费(14%),提取工会经费(2%),提取住房公积金(5%),提取失业、医疗、养老、工伤、生育保险金(各 1%)。

磊山市维达商贸公司职工工资表

项目内容 人员工资	基本 工资	岗位 津贴	补贴	应发 工资	代扣款			实发 工资
					储金会	教育费	个人所得税	
固定职工	31 800	11 000	9 000	51 800	2 590	518.00	（略）	48 692.00
其中:管理人员	12 720	6 600	3 600	22 920	1 146	229.20	（略）	21 544.80
经营人员	19 080	4 400	5 400	28 880	1 444	288.80	（略）	27 147.20
合　　计								

附原始单据:

① 工资表。【参考上表格式自制】

② 转账支票存根。【收款人维达商贸公司】

③ 各项费用、基金计算表。【自制】

提示:

① 费用账组在"管理费用"科目下增设"住房公积金"和"失业保险金"等多个子目。

② 主办会计在"应付职工薪酬"科目下增设"工资"、"工会经费"、"公积金"、"养老保险"等多个子目。

③ 增设的子目没有期初余额,直接填发生额。

④ 各项费用、基金计算表的内容至少包括:项目、工资总额、计提比例、提取金额等。

会计分录:【提取比例可根据相关法规加以调整】

① 计算职工工资。

借:管理费用——管理人员工资及福利费　　　　　22 920

　　销售费用——经营人员工资及福利费　　　　　28 880

　　　贷:应付职工薪酬　　　　　　　　　　　　　　　　51 800

② 计算职工代扣款。

借:应付职工薪酬　　　　　　　　　　　　　　3 108

　　贷:其他应付款——储金会　　　　　　　　　　　　2 590

　　　　其他应付款——教育费　　　　　　　　　　　　518

③ 支付职工工资。

借:应付职工薪酬——工资　　　　　　　　　　48 692

　　贷:银行存款　　　　　　　　　　　　　　　　　　48 692

④ 计提福利费。

借:管理费用——管理人员工资及福利费　　　3 208.80【22 920 × 14%】

　　销售费用——经营人员工资及福利费　　　4 043.20【28 880 × 14%】

贷:应付职工薪酬——福利　　　　　　　　　　　　　　　7 252

⑤ 提取工会经费。

借:管理费用——工会经费　　　　　1 036【51 800×2%】

　　贷:应付职工薪酬——工会　　　　　　　　　　　　1 036

⑥ 提取住房公积金。

借:管理费用——住房公积金　　　　2 590【51 800×5%】

　　贷:应付职工薪酬——公积金　　　　　　　　　　　2 590

⑦ 提取失业、医疗、养老、工伤、生育保险金等。

借:管理费用——(失业、医疗、养老、工伤、生育保险金各1%)

　　贷:应付职工薪酬——社保局

(153) 分别将工会经费、住房公积金、失业保险金等开支票转入工会账户(工行,160321账户)、公积金中心(工行,160789账户)、社保局账户(工行,150789账户)。

附原始单据:

① 转账支票存根。

② 计算清单。

(154) 12月20日,杭州海天商贸公司委托收款凭证到达,承付全部货税款及1600元代垫运费,货已分两批发出,未到。

品　名	规　格	数　量	单　价	金　额
彩花水瓶	5磅	400	24	9 600
彩花水瓶	8磅	400	30	12 000
合　计				**21 600**

附原始单据:

① 委托收款凭证(支款通知)。

② 增值税发票(发票联、抵扣联)。

③ 运费结算单据。

(155) 12月20日,银行转来计息通知单本季应付利息45 600元,款项已从银行存款中划付。

附原始单据:

银行利息结算支付通知单。【自制】

(156) 12月20日,零售商场百货组从本县新光皮鞋厂购进26号牛皮男鞋100双,进价每双120元,零售价160元;25号猪皮男鞋100双,进价70元,零售价100元。进货款以银行存款支付,百货柜组已报来验收单。

附原始单据:

① 验收单。【自制】

② 增值税发票(发票联、抵扣联、随货联)。

③ 转账支票存根。

提示:

由于是零售商场直接购进,货物不经过公司仓库,故仓储组、商品账组不登账。购进账组编制记账凭证如下:

借:库存商品——零售百货柜

应交税费——应交增值税(进项税额)

贷:银行存款

商品进销差价——百货柜组

(157) 12 月 20 日,销售给南门家电商场丰瑞微波炉 50 台,售价 900 元,山鹰自行车 50 辆,售价 300 元,货款已送存银行。该批商品分别是我方接受成都丰瑞公司和重庆五洲商贸公司委托代销,接受价分别为 800 元和 250 元。

附原始单据:

① 增值税发票(记账联)。

② 转账进账单(回单)。

业务流转程序:

见第(46)笔业务。

(158) 12 月 20 日,广州江门洗衣机厂商品运到,验收入库,托收凭证未到。

品 名	规 格	数 量	单 价	金 额
金羚全自动洗衣机	4 kg	50	1 500	75 000
金羚双缸洗衣机	5 kg	50	650	32 500
合 计				**107 500**

附原始单据:

① 增值税发票(随货同行联)。

② 收货单(财会联)。

(159) 12 月 20 日,银行转来托收凭证收账通知,本月 13 日向大安供销社托收的款项 339 300 元,已收妥入账。

附原始单据:

委托收款凭证(收账通知)。【回传第(83)笔业务单据】

(160) 12 月 20 日,以银行存款 3 000 元,支付县广告公司广告费(账号:61609876,开户行:工行县支行)。

附原始单据:

① 广告费凭证。【自制】

② 转账支票存根。

财会模拟实习

岗位轮换交接记录表

姓名		班级		科室		轮次	
交接前岗位				交接后岗位			
原岗位交给何人				有无交接手续			
新岗位由何人交来				有无交接手续			
原所管账户		总　　账		明细账（或实物）		是否平衡	接受人签字
原业务流转程序				有无交接手续			接受人签字
总务综合组所管商品牌 是否移交供货方		品　　种		数　　量		有无交 接手续	接受人签字
购货方所管商品牌 是否移交供货方		品　　种		数　　量		有无交 接手续	接受人签字

五、第五轮业务（12月20～25日）

本轮业务中期，指导教师要对各科室进行全面大盘点，并记下盘点情况，由各有关责任人签字确认，总结时通报，说明原因并作为成绩考核依据之一。盘点涉及：仓库和总务综合组的账、实是否相符；购进账与柜组账零售库存是否相符；出纳的银行存款与主体银行的银行存款是否相符；出纳的现金与账上现金是否相符。

（161）12月21日，经与成都珠峰家电商城联系，13日短少的创维37″等离子彩电10台，系对方少发，因缺货现寄来红字销货发票并信汇退还其货税款38 610元。【见第(81)笔业务】

附原始单据：

① 红字增值税发票（发票联、抵扣联、随货联）。

② 信汇凭证（收款通知）。

（162）12月21日，业务科报来销售单，销售给太平供销社商品一批，商品自提，货款尚未汇来。

品　名	规　格	数　量	单　价	金　额
金鸡闹钟		150	76	11 400
双铃闹钟		150	88	13 200
上海牌全钢三防男表		100	100	10 000
山城牌全钢三防男表		100	96	9 600
青岛金锚牌镀金女表		100	148	14 800
上海牌镀金女表		100	170	17 000
合　计				76 000

附原始单据：

① 增值税发票（记账联）。

② 付款承诺书。

（163）12月21日，业务科报来销售单，销售给城南家电商场彩电一批，商品自提，货款已开来转账支票，给予2%的现金折扣。

品　名	规　格	数　量	单　价	售价金额
长虹彩电—显管	29″	10	1 700	17 000
长虹彩电—显管	34″	20	2 400	48 000
长虹彩电—液晶	32″	20	4 100	82 000
长虹彩电—液晶	42″	15	7 400	111 000
合　计				258 000

附原始单据：

① 增值税发票（记账）。

② 转账进账单（回单）。

(164) 12 月 21 日，零售商场百货柜组报来红字进货单：从新光皮鞋厂购进 25 号猪皮男鞋 100 双，因质量太差，要求退货，经联系，货已退还，收到退款支票 8 190 元，已送存银行（我方进价每双 70 元，零售价 100 元）。

附原始单据：

① 红字收货单（财会联）。

② 红字增值税发票（发票联、抵扣联、随货联）。

③ 转账进账单（回单）。

提示：【联系第(156)笔业务】

① 由于货物直接从零售商场退出，故仓储组和商品账组不登账。

② 购进账组编记账凭证如下：【为与电算化操作统一，建议采用方法二】

方法一：

借：银行存款

　　商品进销差价——百货柜组

　贷：库存商品——零售百货柜

　　　应交税费——应交增值税（进项税额）

方法二：【电算化采用该方法】

借：银行存款　　　　　　　　　　　　　　　　　　　　　【蓝字】

　　应交税费——应交增值税（进项税额）　　　　　　　　【红字】

　　库存商品——零售百货柜　　　　　　　　　　　　　　【红字】

　贷：商品进销差价——百货柜组　　　　　　　　　　　　　【红字】

(165) 12 月 21 日，签发现金支票一张，提取现金 4 000 元，备发烤火费。

附原始单据：

现金支票存根。

(166) 12 月 22 日，县乡镇企业供销公司购山峡双缸洗衣机 60 台，每台售价 780 元，已收到支票入行，给予 2% 的现金折扣，货自提。

附原始单据：

① 增值税发票（记账联）。

② 转账进账单（回单）。

(167) 12 月 22 日，以现金发放职工烤火费每人 50 元，其中，固定职工共发放 3 000 元，退休职工发放 1 000 元。

附原始单据：

烤火费发放表。【自制】

(168) 12 月 22 日,以转账支票支付本月保险费 3 500 元。

附原始单据:

① 转账支票存根。

② 保险费支付凭证。【自制】

(169) 12 月 22 日,收到重庆精工缝纫机厂下述商品,采用商业承兑汇票结算,一个月后付款,汇票已承兑。汇票金额为本次货税款减去前面第(139)笔业务应退我方货税款后的金额。

品　名	规　格	数　量	单　价	售价金额
牡丹牌缝纫机	FA2-1	150	250	37 500
华南牌缝纫机	JA2-1	150	230	34 500
鹰轮牌缝纫机	JA2-1	100	220	22 000
合　计				94 000

附原始单据:

① 增值税发票(发票联、抵扣联、随货联)。

② 收货单(财会联)。

③ 商业承诺汇票第 1 联(签发人存查)。

(170) 12 月 22 日,零售商场家电维修部上缴修理收入 3 500 元。

附原始单据:

① 现金交款单(回单)。

② 修理收入清单。

(171) 12 月 23 日,省大发五金城发来以下商品,已入库,同时托收凭证已到,承付全部货税款及 600 元代垫运费。

品　名	规　格	数　量	单　价	售价金额
电饭锅	1 000 W	200	170	34 000
电饭锅	750 W	200	150	30 000
合　计				64 000

附原始单据:

① 增值税发票(发票联、抵扣联、随货联)。

② 收货单(财会联)。

③ 运费结算单据。

④ 托收凭证(承付支款通知)。

(172) 12 月 23 日,根据双方签订的代销合同,重庆五洲商贸公司发来山鹰自行车 150 辆,接受价 250 元,批发价 300 元;成都丰瑞公司发来丰瑞微波炉 150 台,接受价 800

元,批发价 900 元。商品已验收入库。

附原始单据:

① 接受代销商品入库单。【可用"收货单"替代】

② 对方代销商品发货单。【自制】

提示:

对方代销商品发货单的内容至少包括:委托单位、品名、数量、接受价、批发价等项目。

(173) 12 月 23 日,银行转来长虹厂托收承付结算凭证支款通知,托收以下商品货税款及 3 200 元代垫运费。同意承付款项,商品尚未到达。

品　　名	规　格	数　量	单　价	金　额
长虹彩电—显管	29″	40	1 400	56 000
长虹彩电—显管	34″	40	2 000	80 000
长虹彩电—液晶	32″	40	3 800	152 000
长虹彩电—液晶	42″	40	7 000	280 000
合　　计				568 000

附原始单据:

① 托收凭证(承付支款通知)。

② 增值税发票(发票联、抵扣联)。

③ 运费结算单据。

(174) 12 月 23 日,销售给蓬安供销社商品一批,商品已委托县车队运去,以银行存款代垫运费 450 元,当日办妥托收承付结算手续。

品　　名	规　格	数　量	单　价	金　　额
芙蓉肥皂		100	200	20 000
双猫洗衣粉		100	400	40 000
效力多牙膏		100	90	9 000
洗发膏		100	140	14 000
合　　计				83 000

附原始单据:

① 托收承付凭证(回单)。

② 增值税发票(记账联)。

③ 转账支票存根。

(175) 12 月 23 日,业务科开出内部调拨单,将以下商品调拨给零售商场家电柜组。

品　　名	规　格	数　量	进　价	售　价	售价金额
海棠全自动洗衣机	4 kg	10	1 500	1 800	18 000
海棠全自动洗衣机	5 kg	10	1 700	2 000	20 000
威力全自动洗衣机	3.6 kg	10	1 600	1 900	19 000
小天鹅全自动洗衣机	5 kg	10	1 900	2 300	23 000
合　　计					**80 000**

附原始单据：

商品调拨单（发货单位财务记账联）。

(176) 12月23日，承付成都新源化工厂芙蓉肥皂等商品货税款及900元代垫运费，货已于16日收到。【见第(113)笔业务】

附原始单据：

① 托收凭证（支款通知）。

② 增值税发票（发票联、抵扣联）。【供货方传第(113)笔业务单据，不重开】

③ 运费结算单据。

(177) 12月23日，以现金1 400元支付家电维修人员工资。

附原始单据：领款单。【自制】

提示：

领款单的内容至少包括：金额、用途、领款人等项目。

(178) 12月23日，重庆钟表公司发来如下商品，已验收入库，托收凭证未到。

品　　名	规　格	数　量	单　价	金　额
上海牌全钢三防男表		150	84	12 600
山城牌全钢三防男表		150	80	12 000
上海牌镀金女表		150	150	22 500
青岛金锚牌镀金女表		150	140	21 000
合　　计				**68 100**

附原始单据：

① 增值税发票（随货同行联）。

② 收货单（财会联）。

(179) 12月23日，北门商场本月6日所购特大号饭盒100个因销路不畅，要求退货。我方每个售价14元，进价10元，经研究同意退货，货已入库，应退货税款留待下次进货时抵扣。【见第(40)笔业务，要求考虑原所给的现金折扣】

附原始单据：

红字增值税发票（记账联）。

会计分录:【为与电算化操作统一,建议采用方法二】

方法一:

借:主营业务收入——批发百货类　　　　　　　　　　　1 400.00

　　应交税费——应交增值税(销项税额)　　　　　　　　238.00

　　贷:财务费用——销售折扣　　　　　　　　　　　　　　　　　32.76

　　　　应付账款——北门商场　　　　　　　　　　　　　　　　1 605.24

方法二:【电算化操作时采用该方法】

借:财务费用——销售折扣　　　　　　　　　　　　 32.76 【红字】

　　贷:主营业务收入——批发百货类　　　　　　　　1 400 【红字】

　　　　应交税费——应交增值税(销项税额)　　　　 238 【红字】

　　　　应付账款——北门商场　　　　　　　　　　　1 605.24【蓝字】

(180) 12 月 24 日,银行转来成都新源化工厂托收承付支款通知,托收以下商品货税款及 1 200 元代垫运费。经审核双猫洗衣粉合同进价每箱应为 320 元,误收为 340 元,拒付多收货税款,其余承付,商品未到。

品　名	规　格	数　量	单　价	金　额
芙蓉肥皂		200	160	32 000
洗发膏		150	110	16 500
双猫洗衣粉		200	340	68 000
效力多牙膏		200	70	14 000
合　计				130 500

附原始单据:

① 托收凭证(承付支款通知)。

② 增值税发票(发票联、抵扣联)。

③ 运费结算单据。

④ 拒付理由书(回单)。

(181) 12 月 24 日,购进成都珠峰家电商城家电一批,货已验收入库,货税款已信汇出。

品　名	规　格	数　量	单　价	售价金额
TCL 彩电一等离子	32″	50	3 500	175 000
创维彩电一等离子	37″	40	3 300	132 000
小　计				
新飞冰箱	180 升	50	2 000	100 000
新飞冰箱	230 升	50	2 600	130 000
小　计				
合　计				537 000

附原始单据：

① 增值税发票（发票联、抵扣联、随货联）。

② 收货单（财会联）。

③ 信汇凭证（回单）。

（182）12 月 24 日，签发现金支票一张，提取现金 2 050 元，支付短期临时工工资，其中仓库搬运工 1 200 元，房屋维修工 850 元。

附原始单据：

① 现金支票存根。

② 领款凭证。【自制】

（183）12 月 24 日，仓库转来收货单，本月 23 日所购长虹彩电全部货到入库。【见第（173）笔业务】

附原始单据：

① 增值税发票（随货同行联）。【传第（173）笔业务单据，不重开】

② 收货单（财会联）。

（184）12 月 25 日，银行转来蓬安供销社信汇凭证收账通知，14 日所欠货款 20 124 元，已如数汇来。

附原始单据：

信汇凭证（收款通知）。

（185）12 月 25 日，收到成都珠峰家电商城商品一批入库，同时该批商品托收凭证已到，对方代垫运费 3 100 元，当即承付全部款项。

品　名	规　格	数　量	单　价	金　额
容声冰箱	200 升	50	2 700	135 000
容声冰箱	260 升	50	3 000	150 000
海尔冰箱	250 升	50	2 800	140 000
海尔冰箱	280 升	50	3 200	160 000
雪花冰柜	300 升	50	2 400	120 000
合　计				**705 000**

附原始单据：

① 增值税发票（发票联、抵扣联、随货联）。

② 收货单（财会联）。

③ 运费结算单据。

④ 托收承付或委托收款凭证（支款通知）。

（186）12 月 25 日，经理会议研究决定，库存的铝饭盒全部削价处理给城南商场，货款已开来支票入行。

品　名	规　格	数　量	单　价	处理价
铝饭盒	特大号	200	10	8
铝饭盒	大号	100	9	7
铝饭盒	中号	100	8	6
合　计				

附原始单据：

① 增值税发票第 1 联（记账联）。【按处理价开具】

② 转账进账单（回单）。

(187) 12 月 25 日，零售商场家电柜组、百货柜组送来进销存报表和现金交款回单：家电组上缴营业款 65 800 元，百货柜组 36 800 元。

附原始单据：

① 现金交款单（回单）。

② 金额对账缴款单（会计记账）。

(188) 12 月 25 日，重庆五洲商贸公司下列商品到货，托收凭证未到。

品　名	规　格	数　量	单　价	金　额
旅游鞋	25 号	100	300	30 000
解放鞋	25 号	150	24	3 600
解放鞋	24 号	150	20	3 000
猪皮男鞋	25 号	100	80	8 000
农田水靴	26 号	150	90	13 500
工矿便靴	25 号	100	110	11 000
合　计				**69 100**

附原始单据：

① 增值税发票（随货同行联）。

② 收货单（财会联）。

(189) 12 月 25 日，北京欣欣商贸公司下列商品运到，验收入库，托收凭证未到。

品　名	规　格	数　量	单　价	金　额
细花面盆	36 厘米	250	30	7 500
新花面盆	34 厘米	250	30	7 500
加厚面盆	36 厘米	250	40	10 000
全白面盆	36 厘米	100	20	2 000
合　计				**27 000**

附原始单据:

① 增值税发票(随货同行联)。

② 收货单(财会联)。

(190) 12 月 25 日,银行转来成都华丰商贸公司委托收款结算凭证支款通知,收取到期商业承兑汇票 45 000 元,经审核后如数付给。

附原始单据:

① 商业承兑汇票第 2 联(支款联)。【正联】

② 委托收款凭证第 5 联(支款通知)。

(191) 12 月 25 日,零售商场家电维修部上缴家电修理收入 2 400 元,款已送存银行。

附原始单据:

① 现金交款单(回单)。

② 修理收入清单。

(192) 12 月 25 日,成都华丰商贸公司发来下列商品入库,托收凭证未到。

品　名	规　格	数　量	单　价	金　额
铝　锅	24 厘米	200	52	10 400
铝　锅	26 厘米	200	63	12 600
铝茶壶	24 厘米	200	54	10 800
不锈钢压力锅	24 厘米	200	175	35 000
合　计				68 800

附原始单据:

① 增值税发票(随货同行联)。

② 收货单(财会记账)。

(193) 12 月 25 日,销售给太和供销社下列商品,商品自提运回,我方已办妥委托收款手续。

品　名	规　格	数　量	单　价	金　额
TCL 彩电—等离子	32″	20	4 000	80 000
小　计				
金羚双缸洗衣机	5 kg	20	840	16 800
金羚全自动洗衣机	4 kg	20	1 800	36 000
三峡双缸洗衣机	5 kg	20	780	15 600
小　计				
合　计				148 400

附原始单据：

① 增值税发票第 4 联（记账联）。

② 委托收款凭证第 1 联（回单）。

（194）12 月 25 日,购进本地晶晶铝制品厂饭盒一批,货税款用支票结算,已验收入库。

品　　名	规　　格	数　　量	单　价	金　　额
饭　盒	特大号	200	12	2 400
饭　盒	大号	200	10	2 000
饭　盒	中号	200	8	1 600
合　　计				**6 000**

附原始单据：

① 增值税发票（发票联、抵扣联、随货联）。

② 收货单（财会联）。

③ 转账支票存根。

（195）12 月 25 日,零售商场报来残损商品削价报告单,经批准削价。

品　　名	规　格	数　量	原进价	原售价	新售价	削价原因
铝　锅	24 厘米	20	50	70	40	碰扁
新花面盆		18	15	28	18	瓷掉
容声冰箱		5	3 100	3 600	3 000	漆剥落
海棠全自动洗衣机	4 kg	5	1 500	1 800	1 300	外观受损

附原始单据：

残损商品削价报告单。【自制】

残损变质商品削价报告单

实物负责人：　　　　　　　　　年　　月　　日

品名规格	单位	数量	原进价		原售价		新售价		调整商品进销差价	财产损失	原因
			单价	金额	单价	金额	单价	金额			
合　　计											

会计分录:

借:商品进销差价——百货柜组　　　　　　　　580【400 ＋ 180】

　　商品进销差价——家电柜组　　　　　　　　4 000【2 500 ＋ 1 500】

　　销售费用——商品损耗　　　　　　　　　　1 700

贷:库存商品——零售百货柜　　　　780【(1 400 － 800) ＋ (504 － 324)】

　　库存商品——零售家电柜　5 500【(18 000 － 15 000) ＋ (9 000 － 6 500)】

原理:

① 进价＜新售价＜原售价。

$$进价 \longleftrightarrow 新售价 \xleftarrow{冲差价} 原售价$$

② 新售价＜进价＜原售价。

$$新售价 \xleftarrow{作损耗} 进价 \xleftarrow{冲差价} 原售价$$

(196) 12 月 25 日,银行转来蓬安供销社部分拒付理由书,拒付 20 日所购效力多牙膏多收货税款 1 170 元,其余 47 969 元如数承付。经业务科查对,效力多牙膏售价每箱应为 74 元,误为 94 元,同意对方拒付,业务科开来红字销售单。

附原始单据:

① 托收承付凭证(收账通知)。【回传第(150)笔业务单据,不重开】

② 拒付理由书(收账通知)。

③ 红字增值税发票(记账联)。

(197) 12 月 25 日,银行转来大安供销社信汇凭证收款通知,15 日所欠货税款 99 216 元,已收妥入账。

附原始单据:

信汇凭证(收款通知)。

(198) 12 月 25 日,仓库转来收货单,收到成都珠峰家电商城发来的下列商品,托收凭证尚未到达。

品　名	规　格	数　量	单　价	金　额
格兰仕微波炉	P7021	40	850	34 000
格兰仕微波炉	G8023	40	1 000	40 000
美的微波炉	KD23	40	1 100	44 000
美的微波炉	KD21	40	1 000	40 000
海尔微波炉	M023	40	1 150	46 000
LG 微波炉	MS27	40	1 100	44 000
松下微波炉	NN21	40	1 100	44 000
合　计				**292 000**

附原始单据：

① 增值税发票（随货同行联）。

② 收货单（记账联）。

（199）12 月 25 日，业务科报来销售单，销售给太平供销社商品一批，对方已自提运回，货税款已信汇来。

品　　名	规　格	数　量	单　价	售价金额
新飞冰箱	230 升	20	3 100	62 000
容声冰箱	260 升	20	3 400	68 000
小　计				130 000
电饭锅	1 000 W	100	220	22 000
电饭锅	750 W	100	200	20 000
小　计				42 000
合　计				**172 000**

附原始单据：

① 增值税发票（记账联）。

② 信汇凭证（收款通知）。

（200）12 月 25 日，银行转来太平供销社信汇凭证收款通知，18 日所欠货税款 85 878 元，已收妥入账。【见第（128）笔业务】

附原始单据：

信汇凭证（收款通知）。

财会模拟实习

岗位轮换交接记录表

姓名		班级		科室		轮次	
交接前岗位				交接后岗位			
原岗位交给何人				有无交接手续			
新岗位由何人交来				有无交接手续			
原所管账户		总　账		明细账（或实物）		是否平衡	接受人签字
原业务流转程序				有无交接手续			接受人签字
总务综合组所管商品牌是否移交供货方		品　种		数　量		有无交接手续	接受人签字
购货方所管商品牌是否移交供货方		品　种		数　量		有无交接手续	接受人签字

六、第六轮业务（12月26～31日）

这是本次实验的最后一轮业务,因是年末,也是最复杂、头绪最多的业务。本轮业务分两次进行汇总,结转利润前汇总一次,将本次汇总金额过入总账,待总账与明细账全部平衡后才能结转利润;后面利润结转、利润分配及后续业务完成后还须再汇总一次并将汇总全部过入相关账户。

当进入年末结算时,有些岗位很忙,而有些岗位的业务基本结束,这时指导教师发下"实习日志"、"实习考核总结表"及各种报表资料。指导教师教给大家凭证及账簿的装订方法,由业务科、购货方、供货方、运输部门及客体银行负责全科室的装订归档及年结工作。

所有领用的器材由责任人清理归档,所有没用完的原始凭证清理归类后,由主体银行交与实验室管理人员。主办会计将已平衡的总账抄写在黑板上,以供每个学生编制会计报表。

(201)12月26日,销售给大安供销社商品一批,货自提,同时,大安供销社因质量太差退回本月15日向我方购进的24号牛皮女鞋25双(我方已入库,进价100元,售价120元),货税款抵扣后结算,已汇来结算款。【见第(104)笔业务】

品　名	规　格	数　量	单　价	金　额
加高便鞋	25号	100	110	11 000
牛皮男鞋	26号	50	144	7 200
猪皮女鞋	24号	50	80	4 000
合　计				22 200

附原始单据:
① 红字增值税发票(记账联)。
② 蓝字增值税发票(记账联)。
③ 信汇凭证(收款通知)。
会计分录:
借:应收账款——大安供销社　　　　　　　　　　　　　　　　　　【红字】
　　贷:主营业务收入——批发百货类　　　　　　　　　　　　　　【红字】
　　　　应交税费——应交增值税(销项税额)　　　　　　　　　　【红字】

借:银行存款
　　应收账款——大安供销社
　　贷:主营业务收入——批发百货类
　　　　应交税费——应交增值税(销项税额)

（202）12 月 26 日，销售给北门商场如下商品，收到转账支票已入行，给予 2% 的现金折扣，货自提运回。【按扣除第（179）笔业务应退货税款后的金额开具支票】

品　名	规　格	数　量	单　价	售价金额
牡丹牌缝纫机	FA2-1	50	300	15 000
华南牌缝纫机	JA2-1	50	280	14 000
小　计				29 000
蒸汽电熨斗	1 000 W	100	120	12 000
蒸汽电熨斗	650 W	100	110	11 000
电水壶	800 W	100	160	16 000
电水壶	600 W	100	140	14 000
电吹风	800 W	100	110	11 000
小　计				64 000
合　计				93 000

附原始单据：
① 增值税发票（记账联）。
② 转账进账单（回单）。

（203）12 月 26 日，购买国家重点建设债券 30 000 元，债券交出纳保管。
附原始单据：
① 债券认购单。【自制】
② 转账支票存根。【收款人为中国人民银行】

（204）12 月 27 日，零售商场家电修理部上缴修理家电收入 1 390 元，款已入行。
附原始单据：
① 现金交款单（回单）。
② 修理收入清单。

（205）12 月 27 日，银行转来信汇凭证收款通知，太和供销社汇来上月欠款 72 170 元。
附原始单据：
信汇凭证第 4 联（收款通知）。

（206）12 月 27 日，重庆五洲商贸公司发来下列商品入库，托收凭证未到。

品　名	规　格	数　量	单　价	金　额
加高便靴	25 号	150	85	12 750
牛皮男鞋	26 号	150	120	18 000
合　计				30 750

附原始单据：
① 增值税发票（随货同行联）。

② 收货单(财会联)。

(207) 12 月 27 日,成都新源化工厂商品一批验收入库,款已于 24 日承付,同时收到红字销售发票结算联、抵扣联,冲销第(180)笔双猫洗衣粉每箱多收 20 元共 4 680 元货税款(货款:原蓝字发票 68 000 元,红字冲 4 000 元)。【见第(180)笔业务】

品　名	规　格	数　量	单　价	金　额
芙蓉肥皂		200	160	32 000
双猫洗衣粉		200	320	64 000
效力多牙膏		200	70	14 000
洗发膏		150	110	16 500
合　计				126 500

附原始单据:

① 增值税发票(随货联)。

② 红字增值税发票(发票联、随货联)。

③ 收货单。

提示:

① 增值税发票直接传递第(180)笔业务所开具的单据,其中双猫洗衣粉单价当时为每箱 170 元。

② 红字增值税发票按差额开具,单价为每箱 10 元,金额为 10 × 400 共 4 000 元,税额为 4 000 × 17% 共 680 元。

③ 其中双猫洗衣粉应收金额和实收金额均为 160 × 400 共 64 000 元。

(208) 12 月 28 日,银行转来太和供销社信汇凭证收款通知,16 日 49 842 元,已汇来入账。银行同时转来蓬安供销社信汇凭证收款通知 19 日所欠款项 27 612 元,已汇来入账。【见第(118)笔、第(133)笔业务】

附原始单据:

① 信汇凭证(收款通知)。【太平供销社信汇到】

② 信汇凭证(收款通知)。【蓬安供销社信汇到】

(209) 12 月 28 日,收到上海寰宇商贸公司发来第一批货,货已入库。【见 20 日第(151)笔业务】

品　名	规　格	数　量	单　价	金　额
石英电子男表		200	210	42 000
金鸡闹钟		150	64	9 600
双铃闹钟		150	76	11 400
合　计				63 000

附原始单据：

① 增值税发票（随货同行联）。

② 收货单（财会联）。

（210）12 月 28 日，采用银行汇兑方式分别信汇重庆五洲商贸公司、成都丰瑞公司代销商品款。【见第（46）笔、第（131）笔、第（157）笔共三笔业务】

附原始单据：

① 增值税发票（发票联、抵扣联、随货联）。

② 信汇凭证（回单）。

提示：

① 增值税发票由重庆五洲商贸公司和丰瑞公司分别按 3 笔业务总额开具。

② 按重庆五洲商贸公司和丰瑞公司信汇凭证分别汇款。

会计分录：

借：应付账款——重庆五洲商贸公司　　　　　　　　37 500【12 500 × 3】

　　应付账款——成都丰瑞公司　　　　　　　　　　120 000【40 000 × 3】

　　应交税费——应交增值税（进项税额）　　26 775【（12 500＋40 000）× 3 × 17%】

　　贷：银行存款　　　　　　　　　　　　　　　　　184 275

（211）12 月 28 日，杭州海天商贸公司运来第一批货（货款于 20 日承付）已入库。【见 12 月 20 日第（154）笔业务】

品　名	规　格	数　量	单　价	金　额
彩花水瓶	5 磅	200	24	4 800
彩花水瓶	8 磅	200	30	6 000
合　计				10 800

附原始单据：

① 增值税发票（随货同行联）。

② 收货单（财会联）。

（212）12 月 29 日，零售商场家电柜组、百货柜组报来进销存报表及现金缴款回单，家电柜组上缴营业款 35 900 元，百货柜组 28 000 元，已送存银行。

附原始单据：

① 现金交款单（回单）。

② 金额对账缴款单（会计记账）。

（213）12 月 29 日，零售商场家电柜组盘点，实存比账存短缺 320 元，上月平均差价率 30%，百货柜组长款 115 元，差价率 32%，已报来溢缺报告单，经查是收款所致。经批准作企业损益处理。

附原始单据：

长(短)款报告单。【按如下格式自制】

长(短)款报告单

实物负责人：　　　　　　　　　　　　　　　　　　　　　　　　　年　月　日

应收金额		实收金额		长或短	
原　　因				柜　组	
经理批示					

(签章)×××

××××年××月××日

会计分录：

借:待处理财产损溢——待处理流动资产损溢

商品进销差价——家电柜组　　　　　　　　　　　　96【320 × 30%】

贷:库存商品——零售家电柜

借:库存商品——零售百货柜

贷:待处理财产损溢——待处理流动资产损溢

商品进销差价——百货柜组　　　　　　　　　　　36.8【115 × 32%】

借:销售费用——商品损耗

贷:待处理财产损溢——待处理流动资产损溢

(214) 12 月 29 日,批发部盘点,24 公分不锈钢压力锅溢余 50 个,26 公分不锈钢压力锅短缺 50 个,经查系售给北门商场时,发货串户所致,作调账处理。

附原始单据：

商品盘点表。【按如下格式自制,查期初资料可获取进价信息】

商品盘点表

品　　名	规　　格	盘存情况			进　价	金　　额
		账面	实存	溢缺		

审核:×××　　　　　　　　　　　　　　　　　　　制表:×××

年　　月　　日

提示：

调账分成两步,第一,通过记账凭证调整销售收入及税款;第二,不做记账凭证直接调整商品数量账。仓库、商品账组分别调账,将"26公分不锈钢压力锅"更正为"24公分不锈钢压力锅"。调账方法为:"24公分不锈钢压力锅"在销售栏用红字填数量50;"26公分不锈钢压力锅"在销售栏用蓝字填数量50,作销售50台处理,摘要栏分别填"串户调整"。销售账组编记账凭证如下:

借:应收账款——北门商场　　　　　　　　　　　　585
　　贷:主营业务收入——批发百货类　　　　500【(180－170)×50】
　　　　应交税费——应交增值税(销项税额)　　85【(180－170)×50×17%】

(215)12月30日,在全面盘点,落实库存的基础上,结转本月批发销售商品成本。在各商品明细账上,按加权平均法算出各种商品结存价值,将各种商品结存价值(余额)按所属小类相加得出各小类商品期末结存价值,再在各小商品类目账上,按倒挤法计算出销售成本,再编制记账凭证。

附原始单据:

销售成本计算表。【按如下格式自制】

期末商品分品种归类及移交情况表

总务综合组所管商品牌是否移交供货方	品　种	数　量	有无交接手续	接受人签字
购货方所管商品牌是否移交供货方	品　种	数　量	有无交接手续	接受人签字
供货方所管商品牌是否全部移交仓库	品　种	数　量	有无交接手续	接受人签字
仓库是否按品种归类	品　种	数　量	有无交接手续	接受人签字

商品销售成本计算表

年　　月　　日　　　　单位:元

商品类别		期初库存	本期购进	本期非销售付出	期末结存	本期销售成本
批发百货类	食具类					
	五金类					
	鞋　类					
	钟表类					
	搪瓷制品类					
	日用化工类					
	小　　计					
批发家电类	电视类					
	冰箱类					
	小影碟类					
	洗衣机类					
	小家电类					
	小　　计					
合　　计						

审核:×××　　　　　　　　　　　　制表:×××

提示:

① 仓库实物盘点,保证账实相符。

② 商品账组与仓库对账,保证(数量)账账相符。

③ 由商品账组按加权平均法计算出各种商品的结存价值(按品种计算),将各种商品结存价值按所属小类相加后交购进账组。

④ 由购进账组在各小类商品类目账上倒挤出销售成本,编出成本计算表,再据以编制记账凭证。

会计分录:

借:主营业务成本——批发百货类

　　主营业务成本——批发家电类

　贷:库存商品——批发百货类(食具类)

库存商品——批发百货类(五金类)

库存商品——批发百货类(鞋类)

库存商品——批发百货类(钟表类)

库存商品——批发百货类(搪瓷制品类)

库存商品——批发百货类(日用化工类)

库存商品——批发家电类(电视类)

库存商品——批发家电类(冰箱类)

库存商品——批发家电类(小影碟类)

库存商品——批发家电类(洗衣机类)

库存商品——批发家电类(小家电类)

(216) 12 月 30 日,计算并结转零售商场家电柜组、百货柜组已销商品实现的进销差价(按柜组差价率计算并结转,由购进账组与销售账组共同完成)。

$$柜组进销差价率 = \frac{月末分摊前该柜组"进销差价"账户余额}{该柜组库存商品月末余额 + 本月"零售收入"账户余额} \times 100\%$$

柜组已销商品实现的差价额 = 柜组本月零售销售收入 × 柜组差价率

附原始单据:

已销商品进销差价计算表。【按如下格式自制】

已销商品进销差价计算表

年　　　月　　　日　　　　单位:元

组　　别	商品进销差价月末余额	库存商品月末余额	商品零售收入账户余额	存销商品合计金额	差价率	已销商品应摊进销差价
百货柜组						
家电柜组						

审核:×××　　　　　　　　　　　　制表:×××

会计分录:

借:商品进销差价——零售百货柜

　　商品进销差价——零售家电柜

　　贷:主营业务成本——零售百货柜

　　　　主营业务成本——零售家电柜

(217) 12 月 30 日,计算零售商场应入账反映的增值税的销项税额。用零售销售收入总额,除以(1+17%),再乘以 17% 后,将其从销售收入中转入应交增值税的销项税额专栏。

附原始单据:

零售收入增值税计算表。【由销售账组自制】

会计分录：

借：主营业务收入——零售百货柜

主营业务收入——零售家电柜

贷：应交税费——应交增值税（销项税额）

（218）12月30日，计算本月应交房产税440元，应交车船使用税180元，应交土地使用税1 500元。【由费用账组完成】

附原始单据：

房产税、车船使用税和土地使用税计算表。【由费用账组自制】

（219）12月30日，签发现金支票提取现金18 000元，发放职工年终奖。其中管理人员6 500元，经营人员11 500元。

附原始单据：

① 现金支票存根。

② 奖金发放表。

提示：

① 由总务综合组造奖金发放表。要求其内容至少包括：类别、领款人、金额、领款人签名、审核人签名、制表人签名等项目。

② 出纳开现金支票提取现金。

③ 费用账组编记账凭证。

（220）12月30日，根据固定资产原值，按规定的折旧率计提折旧（房屋4‰，保险柜、汽车等10‰，电视机12.5‰）。

附原始单据：

固定资产折旧计算表。【由费用账组自制，参考格式如下】

固定资产折旧计算表

固定资产类别	原　值	已提折旧额	本月计提	
			原值	折旧额
营业大楼	6 060 000			
仓　库	500 000			
汽　车	120 000			
彩　电	15 000			
保 险 柜	5 000			
桑塔纳车				
合　计	6 700 000			

审核：　　　　　　　　　　　　　制表：

提示：

① 当期折旧率：房屋为 4%、电视机为 12.5%、汽车和保险柜等为 10%，此为年折旧率，应换算为月折旧率（除以 12）。

② 由于当月增加的固定资产，当月不提折旧，从下月起开始计提，故桑塔纳车的折旧额为"0"。

（221）12 月 30 日，计提本月包装物摊销（月摊销率 10%，按包装物的账面余额计算）。

附原始单据：

包装物摊销计算表。【由费用账组自制】

（222）12 月 30 日，待处理财产损溢中的固定资产损失 3 000 元，经批准作营业外支出，待处理流动资产损失 3 224 元，经批准转入管理费用。

附原始单据：

内部转账单。【由费用账组自制】

（223）12 月 30 日，本月应摊销书报费 200 元，保险费 980 元。

附原始单据：

内部转账单。【由费用账组自制】

（224）12 月 30 日，自来水公司、电力公司分别送来收费凭证，收取本月水费 2 100 元，电费 5 100 元，当即签发转账支票支付（银行当日尚未划付）。

附原始单据：

① 水费收费通知。【自制】

② 电费收费通知。【自制】

③ 转账支票存根。【收款人为自来水公司】

④ 转账支票存根。【收款人为电力公司】

提示：

① 由出纳开支票。

② 费用账组编记账凭证。

借：管理费用——其他【在管理费用科目下新开设"其他"账户】

　　贷：银行存款

（225）12 月 30 日，零售商场家电修理部盘点，原存修理用部件 15 500 元。后购入 916 元，现结存 8 500 元，耗去部分计入其他业务支出。

附原始单据：

内部转账单。【由费用账组自制】

（226）12 月 30 日，按其他业务收入的 5% 计算应交营业税；按应交营业税额的 5% 计算城建税，3% 计算教育费附加（计入其他业务支出）。

附原始单据：

内部转账单。【由费用账组自制】

（227）开出现金支票2 200，支付职工张可、王文三困难补助金，分别为1 000元、1 200元（记入"应付职工薪酬——福利费"）。

附原始单据：

① 困难补助审批表及签名领取单（总务综合组代为办理）。

② 现金支票存根。

（228）支付市三医院全体职工的体检费18 500元（计入"应付职工薪酬——福利费"）。

附原始单据：

① 体检审批书。

② 医院体检费结算单。

③ 转账支票存根。

（229）12月30日，银行收到杨柳供销社划来16日购货款310 050元。银行已收妥入账（公司尚未收到入账通知，故未入账）。

附原始单据：

无，我方不入账。

提示：

① 主体开户行按杨柳供销社收账通知上账。

② 公司由于尚未收到委托收款第4联（收款通知），因此暂不入账。

（230）12月30日，开出转账支票，支付养路费1 350元（银行尚未下账）。

附原始单据：

① 养路费单据。

② 支票存根。

提示：

① 出纳开支票。

② 费用账组编记账凭证，交审后分别上账，主体银行未下账。

（231）12月30日，收到北门商场预付货款45 500元，款项已收到支票入行（银行尚未下账）。

附原始单据：

转账进账单（回单）。

提示：

出纳根据进账回单及凭证上账，银行未上账。

（232）12月30日，年末清欠中得知：平中代销店已经撤销，其所欠货款563. 40元无法收回，经批准作为坏账冲销。

附原始单据：

内部转账单。【由销售账组自制】

(233) 12 月 30 日,按年末应收账款余额的 5‰调整本年提取的坏账准备;按年末库存商品余额的 5‰调整本年提取的存货跌价准备。

附原始单据:

① 坏账准备计算表。【由销售账组自制】

② 商品削价准备计算表。【由购进账组自制】

(234) 12 月 30 日,集中计算运费的增值税进项税额,按销售费用中"进货运费"账户的账面余额直接乘以 7%(简易方法)。

附原始单据:

内部转账单。【由费用账组自制】

(235) 12 月 30 日,根据本月批发、零售商品实际应缴纳的增值税额(应交增值税明细账的贷方余额),计算应交城市维护建设税(5%),应交教育费附加(3%)。

附原始单据:

城建税和教育费附加计算表。【由主办会计自制】

(236) 12 月 30 日,结转本月应交未交的增值税额。

附原始单据:

内部转账单。【由主办会计自制】

提示:

① 此笔业务记账凭证编制完成并已记入明细账后,应将该轮记账凭证汇总过入总账,在总账本身借贷方余额平衡、总账与所属明细账余额全部平衡后,再做下一笔业务。

② 汇总登总账并对账平衡后,再继续以后的业务。

(237) 12 月 30 日,在总账借贷方平衡后,总账与其明细账余额平衡后,将各收支账户本月发生额结转利润。

附原始单据:

内部转账单。【由主办会计自制】

(238) 12 月 30 日,调整应纳税所得额,计算应交所得税,并将"所得税"转入"本年利润"的借方。

附原始单据:

内部转账单。【由主办会计自制】

(239) 12 月 30 日,按规定进行利润的年终清算,提取法定盈余公积、法定公益金和向投资者分配利润(分别按税后利润的 10%、5%、30%)。

附原始单据:

内部转账单。【由主办会计自制】

(240) 12 月 30 日,将全年净利润转入"利润分配——未分配利润"的贷方;将"利润分配"的其他明细科目借方发生额转入"利润分配——未分配利润"的借方。

　　附原始单据：

　　内部转账单。【由主办会计自制】

　　业务流转程序：

利润结转与利润分配流程
（其中数据为举例数据）

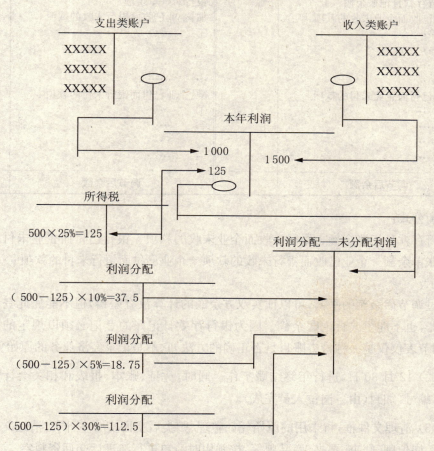

提示：

　　① 此笔业务记账凭证编制完成并已记入明细账后，应将第(238)～(240)笔业务的记账凭证汇总过入总账，在总账本身借贷方余额平衡、总账与所属明细账余额全部平衡后，然后编制报表。

　　② 汇总登总账并对账平衡后，再继续以后的报表编制。

　　③ 编制三大会计报表及相关附表：要求每个参与实验的学生都要编制，由于每个科室的总账与明细账只有一套，因此要求主办会计将已经试算平衡的总账各账户余额抄写在黑板上，以便大家使用并要求主办会计提交两套报表，一套盖上公章后作为本科室集体成果，另一套连同实习日志、实习总结及成绩考核表一起，作为对个人考核的依据。

（241）12 月 30 日，银行送来对账单，出纳对账后编制银行存款余额调节表（格式如下所示），平衡后附入银行存款日记账（由出纳员完成）。

银行存款余额调节表

年　　月　　日

项　　目	金　额	项　　目	金　额
企业银行存款日记账余额		银行对账单余额	
加：银行已收而企业未收的款项		加：企业已收而银行未收的款项	
①　……		①　……	
②　……		②　……	
③　……		③　……	
…　……		…　……	
减：银行已付而企业未付的款项		减：企业已付而银行未付的款项	
①　……		①　……	
②　……		②　……	
③　……		③　……	
…　……		…　……	
调节后余额		调节后余额	

平衡公式：

银行存款日记账余额＋银行已收而企业未收的款项－银行已付而企业未付的款项＝银行对账单余额＋企业已收而银行未收的款项－企业已付而银行未付的款项

提示：

通过调节后余额的平衡，可以证实双方余额的计算没有差错，但不能凭此登记银行存款日记账，也不能更改日记账余额。因为银行存款日记账的登记必须以规定的凭证为依据，而调节表仅仅是一种检查账目是否正确的方法，它不是记录经济业务的原始凭证。

（242）12 月 30 日，进行年终结账工作。同时，凭证、账本、报表和相关会计资料须装订成册，编号，加封（由各岗位人员完成）。

（243）清理文件框，将未用的原始凭证整理、归类后交回实验室；同时清理文件框及印台、印章、岗位牌、账夹、票夹、商品牌等，按领用时清单进行清理后交回资料室。

（244）12 月 30 日，根据会计报表及相关资料进行财务分析，写出财务分析报告（由每位实习学生完成）。

（245）总结及评优：填写实习日志（每轮换一个岗位写一次）；填写"系统运转型"财会高仿真实验总结及成绩考核表；无记名投票评出"最佳业务能力"、"最佳协调能力"、"最耐心细心"、"最佳书写质量"等奖项；召开总结大会，教师集体评比，颁发获奖证书；清洁实验室，实验结束。

序号	合同号	供货方	商品名称	规格	数量	单价	结算方式	开户行	账号
1.	购字1154	成都珠峰家电商城	TCL彩电—等离子	32″	90	3 600	托收承付或委托收款（下同）	工行成都红星中路营业所	610-9430677 3
			创维彩电—等离子	37″	90	3 400			
			蒸汽电熨斗	1 000 W	200	95			
			蒸汽电熨斗	650 W	200	85			
			电水壶	800 W	200	135			
			电水壶	600 W	200	115			
			电吹风	800 W	200	85			
			小鸭滚筒全自动	5 kg	40	2 000			
			海棠全自动	4 kg	40	15 00			
			海棠全自动	5 kg	40	1 600			
			威力全自动	3.6 kg	40	1 500			
		备注：(1)根据当年价格波动趋势,按市场价格的10%以内调整(2)结算方式可在托收承付或委托收款方式中加以选择	小天鹅全自动	5 kg	40	1 800			
			新飞冰箱	180升	50	2 100			
			新飞冰箱	230升	50	2 800			
			容声冰箱	200升	50	2 800			
			容声冰箱	260升	50	3 100			
			海尔冰箱	250升	50	2 900			
			海尔冰箱	280升	50	3 300			
			雪花冰柜	300升	50	2 500			
			格兰仕微波炉	P7021	40	900			
			格兰仕微波炉	G8023	40	1 100			
			美的微波炉	KD23	40	1 200			
			海尔微波炉	M023	40	1 100			
			LG微波炉	MS27	40	1 200			
			松下微波炉	NN21	40	1 200			
					40	1 200			

序号	合同号	供货方	商品名称	规格	数量	单价	结算方式	开户行	账号
2.	购字2216	成都新源化工站	芙蓉肥皂	50连装	500	150	托收承付款或委托收款	工行成都东街营业所	610-43216678
			双猫洗衣粉	50连装	500	300			
			效力多牙膏	10支装	500	60			
			洗发膏	10包装	500	100			

序号	合同号	供货方	商品名称	规格	数量	单价	结算方式	开户行	账号
3.	购字2217	成都华丰商贸公司	铝锅	24厘米	600	50	托收承付款或委托收款	工行成都东街营业所	610-43216678
			铝锅	26厘米	600	60			
			不锈钢压力锅	24厘米	600	180			
			不锈钢压力锅	26厘米	600	170			
			铝茶壶	24厘米	600	50			
			铝茶壶	22厘米	600	45			

序号	合同号	供货方	商品名称	规格	数量	单价	结算方式	开户行	账号
4.	购字2317	重庆钟表公司	石英电子男表		300	200	托收承付款或委托收款	工行重庆解放碑营业所	023-11167896
			双铃闹钟		500	75			
			金鸡闹钟		500	65			
			山城牌全钢三防男表		500	76			
			上海牌全钢三防男表		500	80			
			上海牌镀金女表		500	140			
			青岛金锚牌镀金女表		500	130			

序号	合同号	供货方	商品名称	规格	数量	单价	结算方式	开户行	账号
5.	购字3978	重庆五洲商贸公司	不锈钢压力锅	24厘米	100	157	托收承付或委托收款	工行重庆大梁子营业所	023-11167498
			不锈钢压力锅	26厘米	100	185			
			电饭锅	1 000 W	100	185			
			电饭锅	750 W	100	165			
6.	购字3979		解放鞋	25号	500	20			
			解放鞋	24号	500	16			
			猪皮女鞋	24号	500	60			
			猪皮男鞋	25号	500	70			
			旅游鞋	25号	200	280			
			农田水靴	26号	300	80			
			工矿便靴	25号	300	100			

序号	合同号	供货方	商品名称	规格	数量	单价	结算方式	开户行	账号
7.	购字3919	重庆缝纫机厂	牡丹牌缝纫机	FA2-1	150	250	商业承兑汇票	工行重庆大坪营业所	023-11413128
			华南牌缝纫机	JA2-1	150	230			
			鹰轮牌缝纫机	JA2-1	100	220			

序号	合同号	供货方	商品名称	规格	数量	单价	结算方式	开户行	账号
8.	购字3921	重庆三峡洗衣机厂	三峡双缸洗衣机	5 kg	150	650	托收承付	工行江北石坝营业大所	023-11318791

序号	合同号	供货方	商品名称	规格	数量	单价	结算方式	开户行	账号
9.	购字5921	省大发五金城	凤凰牌自行车	26″	100	330	托收承付	工行成都新华路营业所	610-33326908
			永久牌自行车	28″	100	350			
			三防锁		200	32			
			弹子锁		200	10			
			剪刀	大号	300	7			
			剪刀	小号	300	6			
			电饭锅	1 000 W	200	170			
			电饭锅	750 W	200	150			

序号	合同号	供货方	商品名称	规格	数量	单价	结算方式	开户行	账号
10.	购字7592	长虹厂	长虹彩电—显管	29″	80	1 500	托收承付	工行绵阳幸福路营业所	371-99617099
			长虹彩电—显管	34″	80	2 100			
			长虹彩电—液晶	32″	80	3 800			
			长虹彩电—液晶	42″	80	7 000			

序号	合同号	供货方	商品名称	规格	数量	单价	结算方式	开户行	账号
11.	购字1759	广州江门洗衣机厂	金羚全自动洗衣机	4 kg	90	1 600	托收承付	工行广州金羚营业所	410-67167891
			金羚双缸洗衣机	5 kg	90	700			

序号	合同号	供货方	商品名称	规格	数量	单价	结算方式	开户行	账号
12.	购字5175	青岛双星鞋厂	旅游鞋	25 号	400	280	委托收款	工行青岛泉城路营业所	711-12191356
			加高便鞋	25 号	300	80			
			工矿便靴	25 号	300	100			
			农田水靴	26 号	400	80			

序号	合同号	供货方	商品名称	规格	数量	单价	结算方式	开户行	账号
13.	购字7517	河南新飞冰箱厂	新飞冰箱	180 升	50	2 100	托收承付	工行郑州新郑路营业所	367-91166533
			新飞冰箱	230 升	50	2 800			

序号	合同号	供货方	商品名称	规格	数量	单价	结算方式	开户行	账号
14.	购字7751	北京欣欣公司	细花面盆	36 厘米	500	30	托收承付	工行北京西单营业所	010-16789001
			新花面盆	34 厘米	500	30			
			加厚面盆	36 厘米	500	40			
			全白面盆	36 厘米	500	20			

序号	合同号	供货方	商品名称	规格	数量	单价	结算方式	开户行	账号
15.	购字2787	上海寰宇公司	凤凰牌自行车		50	330	委托收款	工行上海愚园路营业所	020-83109251
			加重永久牌自行车		50	350			
			石英男表		500	200			
			金鸡闹钟		500	60			
			双铃闹钟		500	70			

序号	合同号	供货方	商品名称	规格	数量	单价	结算方式	开户行	账号
16.	购字9278	杭州海天公司	彩花水瓶	5磅	500	20	托收承付	工行杭州南山中路营业所	317-63897765
			彩花水瓶	8磅	500	26			
			全白面盆	36厘米	400	20			
			口杯	大号	400	10			

委托代销合同

合同号	委托方	委托代销商品	数量	规格	接受价	批发价	结算方式	开户行	账号
代销01	重庆五洲公司	山鹰自行车	200	24″	250	300	每月根据销售情况结算一次	工行重庆大梁子营业所	023-1167498
代销02	成都丰瑞公司	丰瑞微波炉	200	28升	800	900		工行成都草市街营业所	610-33326606

附录 3.2　有关单位开户银行及账号

项　目	单位名称	种　类	账　号	开户行
主体单位	磊山市维达商贸有限公司	短期存款 银行存款 长期借款	197-80321032 197-61056783 322-21985632	工行县支行 工行县支行 建行县支行
运输部门	磊山市火车站 磊山市汽车运输队	银行存款 银行存款	197-61063213 197-61034216	工行县支行 工行县支行
行政部门	磊山市国税局 磊山市地税局 磊山市财政局 磊山市公路养路所 磊山市工商管理所	银行存款 银行存款	97-61000211 97-61000866 97-61000199 97-61000723 97-61000877	工行县支行 工行县支行 工行县支行 工行县支行 工行县支行
提供服务部门	磊山市自来水公司 磊山市保险公司 磊山市电力公司 磊山市建工队 磊山市五金公司 磊山市日杂公司 磊山市创新广告公司 磊山市工商行	银行存款 银行存款	97-61012339 97-61031991 97-61009774 322-21677931 97-61014445 97-61022113 97-61088998 97-61077999	工行县支行 工行县支行 工行县支行 建行县支行 工行县支行 工行县支行 工行县支行 工行县支行
购货供货单位	新光皮鞋厂 磊山市乡镇企业公司 磊山市南门家电商场 磊山市北门商场 磊山市贸易公司 太平供销社 三柏供销社 大安供销社 杨柳供销社 太和供销社 石安供销社 蓬安供销社	银行存款 银行存款	97-61063213 97-61077958 97-61093629 97-61033112 97-61097651 73-31088593 73-31066987 73-31033129 73-31088765 73-31066356 73-31011332 73-31077891	工行县支行 工行县支行 工行县支行 工行县支行 工行县支行 太平信用社 三柏信用社 大安信用社 杨柳信用社 太和信用社 石安信用社 蓬安信用社

注:其他供货单位的开户行及账号请查阅前面购货合同。

 **第四章**

工业企业"系统运转型"会计高仿真实验

第一节 模拟企业基本情况

一、企业类型及经营范围

企业名称:青城有限责任公司

地　　址:青城天仙桥路五号

法定代表人:李云辉

注册资金:叁佰万元(人民币)整

其中:新星公司投入资本 1 500 000 元,占 50%。

长城机器厂投入资本 900 000 元,占 30%。

峡江公司投入资本 600 000 元,占 20%。

企业类型:有限责任公司(国内合资)

经营范围:生产销售岷山牌系列产品,包括 Y-Ⅰ型甲产品、Y-Ⅱ型乙产品、G-30 型丙产品、G-40 型丁产品。

企业代码:510245433

纳税登记号:510124178640135

联系电话:87847546

占地面积:5 850 m²

开户银行及账号情况:

基本存款户:市工商银行天仙桥路分理处

账号:240-21864022

一般存款户:市建行南阳路分理处

账号:510-24385433

证券资金账户:光大证券公司

账号:028-0145211

企业在职职工 235 人;离退休职工 15 人(已全部进入社保)。

二、内部机构设置及职责

(1) 生产设备科及厂部办公室。生产设备科及厂部办公室(简称厂办)负责生产计划的制定及下达;技术开发及质检,固定资产管理;负责行政管理,协调各职能部门的工作。

(2) 供销科。供销科负责各种原材料采购、采购合同签订和审核;负责产成品的销售(应设置产成品数量账,以便控制可供销售产品的数量);负责开出销售发票,销售过程中发生的各种销售费用应取得有关凭证并及时传递给财会科。

(3) 仓库储运科。仓库储运科(简称仓储科)负责各种原材料、包装物、低值易耗品、产成品的验收、保管、发出,设置材料库和产成品库及材料保管卡和产成品保管卡。验收材料应在收料单上签字,产成品入库也应在入库单上签字。发出材料应凭领料单等凭证,产成品发出也应凭销货发票(提货联)并负责办理发运事宜。坚持定期盘点制度。

(4) 生产车间。生产车间包括两个基本生产车间和一个辅助生产车间。基本生产加工车间负责 Y-Ⅰ型甲产品、Y-Ⅱ型乙产品、G-30 型丙产品、G-40 型丁产品的机械加工,加工完工半成品直接转入基本生产装配车间,由装配车间装配调试完工后,交产成品库验收。另外辅助生产维修车间为基本生产车间和管理部门提供修理服务。

(5) 财务会计科。财务会计科(简称财会科)负责组织全厂的会计核算和财务管理工作,具体工作岗位分为主办会计岗位、出纳岗位、材料核算岗位、成本核算岗位、产成品核算岗位、往来结算岗位、费用与工资核算岗位及固定资产核算岗位等,具体岗位责任及分工后面再详细介绍。

三、外部岗位设置

(1) 主体单位开户银行(简称主体开户行)。

(2) 客体单位开户银行(简称客体开户行)。

(3) 供货方。

(4) 购货方。

(5) 运输部门。

四、生产工艺过程及产品成本计算方法

（一）生产流程

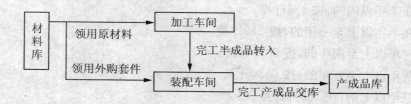

（二）产品成本计算方法

该厂采用分步法计算产品成本。凡属直接材料、直接人工都直接计入各步骤各产品成本明细账，共同费用分配后计入各产品成本明细账，月末按约当产量计算各步骤在产品成本，加工车间完工半成品采用综合结转法直接结转下一生产步骤。装配车间领用外购套件仍作为直接材料成本项目核算，完工产成品中的自制半成品成本应按当月完工半成品成本结构还原。

五、会计核算办法及有关计算比例

（一）存货核算

（1）该厂原材料按计划成本组织日常核算，低值易耗品、包装物按实际成本组织日常核算，发出时采用先进先出法。

（2）低值易耗品中的一般工具采用一次摊销法，其余低值易耗品采用分期摊销法。

（3）材料成本差异按月末计算的材料成本差异率分摊。

（4）产成品按实际成本计价，月末按加权平均单价计算销售产成品成本。

（二）固定资产核算

（1）固定资产按平均年限法分类计提折旧，其中房屋年折旧率为 4.8%，机器设备年折旧率为 18%。

（2）固定资产大修理费按折旧率的一半计提。

（3）财产保险费按固定资产原价（扣除车辆原价）的 3.7‰（年）计算，按季预付，分月摊销。机动车车辆单独保险，按年预付，分月摊销。

（三）坏账准备和存货跌价准备的计提

1．年末坏账准备的计提

年末采用账龄分析法对应收款项的坏账损失进行估计，调整坏账准备余额。坏账准备的计提比例如下：

账龄在半年以内的，按 1% 计提。

账龄在半年以上至一年的，按 3% 计提。

账龄一年以上至两年的，按 20% 计提。

账龄两年以上至三年的，按 50% 计提。

账龄三年以上的，按 100% 计提。

2．存货跌价准备的计提

期末按单个存货项目的成本与可变现净值计量，提取存货跌价准备。

（四）与工资有关的各项费用的计提依据及比例

项　　目	计提基数	计提比例	
		企业负担部分	个人负担部分
应付福利费	本月工资总额	14%	
工会经费	本月工资总额	2%	
职工教育经费	本月工资总额	1.5%	
养老保险金	上年月平均工资总额	20.5%	8%
住房公积金	上年月平均工资总额	8%	8%
基本医疗保险费	上年月平均工资总额	9.5%	2%
失业保险金	上年月平均工资总额	2%	1%

（五）税金及附加的计提

（1）增值税税率：17%。

生产及销售 Y-Ⅰ型甲产品、Y-Ⅱ型乙产品、G-30 型丙产品、G-40 型丁产品时，适用该增值税税率。

（2）营业税率。

固定资产出租的营业税率：5%。

（3）城乡维护建设税税率：7%。

（4）教育费附加率：3%。

（5）房产税。

该厂自己用房：房产账面原值×（1－扣除率 20%）×1.2%（年税率）/12

出租房屋：月租金收入×12%（税率）

房产税按月计提，每年分两次于 5 月、11 月缴纳。

（6）土地使用税。

年税额为 5 元/平方米，按月计提，每年分两次于 5 月、11 月缴纳。

（7）车船使用税。

轿车的年税额为 320 元/辆，直接计入缴纳当月管理费用。

（8）印花税。

购买印花税票时，直接计入当月管理费用。

（9）企业所得税税率：33％。

（六）利润分配

按当期税后利润 10％、5％分别计提法定盈余公积和公益金。

第二节　岗位设置、职责分工

一、会计岗位职责分工

根据企业实际情况以及本实验的需要，对财务会计科各岗位职责分工如下：

（1）科长（主办会计）岗位。

全面负责组织会计工作，开设总分类账及部分明细分类账；审核记账凭证并编号；定期编制记账凭证汇总表（或科目汇总表）并登记总分类账；办理有关转账核算业务；定期组织对账；负责筹资与投资的核算；计算应交的各种税金和附加；利润分配；编制会计报表并进行必要的财务分析。

（2）材料核算岗位。

该岗位负责原材料、包装物、低值易耗品等的日常核算工作。原材料按计划成本计价，应设置材料采购、原材料、包装物、低值易耗品、材料成本差异等明细账，对日常收发进行详细登记，并注意同总分类账的核对以及与仓储科的账实核对。月终计算出原材料成本差异率，据以分摊材料成本差异。

（3）生产成本核算岗位。

该岗位负责组织生产成本核算，包括基本生产成本核算和辅助生产成本核算。结合生产车间及其产品，开设基本生产成本明细账，并按"直接材料"、"直接人工"和"制造费用"等成本项目设专栏进行登记；按基本生产车间设"制造费用"明细账，并按费用项目设专栏进行登记；设置辅助生产明细账，并按费用项目设专栏（辅助生产车间不再单独核算制造费用）进行登记。月末采用直接分配法编制"辅助生产费用分配表"分配辅助生产费用，编制"制造费用分配表"分配制造费用并计入基本生产成本明细账。计算月末在产品成本和完工产品成本,并编制完工产品成本汇总表。

(4)产成品核算岗位。

该岗位负责建立产成品数量金额明细账,审查产成品成本汇总表及完工产品入库,负责产成品明细账的登记以及分期收款发出商品明细账的设置和登记。按规定监督产成品盘点并与成品库进行账实核对,与总分类账进行账账核对,月末按加权平均法计算并结转已销售产成品成本。盘点发生溢缺,按月初单位成本转账。

(5)费用与工资核算岗位。

该岗位负责期间费用的核算以及营业外收支的核算,应建立"销售费用"、"管理费用"、"财务费用"等明细账以及"营业外收入"和"营业外支出"明细账,根据有关凭证进行登记,并与有关总分类账进行核对;平时负责工时、产量等资料的记录以及职工考勤。编制工资结算汇总表以及工资费用分配表,负责计提职工福利费、工会经费和职工教育经费等。

(6)往来结算岗位。

该岗位负责办理企业与各方面的往来结算业务。与购进付款业务相关的核算,应与供销科协作,设置"应付账款"、"应付票据"等明细账;与销售收款业务相关的核算,应与供销科协作,设置"主营业务收入"、"其他业务收入"、"应收账款"、"应收票据"等明细账,并根据有关凭证进行登记,定期与有关总分类账进行核对。

(7)出纳岗位。

该岗位负责办理货币资金的收付业务,建立银行存款日记账和现金日记账,并根据有关货币资金收付凭证逐日逐笔进行登记,每日结出余额。负责现金支票和转账支票的签发以及其他银行结算凭证的填制。在主办会计监督下与银行对账。

(8)固定资产核算岗位。

该岗位负责固定资产增减变动的核算、在建工程的核算以及固定资产折旧的计提,应建立固定资产、在建工程、累计折旧等明细账,并根据有关凭证进行登记,定期与总分类账进行核对。

二、各岗位分工及人员情况

各岗位分工及人员情况表

岗 位	职责分工	开设账户	人数	科室
1. 主办会计	(1)组织协调财务会计工作。 (2)筹资与投资管理。 (3)审核记账凭证。 (4)汇总记账凭证。 (5)登记总分类账。 (6)结账、对账。 (7)计算各种税金。 (8)利润形成及其分配。 (9)编制会计报表。	(1)开设并登记总分类账户。 (2)开设并登记"实收资本"、"盈余公积"、"资本公积"、"短期投资"、"长期股权投资"、"利润分配"、"应交税金"等明细账。	2	财会科

岗　位	职责分工		开设账户	人数	科室
2. 出纳	（1）负责货币资金收付业务。 （2）现金保管。 （3）有价证券保管。 （4）定期与银行对账。 （5）到银行办理各种业务。		（1）开设并登记现金日记账和银行存款日记账。 （2）开设并登记"短期借款"、"长期借款"明细账。 （3）开设并登记"其他货币资金"明细账。	2	财会科
3. 材料核算	（1）材料采购核算。 （2）原材料、包装物、低值易耗品收发的核算。 （3）材料成本差异核算。 （4）库存材料清查盘点。		（1）开设并登记"物资采购"明细账。 （2）开设并登记"原材料"、"包装物"、"低值易耗品"明细账。 （3）开设并登记"材料成本差异"明细账。 （4）开设并登记"待处理流动资产损溢"明细账。	2	财会科
4. 成本核算	基本生产——加工车间	组织本生产车间的成本核算工作。	（1）开设并登记"基本生产成本"明细账（分甲、乙、丙、丁）。 （2）开设并登记本车间"制造费用"明细账。	1	财会科
	基本生产——装配车间	组织本生产车间的成本核算工作。	（1）开设并登记"基本生产成本"明细账（分甲、乙、丙、丁产品）。 （2）开设并登记本车间"制造费用"明细账。	1	财会科
	辅助生产——维修车间	组织本辅助生产车间的成本核算。	开设并登记"辅助生产成本"明细账。	1	财会科
5. 产成品核算	（1）负责产成品验收入库。 （2）产成品发出。 （3）产品成本计价。		（1）开设并登记"产成品"明细账。 （2）开设并登记"分期收款发出商品"明细账。 （3）开设并登记"主营业务成本"明细账。	1	财会科
6. 固定资产核算	（1）负责固定资产增减变化的核算。 （2）计价固定资产折旧。 （3）固定资产清查盘点。		（1）开设并登记"固定资产"明细账。 （2）开设并登记"在建工程"明细账。 （3）开设并登记"累计折旧"明细账。 （4）开设并登记"固定资产清理"、"待处理固定资产损溢"明细账。	1	财会科

（续表）

岗　位	职责分工		开设账户	人数	科室
7. 往来结算	购进付款结算	负责与购进业务相关的结算。	(1) 开设并登记"应付账款"明细账。 (2) 开设并登记"应付票据"明细账。 (3) 开设并登记"其他应付款"明细账。 (4) 开设并登记"预付账款"明细账。	1	财会科
	销售收款结算	负责与销售业务相关的结算。	(1) 开设并登记"应收账款"明细账。 (2) 开设并登记"主营业务收入"、"其他业务收入"明细账。 (3) 开设并登记"应收票据"明细账。 (4) 开设并登记"其他应收款"明细账。 (5) 开设并登记"预收账款"明细账。	1	财会科
8. 费用与工资核算	(1) 负责各项期间费用开支的核算。 (2) 营业外收支的核算。 (3) 负责工时、产量记录,考勤记录。 (4) 编制工资结算汇总表及工资费用分配表。		(1) 开设并登记"销售费用"、"管理费用"、"财务费用"等明细账。 (2) 开设并登记"营业外支出"和"营业外收入"明细账。 (3) 开设并登记"应付工资"明细账。 (4) 开设并登记"其他应付款"明细账。	2	财会科
9. 材料库和产成品库	(1) 负责材料的验收、入库和发出。 (2) 负责产成品的入库和发出。		(1) 开设各种材料的数量明细账,记录各种材料的入库及领用、结存情况。 (2) 开设产成品数量明细账,记录各种产成品的入库及领用、结存情况。	2	仓库
10. 供销科	(1) 负责原材料的供应,签订原材料的购货合同。 (2) 负责产品的销售,签订销售合同。 (3) 负责市场开拓。 (4) 负责审核合同、托收,在托收凭证上签承付、拒付意见。		(1) 负责销售开票。 (2) 记录合同执行情况。 (3) 设置产成品数量账,记录其变动。	1—2	业务
11. 生产设备科及厂部办公室	(1) 负责生产计划的制定及下达,技术开发及质检。 (2) 负责行政管理,协调各职能部门的工作。		制作并记录固定资产管理卡片。		生产及管理

岗　位	职责分工	开设账户	人数	科室
12. 外部岗位 　　设置	(1) 主体单位开户银行。 (2) 客体单位开户银行。 (3) 供货方。 (4) 购货方。 (5) 运输部门。		1 1 1 1 1	客体方

以上岗位划分是考虑"系统运转型"实验中各岗位人员业务的均衡性而对实际岗位进行了调整，主办会计、出纳、材料核算、成本核算、产成品核算、固定资产核算、往来结算、费用及工资核算属于财会科内部岗位，材料及产成品库、供销科、生产设备科及厂办是本企业相关机构，外部岗位设置是企业外部机构。一般 20 人左右可以组成团队进行系统运转型实验，人员安排也可以根据实际情况加以调整。

第三节　账务处理程序及主要业务程序

一、账务处理程序

青城有限责任公司采用科目汇总表账务处理程序。模拟实验过程中，记账凭证可以采用收款凭证、付款凭证和转账凭证，也可采用通用记账凭证。科目汇总表账务处理程序如下：

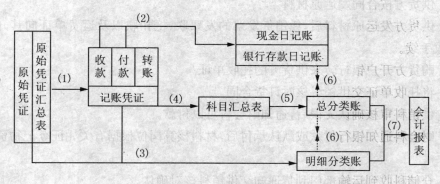

（1）根据原始凭证或原始凭证汇总表编制记账凭证（可以编制收款凭证、付款凭证、转账凭证，也可以编制通用记账凭证）。

（2）根据收款凭证、付款凭证逐日逐笔登记现金日记账和银行存款日记账。

（3）根据原始凭证和记账凭证登记有关明细分类账。

(4) 根据记账凭证定期编制科目汇总表。

(5) 根据科目汇总表登记总分类账。

(6) 月末总分类账应与现金日记账、银行存款日记账以及明细分类账核对相符。

(7) 根据总分类账和有关明细分类账资料编制会计报表。

二、主要业务流转程序

（一）材料采购业务程序（以托收承付结单方式为例）

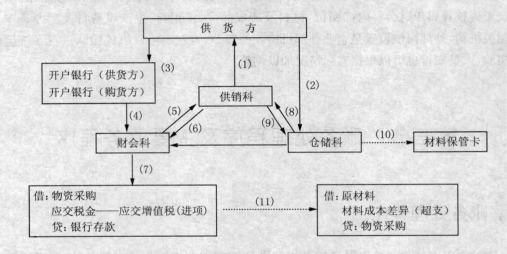

程序说明：

(1) 供销科根据生产需要向供货方订购原材料并签订合同。

(2) 供货方按合同发运原材料。

(3) 供货方发运原材料后，凭销货发票的发票联、抵扣联以及运费单证向其开户银行办理托收手续。

(4) 购货方开户银行转来供货方的托收单证。

(5) 将托收单证交供销科核对订货合同。

(6) 供销科审核确认无误后，通知财会科可以付款。

(7) 财会科通知银行付款或默认承付后，材料核算岗位根据有关凭证登记物资采购等账户。

(8) 仓储科收到运输部门到货通知交供销科核对确认。

(9) 供销科审核无误后填一式三联收料单交仓储科验收。

(10) 仓储科验收后，在收料单上签上实收数量并在收料单上签章，一联交供销科，一联交财会科，一联据以登记材料保管卡。

(11) 财会科材料核算岗位根据收料单记账联，编制记账凭证登记原材料、材料采购、材料成本差异等账户。

(二) 材料领用业务程序

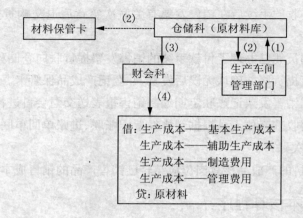

程序说明：

（1）生产车间按生产计划、管理部门按需要，填制一式三联领料单，据以向仓储科领料。

（2）仓储科根据领料单发料后，登记材料保管卡，领料部门领回材料。

（3）仓储科将领料单记账联及领料汇总表交财会科。

（4）财会科材料核算岗位根据领料凭证登记原材料等明细账，成本核算岗位据以登记基本生产成本、辅助生产成本、制造费用、管理费用等明细账，月终分摊材料成本差异时，再登记材料成本差异以及有关成本费用明细账。

(三) 产品销售业务程序

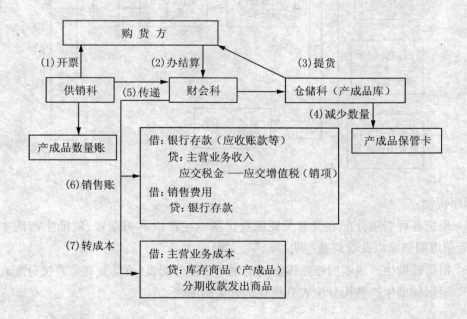

程序说明：

（1）购货方采购员选好产品后,由供销科开出销售发票,购货方据以向财会科办理付款手续（提供转账支票、商业汇票等）。

（2）财会科办妥收款手续后在销售发票有关联次签章后退交购货方采购人员凭以提货或通知仓储科发货。

（3）购货方采购员凭已办理了付款手续的销售发票提货联向仓储科提货。

（4）仓储科审核提货联并确认无误后发货,并登记产成品保管卡。

（5）供销科根据销售发票记账联定期编制销售报表送交财会科进行账务处理。

（6）财会科销售收款岗位人员根据销售发票记账联、进账单回单联或商业汇票等反映销售业务,并登记有关账户。

（7）月末,财会科的产成品核算岗位应结转已销售产品的销售成本并登记有关账户。

（四）生产成本核算程序

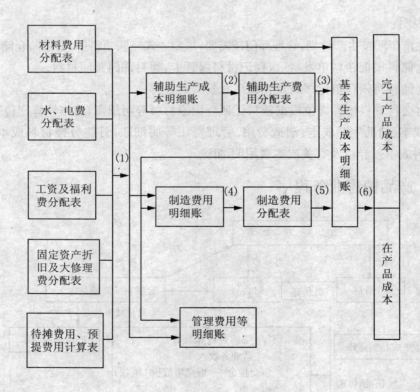

程序说明：

（1）根据各种费用分配表及有关凭证登记基本生产成本明细账、辅助生产成本明细账、制造费用明细账以及管理费用明细账等。

（2）根据辅助生产成本明细账编制辅助生产费用分配表（按受益对象直接分配）。

（3）根据辅助生产费用分配表分别登记有关明细账。

（4）根据制造费用明细账编制制造费用分配表对本车间产品分配制造费用。

（5）根据制造费用分配表登记有关基本生产成本明细账。

（6）按适当方法计算出月末在产品成本并结转完工产品成本。由于该企业采用分步法计算产品成本，成本明细账按产品品种分设，逐步结转，月末在产品成本按约当产量法计算。

第四节　实验操作要求及建账资料

本实验既可进行"系统运转型"实验，也可进行独立操作实验。

一、目的及要求

（一）实验目的

通过实验使学生能系统、全面地掌握工业企业会计核算的基本程序和具体方法，进而加强对会计基本理论的理解，基本方法的运用和基本技能的训练；锻炼学生的组织协调能力，培养敬业精神和团结协作精神；检验学生对所学专业知识及相关知识的实际应用能力，为从事会计工作打下坚实的基础。

（二）实验要求

（1）认真学习工业企业会计制度（或企业会计制度），熟悉会计核算办法以及相关会计政策。

（2）根据提供的"建账资料"，开设总分类账户以及相关的明细分类账户，开设现金日记账和银行存款日记账，并将"建账资料"中的余额数据记入相关账户的余额栏内，将损益类账户的发生额记入其发生额栏内。

（3）根据提供的模拟企业 12 月份发生的经济业务，填制或取得有关原始凭证，经认真审核有关原始凭证后，填制记账凭证，并据以登记现金日记账、银行存款日记账以及有关明细分类账（记账凭证可以采用收款凭证、付款凭证和转账凭证，也可以采用通用记账凭证）。

（4）根据记账凭证每 5 天编制科目汇总表，并根据科目汇总表进行试算平衡（发生额平衡）。

（5）根据科目汇总表登记总分类账，并结出其发生额及余额，与有关明细分类账、日记账进行核对。

(6) 期末根据核对相符的总分类账户、明细分类账户及提供的相关资料,编制资产负债表、利润表及利润分配表。

(7) 根据所编制的会计报表资料,计算有关财务指标,并进行简要的财务分析。

(8) 将会计账簿、报表加具封面装订成册,将记账凭证按编号顺序排列,折叠整齐,加具封面,装订成册。

二、建账资料

(一) 200×年11月末总账及有关明细账户余额

科目编号	总账科目	子目	细目	余 额		账页格式
1001	现金			9 623		三栏式
1002	银行存款			666 000		三栏式
			工商银行		566 000	三栏式
			建设银行		100 000	三栏式
1009	其他货币资金			40 000		三栏式
			证券公司(存出投资款)		40 000	三栏式
1101	短期投资			55 000		三栏式
			股票		55 000	三栏式
1111	应收票据			53 000		三栏式
			商业承兑汇票(大华商场)		53 000	三栏式
1131	应收账款			464 000		三栏式
			振兴公司		124 000	三栏式
			宏远公司		140 000	三栏式
			三汇公司		150 000	三栏式
			前锋公司		50 000	三栏式
1141	坏账准备			2 320(贷)		三栏式
1133	其他应收款			10 800		三栏式
			运输公司		2 500	三栏式
			李云辉		2 400	三栏式
			张 兴		900	三栏式
			厂办备用金		2 000	三栏式
			王 进		3 000	三栏式

科目编号	总账科目	子目	细目	余 额	账页格式
1211	原材料			1 445 820	三栏式
			主要材料	1 425 220	详见明细表(1)
			辅助材料及燃料	20 600	详见明细表(2)
1221	包装物			54 400	三栏式
			包装木箱	（800 个 @68 元）54 400	数量金额式
1231	低值易耗品			10 600	三栏式
			在库低值易耗品	10 600	详见明细表(3)
1232	材料成本差异			45 862	三栏式
			原材料成本差异	45 862	三栏式
1243	库存商品（产成品）			1 959 000	三栏式
			Y-Ⅰ甲产品 240 台 @1 625 元	390 000	数量金额式
			Y-Ⅱ乙产品 240 台 @1 750 元	420 000	数量金额式
			G-30 丙产品 300 台 @2 010 元	603 000	数量金额式
			G-40 丁产品 250 台 @2 184 元	546 000	数量金额式
1291	分期收款发出商品			150 750	三栏式
			南海公司(G-30 丙产品 75 台)	150 750	三栏式
4101	生产成本			179 110	三栏式
			加工车间	90 860	详见明细表(4)
			装配车间	88 250	详见明细表(5)
1301	待摊费用			3 000	三栏式
			低值易耗品摊销	603	三栏式
			财产保险费	1 997	三栏式
			报刊费	400	三栏式
1401	长期股权投资			603 260	三栏式
			其他股权投资——龙泉机器厂	120 000	三栏式
			其他股权投资——南华公司	483 260	三栏式
1501	固定资产			5 815 820	详见明细表(6)
1502	累计折旧			2 822 520(贷)	三栏式
1601	工程物资				

（续表）

科目编号	总账科目	子目　　　　　　　　细目		余　　额		账页格式
1603	在建工程			529 360		
		办公楼大修理工程			25 600	三栏式
		生产线工程			503 760	三栏式
1701	固定资产清理			9 300		三栏式
1801	无形资产			305 000		三栏式
		专利权			305 000	三栏式
2101	短期借款			1 885 000		三栏式
		工商银行			1 535 000	三栏式
		建设银行			350 000	三栏式
2111	应付票据			43 620		三栏式
		商业承兑汇票（红枫铸造厂）			43 620	三栏式
2121	应付账款			748 305		三栏式
		前进铸造厂			364 000	三栏式
		星光仪器厂			267 000	三栏式
		燎原机械厂			117 305	三栏式
2181	其他应付款			11 502		三栏式
		待领工资（李民）			540	三栏式
		职工教育经费			8 678	三栏式
		工会经费			2 284	三栏式
2153	应付福利费			19 920		三栏式
2171	应交税金			293 278		三栏式
		未交增值税			65 000	三栏式
		应交城乡维护建设税			10 850	三栏式
		应交所得税			217 428	三栏式
2176	其他应交款			5 650		三栏式
		应交教育费附加			5 650	三栏式
2191	预提费用			43 640		三栏式
		预提大修理费			14 120	三栏式
		预提短期借款利息			29 520	三栏式
2301	长期借款			1 068 000		三栏式
		工商银行技术改造借款			1 068 000	三栏式
3101	实收资本			3 000 000		三栏式
		法人资本金——新星公司			1 500 000	三栏式
		法人资本金——长城机器厂			900 000	三栏式

科目编号	总账科目	子目	细目	余 额	账页格式
		法人资本金——峡江公司		600 000	三栏式
3111	资本公积		192 500		三栏式
		资本溢价		120 000	三栏式
		其他资本公积		72 500	三栏式
3121	盈余公积		320 500		三栏式
		法定盈余公积		205 500	三栏式
		法定公益金		115 000	三栏式
3131	本年利润		1 731 950		三栏式
3141	利润分配		221 000		三栏式
		未分配利润		221 000	三栏式

（二）材料等明细账资料

（1）主要材料明细表（据以开设数量金额明细账）。

材料名称	规格	单位	数量	计划单价（元）	金额
A 材料	φ-8	千克	10 000	15.44	154 400
B 材料	φ-10	千克	12 000	12.85	154 200
C 材料	5 mm	m²	400	307.50	123 000
D 材料	3 mm	m²	500	256.20	128 100
E 材料	φ-18	千克	25 000	5.65	141 250
F 材料	φ-20	千克	2 500	4.40	11 000
H 材料	R-1	件	200	35.80	7 160
M 材料	R-2	件	400	20.50	8 200
N 材料	R-3	件	500	18.40	9 200
P 材料	R-4	件	700	46.80	32 760
W 材料	R-5	件	300	58.50	17 550
钢铸件		件	500	486	243 000
铜铸件		件	400	605	242 000
Y-Ⅰ套件		套	100	255	25 500
Y-Ⅱ套件		套	100	248	24 800
G-30 套件		套	120	480	57 600
G-40 套件		套	100	455	45 500
合 计					1 425 220

（2）辅助材料及燃料明细表（据以开设数量金额明细账）。

材料名称	计量单位	数 量	计划单价(元)	金 额
油 漆	千克	250	14	3 500
稀释剂	千克	95	12	1 140
柴油 90#	升	5 000	3.12	15 600
汽油 93#	升	65	3.20	208
机 油	升	10	15.20	152
合 计				20 600

（3）在库低值易耗品明细表（据以开设数量金额明细账）。

名 称	计量单位	数 量	单 价	金 额
压力表	只	10	600	6 000
电动机	台	7	400	2 800
手推车	台	4	350	1 400
安全钳	把	10	16	160
扳 手	把	10	24	240
合 计				10 600

（4）加工车间 11 月末基本生产成本明细表资料：在产品成本（据以开设 12 月基本生产成本明细账）。

产品名称	直接材料	直接人工	制造费用	合 计
Y-Ⅰ甲半成品(20 台)	10 000	3 280	4 150	17 430
Y-Ⅱ乙半成品(15 台)	9 750	3 052	3 850	16 652
G-30 丙半成品(40 台)	20 800	5 104	7 582	33 486
G-40 丁半成品(25 台)	20 500	1 192	1 600	23 292
合 计	61 050	12 628	17 182	90 860

（5）装配车间 11 月末基本生产成本明细表资料：在产品成本（据以开设 12 月该车间基本生产成本明细账）。

产品名称	半成品	直接材料	直接人工	制造费用	合 计
Y-Ⅰ甲产品(10 台)	8 600	2 550	2 150	1 440	14 740
Y-Ⅱ乙产品(15 台)	16 500	3 720	2 460	2 050	24 730
G-30 丙产品(20 台)	16 800	9 600	2 520	2 465	31 385
G-40 丁产品(10 台)	9 310	4 550	1 900	1 635	17 395
合 计	51 210	20 420	9 030	7 590	88 250

(6) 固定资产类目明细表。

部门或车间	厂房或办公楼	机器设备	汽　车	合　计
加工车间	1 600 000	543 000		2 143 000
装配车间	800 000	740 000		1 540 000
维修车间	300 000	232 300		532 300
厂　部	1 050 000	300 520	150 000	1 500 520
出租固定资产		100 000		100 000
合　计	3 750 000	1 915 820	150 000	5 815 820

(三) 期间费用账户各明细项目1~11月累计发生额

(1) 销售费用各明细项目1~11月累计发生额。

运输装卸费	包装费	展览费	广告费	其　他	合　计
28 809	426 000	58 800	350 000	9 711	873 420

(2) 财务费用各明细项目1~11月累计发生额。

利　息	银行手续费	汇兑损失	合　计
170 354	11 246		181 600

(3) 管理费用各明细项目1~11月累计发生额。

工资及福利费	职工保险及公积金	折旧、修理及财产保险费	物料消耗摊销	坏账、跌价准备	业务招待费	工会及教育经费	税金	办公费用及其他费用	合计
393 860	563 640	206 291	77 350.64		68 500	69 338.36	77 000	123 000	1 578 980

(四) 200×年11月30日资产负债表及11月利润表

1. 资产负债表

编制单位:青城有限公司　　　　　　　200×年11月30日　　　　　　　单位:元

资　产	行次	年初数	期末数	负债及所有者权益	行次	年初数	期末数
流动资产:				流动负债:			
货币资金	1	1 097 860	715 623	短期借款	68	3 130 000	1 885 000
短期投资	2	25 000	55 000	应付票据	69	43 670	43 620

（续表）

资　产	行次	年初数	期末数	负债及所有者权益	行次	年初数	期末数
应收票据	3	5 800	53 000	应付账款	70	527 000	748 305
应收股利	4			预收账款	71		
应收利息	5			应付工资	72	950	
应收账款	6	555 210	461 680	应付福利费	73	5 450	19 920
其他应收款	7		10 800	应付股利	74	63 000	
预付账款	8			应交税金	75	128 000	293 278
应收补贴款	9			其他应交款	80	8500	5 650
存货	10	3 190 550	3 845 542	其他应付款	81	18 500	11 502
待摊费用	11	3 800	3 000	预提费用	82	45 850	43 640
一年内到期的长期投资	21			预计负债	83		
其他流动资产	24			一年内到期的长期负债	86	432 000	
流动资产合计	31	4 878 220	5 144 645	其他流动负债	90		
长期投资：				流动负债合计	100	4 402 920	3 050 915
长期股权投资	32	385 000	603 260	长期负债：			
长期债权投资	34			长期借款	101	1 068 000	1 068 000
长期投资合计	38	385 000	603 260	应付债券	102		
				长期应付款	103		
固定资产：				专项应付款	106		
固定资产原价	39	5 835 820	5 815 820	其他长期负债	108		
减：累计折旧	40	2 485 820	2 822 520	长期负债合计	110	1 068 000	1 068 000
固定资产净值	41	3 350 000	2 993 300				
减固定资产减值准备	42			递延税项：			
固定资产净额	43	3 350 000	2 993 300	递延税款贷项	111		
工程物资	44			负债合计	114	5 470 920	4 118 915
在建工程	45	249 200	529 360				
固定资产清理	46		9 300	所有者权益（或股东权益）：			
固定资产合计	50	3 599 200	3 531 960	实收资本（或股本）	115	3 000 000	3 000 000

资　　产	行次	年初数	期末数	负债及所有者权益	行次	年初数	期末数
无形资产及其他资产：				减:已归还投资	116		
无形资产	51	360 000	305 000	实收资本或股本净额	117	3 000 000	3 000 000
长期待摊费用	52			资本公积	118	210 000	192 500
其他长期资产	53			盈余公积	119	320 500	320 500
无形资产及其他资产合计	60	360 000	305 000	其中:法定公益金	120	115 000	115 000
递延税项：				未分配利润	121	221 000	1 952 950
递延税款借项	61			所有者权益（或股东权益）	122	3 751 500	5 465 950
资产总计	67	9 222 420	9 584 865	负债及所有者权益总计	135	9 222 420	9 584 865

2. 利润表

编制单位:青城有限公司　　　　　　200×年11月　　　　　　单位:元

项　　目	本月数	本年累计数
一、主营业务收入	2 754 000	24 902 000
减:主营业务成本	1 920 195	19 649 700
主营业务税金及附加	15 500	195 097
二、主营业务利润	818 305	5 057 203
加:其他业务利润	2 893	14 709
减:销售费用	95 450	873 420
管理费用	98 780	1 578 980
财务费用	20 500	181 600
三、营业利润	606 468	2 437 912
加:投资收益	2 550	23 750
补贴收入		
营业外收入	25 300	213 269
减:营业外支出	9 560	89 931
四、利润总额	624 758	2 585 000
减:所得税	217 428	853 050
五、净利润	407 330	1 731 950

（五）有关企业单位开户行、账号一览表

有关企业单位	开 户 行	账 号
红枫铸造厂	交行新兴支行	024-86764425
宏远公司	泸城工行大安分理处	036-48302611
市电视台	工行玉双分理处	510-38486768
新兴公司	工行石安分理处	034-42307212
前进铸造厂	赤城工行蒲阳路分理处	023-38745240
大地公司	工行东风路分理处	240-31740324
振兴公司	工行雅州路分理处	032-32403840
家具商场	工行府青路分理处	240-31740225
运输公司	工行东街分理处	240-35273642
华胜公司	工行南门分理处	240-32876451
劳保商店	工行东风路分理处	240-30187423
成套机电设备公司	交行清江分理处	062-02487642
华信商业集团	工行路西分理处	240-30742984
国税局	工行城西分理处	510-49543664
地税局	工行玉双分理处	510-54786234
燎原机械厂	广元市工行嘉陵分理处	330-47895432
名山机械厂	工行三苏分理处	280-83454624
市电话局	工行东郊分理处	024-38456272
市排水管理站	工行大桥分理处	024-39472644
职工疗养院	工行塔山分理处	024-38462638
保险公司	工行东风路分理处	024-29764832
南海公司	江城工行中山分理处	582-07845392
市装修公司	工行东街分理处	024-38304754
市石油公司	工行东郊分理处	024-27623424
民生公司	工行草堂分理处	240-21544849
星光仪器厂	盐城工行北郊分理处	720-49543246
健民公司	工行星桥分理处	024-36843724
三汇公司	水城工行南山分理处	360-28454321

有关企业单位	开 户 行	账 号
红江器材厂	重庆市工行沿江分理处	023-27654344
山城配件厂	重庆市工行双碑分理处	023-27638432
前锋公司	广安市工行前锋分理处	340-27654112
长风公司	重庆市工行长安分理处	023-28454327
巨源公司	春城工行大观分理处	380-34584566

第五节　实验操作期经济业务资料

（1）12月1日，销售给健民公司 Y-Ⅱ乙产品 50 台，每台售价 2 660 元，价税合计
155 610 元，货已自提运回，收到转账支票已送存银行。

原始凭证：

① 增值税专用发票（记账联）。

② 进账单回单联。

流转程序：

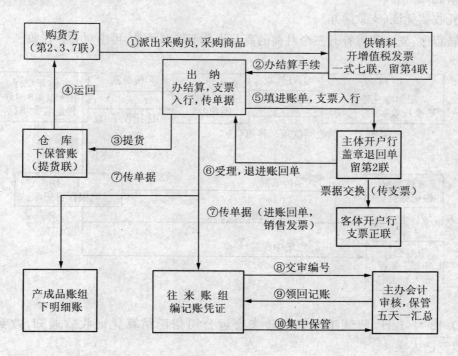

(2) 12月1日,李云辉出差返回,报销差旅费共计2 560元,抵扣原借支款2 400元,余款出纳以现金付讫。

原始凭证:

差旅费报销单。

流转程序:

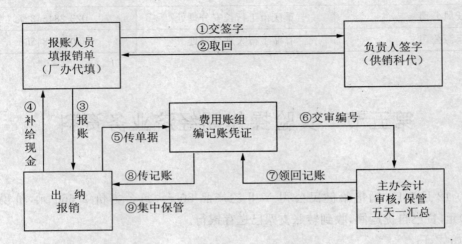

(3) 12月1日,收到工商银行转来红枫铸造厂委托收款凭证支款通知,支付应付票据款43 620元,经查实票据已到期,同意付款。

原始凭证:

委托收款凭证(支款通知)。

流转程序:先由我方补开三个月前的商业承兑汇票并承兑,再由对方办托收。

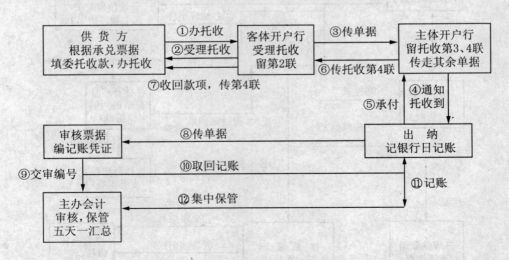

(4) 12月1日,收到工商银行转来宏远公司信汇结算凭证收款通知,收到货款140 000元已入账。

原始凭证:

信汇结算凭证(收款通知)。

流转程序:

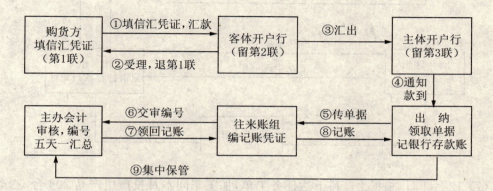

（5）12月1日，厂办购进零星办公用品78元，打印、复印企业评估资料款380元，两项合计458元，经审核无误以现金补足其备用金。

原始凭证:

① 普通发票。

② 复印费发票。

流转程序:

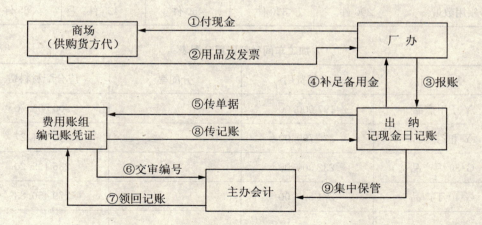

（6）12月1日，签发转账支票1张，支付市电视台本月产品销售广告费4 500元。

原始凭证:

① 转账支票存根。

② 电视台广告费收据。

流转程序:

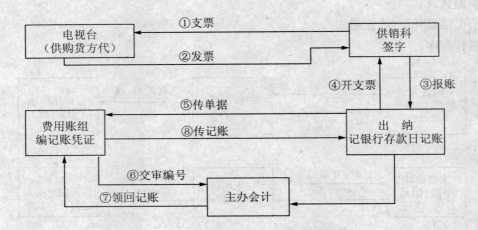

(7) 12月1日,根据生产科下达任务工单,加工车间本月投产甲产品200台,乙产品225台,丙产品160台,丁产品225台,共同领用各种原材料合计957 200元(见领料单),并按原材料定额费用分配原材料费用(见原材料费用分配表)。

材料名称	A 材料	B 材料	C 材料	D 材料	E 材料
领用数量	9 000 千克	9 000 千克	250 m²	200 m²	20 000 千克
材料名称	H 材料	M 材料	N 材料	钢铸件	铜铸件
领用数量	200 件	320 件	450 件	425 件	385 件

加工车间材料费用分配表

项 目	定额费用	分配率	应分配材料费
Y-Ⅰ甲产品	197 000.00		200 565.70
Y-Ⅱ乙产品	236 700.00		240 984.27
G-30 丙产品	232 000.00		236 199.20
G-40 丁产品	274 500.00		279 450.83
合 计	940 200.00	$\frac{957\,200}{940\,200}=1.018\,1$	957 200.00

流转程序:

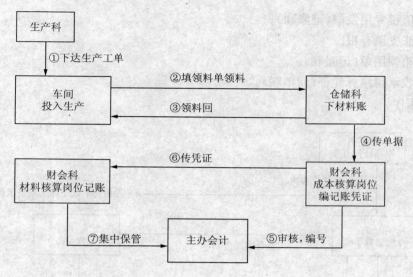

程序说明：

① 生产科下达生产任务开具工单。

② 生产车间按生产工单需要，填制一式三联领料单，据以向仓储科领料。

③ 仓储科根据领料单发料后，登记材料保管卡，领料部门领回材料。

④ 仓储科将领料单记账联及领料汇总表交财会科。

⑤ 财会科成本核算岗位编制记账凭证，交主办审核、编号后，据以登记基本生产成本、辅助生产成本、制造费用、管理费用等明细账。

⑥ 材料核算岗根据领料凭证登记原材料等明细账，月终分摊材料成本差异时，再登记材料成本差异以及有关成本费用明细账。

⑦ 登记明细账后，交主办集中保管记账凭证以便汇总登记总账。

(8) 12 月 2 日，装配车间领用原材料一批，合计 170 199 元，其中甲产品领用 P 材料 180 件，Y-Ⅰ套件 80 套；乙产品领用 P 材料 220 件，Y-Ⅱ套件 100 套；丙产品领用 P 材料 180 件，G-30 套件 100 套；丁产品领用 W 材料 230 件，G-40 套件 80 套。

原始凭证：

① 领料单。

② 原材料费用分配表。

流转程序：

同第(7)笔经济业务的第②～⑦步程序。

(9) 12 月 2 日，根据合同销售给新兴公司 Y-Ⅰ甲产品 20 台，每台售价 2 600 元；G-30 丙产品 20 台，每台售价 2 800 元，价税合计 126 360 元。仓库发运时领用木箱 40 个，每个成本价 68 元(木箱随货发出不单独计价，作为销售费用处理)。产品已交运输部门发运，并签发转账支票与支付代垫运费 1 050 元，上述款项已办妥托收手续。

原始凭证：

① 增值税专用发票(记账联)。

② 转账支票存根。

③ 木箱领用单(记账联)。

④ 托收承付结算凭证(回单联)。

流转程序:

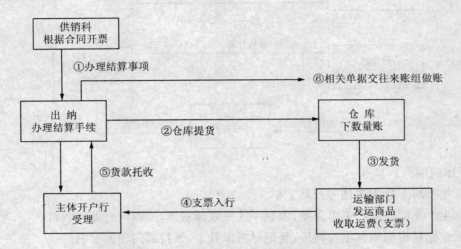

(10) 12月2日,银行转来前进铸造厂委托银行收款结算凭证支款通知,附增值税专用发票(发票联、抵扣联)以及运费单证,发来 R-Ⅰ型 H 材料 400 件,每件售价 31 元,另代垫运费 1 200 元。经审核无误后承付,H 材料尚未运到。(注:进货运费可按 7%计算进项税。为简化核算,本实验中均不计算。)

原始凭证:

① 增值税专用发票(发票联、抵扣联)。

② 运费单证。

③ 委托收款结算凭证(支款通知)。

流转程序:

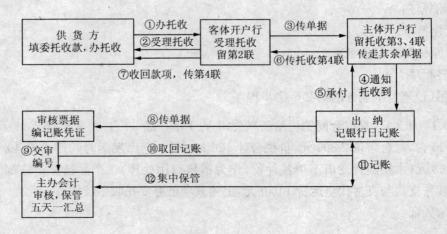

(11) 12 月 3 日,厂办购回办公用品一批,直接交付使用,合计 185 元,出纳以现金补足备用金。

原始凭证:

普通购货发票。

流转程序:

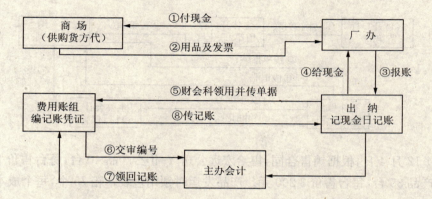

(12) 12 月 3 日,销售给大地公司 G-40 丁产品 15 台,每台售价 3 040 元,大地公司已将丁产品自提运走,价税合计 53 352 元已收到转账支票,送存银行。

原始凭证:

① 增值税专用发票(记账联)。

② 进账单(回单)。

流转程序:

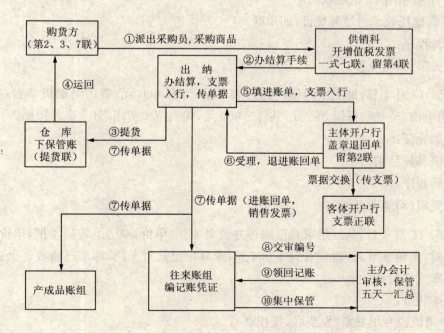

(13) 12 月 4 日,银行转来托收承付结算凭证(收账通知),上月 27 日向振兴公司托收款项 124 000 元已收妥入账。

原始凭证:

异地托收承付结算凭证(收账通知)。

流转程序:【首先补办上月委托收款手续,然后传递本笔业务凭证】

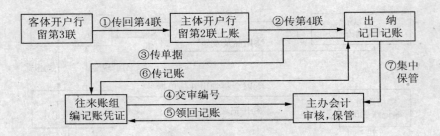

(14) 12 月 4 日,根据销售合同,售给宏远公司 Y-Ⅱ乙产品 40 台,每台售价 2 800 元,G-40 丁产品 35 台,每台售价 3 200 元。产品发运时领用包装木箱 75 个,每个成本价 68 元(木箱处理方法同前,作为销售费用)。

产品已委托铁路部门运出,并签发转账支票代垫运杂费 4 070 元。上述款项已办妥异地托收手续。

原始凭证:

① 增值税专用发票(记账联)。

② 转账支票存根。

③ 木箱领用单(记账联)。

④ 异地托收承付结算凭证(回单联)。

流转程序:

参见第(9)笔业务。

(15) 12 月 4 日,加工车间领用压力表 2 只,每只 600 元;领用电动机 2 台,每台 400 元;领用手推车一辆,每辆 350 元,共计 2 350 元,先列待摊费用,分 8 个月摊销。

原始凭证:

低值易耗品领用单。

流转程序:

参见第(8)笔业务。

(16) 12 月 4 日,从红星家具厂购进办公桌 4 张,单价 500 元;转椅 4 把,单价 400 元;沙发 2 对,单价 800 元;价税合计 6 084 元,家具厂已送货上门,库房已验收。上述款项已签发转账支票付讫。

原始凭证:

① 增值税专用发票(发票联,抵扣联)。

② 入库单(记账联)。

③ 转账支票存根。

流转程序:

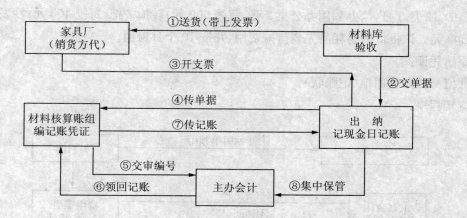

(17) 12 月 5 日,从红枫铸造厂购回钢铸件 200 件,每件 440 元,签发转账支票支付汽车运输公司运费 5 040 元。钢铸件 200 件已经仓库验收,应红枫铸造厂要求,签发为期三个月的商业承兑汇票,汇票金额为 102 960 元,已交付红枫铸造厂。

原始凭证:

① 增值税专用票(发票联、抵扣联)。

② 汽车运输公司费用收据。

③ 转账支票存根。

④ 收料单(记账联)。

⑤ 商业承兑汇票。

流转程序:

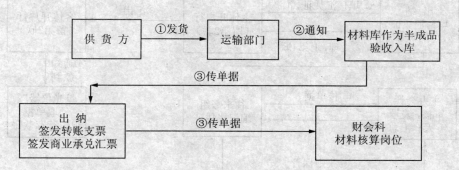

(18) 12 月 5 日,销售给华胜公司 G-30 丙产品 10 台,每台售价 3 325 元,价税合计 38 902.50 元,已收到转账支票并送存银行。丙产品华胜公司已提走。

原始凭证:

① 增值税专用发票(记账联)。

② 进账单(回单)。

流转程序:

参见第(12)笔业务。

(19) 12 月 5 日,厂办领用办公桌 2 张,每张 500 元;转椅 2 把,每把 400 元;沙发 2 对,每对 800 元。该批低值易耗品先列待摊费用,并按 10 个月摊销。

原始凭证:

低值易耗品领用单(记账联)。

流转程序:

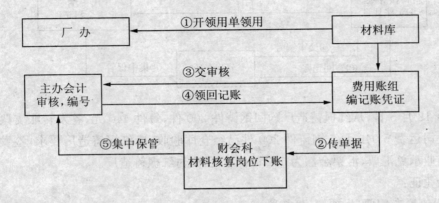

(20) 12 月 5 日,签发信汇结算凭证,支付前欠星光仪器厂货款 267 000 元。

原始凭证:

信汇凭证(回单)。

流转程序:

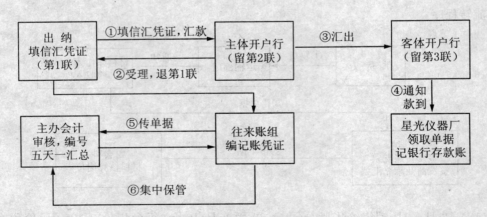

(21) 12 月 6 日,厂办向劳保商店购进劳保用品一批,共计 5 480 元,直接交各部门领用,其中加工车间 2 650 元,装配车间 2 100 元,维修车间 320 元,管理部门 410 元。签发转账支票付讫。

原始凭证：

① 普通发票。

② 转账支票存根。

③ 劳保用品领用表。

流转程序：

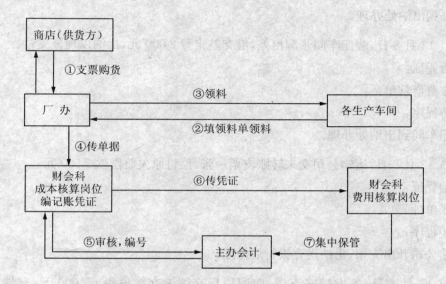

(22) 12 月 6 日，维修车间领用 5 mm C 材料 4 m²，3 mm D 材料 2 m²。

原始凭证：

领料单（记账联）。

流转程序：

车间直接向材料库领取，参照第(21)笔业务程序。

(23) 12 月 7 日，小车驾驶员交来购油发票，其中 93# 汽油 40 升@3.20 元；机油 1 升 @15 元，合计 143 元，出纳以现金付讫。

原始凭证：

购油发票。

流转程序：

驾驶员填报销单，到出纳处报账。

(24) 12 月 7 日，召开产品订货会期间，开支业务招待费 2 848 元，签发转账支票付讫。

原始凭证：

① 招待费收据。

② 转账支票存根。

流转程序：

供销科到出纳处办理。

(25) 12月7日，签发转账支票支付邮局预订下年度报刊费5 400元。

原始凭证：

① 报刊订阅收据。

② 转账支票存根。

流转程序：

厂办到出纳处办理。

(26) 12月8日，装配车间张辉出差，借支差旅费2 000元，出纳以现金支付。

原始凭证：

差旅费借款单。

流转程序：

装配车间到出纳处办理。

(27) 12月8日，运输公司交来转账支票一张，偿付原欠赔偿款2 500元。

原始凭证：

进账单(回单)。

流转程序：

运输公司开出支票，出纳送存银行后做账。

(28) 12月8日，签发转账支票，向国税局交纳未交增值税65 000元，交纳所得税217 428元。

原始凭证：

① 增值税、所得税缴款书。

② 转账支票存根。

流转程序：

出纳填增值税、所得税缴款书和支票到银行办理。

(29) 12月8日，签发转账支票，向地税局交纳城乡维护建设税10 850元及教育费附加5 650元。

原始凭证：

① 城乡维护建设税及教育费附加缴款书。

② 转账支票存根。

流转程序：

出纳填税收缴款书和支票到银行办理。

(30) 12月8日，前进铸造厂发来R-ⅠH材料400件运到，经仓库验收入库。

原始凭证：

① 收料单(记账联)。

② 随货同行联。

流转程序：

与第(10)笔业务相联系。

程序说明：

① 由对方通过运输部门发来材料。

② 供销科在收货单上填应收数。

③ 仓储科去车站提货后验收入库填实收数。

④ 财会科材料核算岗位根据收货单财会联和发票随货联做账。

(31) 12月8日，签发现金支票1张，提现金4 000元备用。

原始凭证：

现金支票存根。

流转程序：

出纳到银行办理。

(32) 12月8日，报销职工医药费5 246元，出纳以现金付讫。

原始凭证：

医药费报销单。

流转程序：

由厂办签字、出纳办理。

(33) 12月8日，销售给华信商业集团如下产品：Y-Ⅰ甲产品30台，每台售价2 470元，Y-Ⅱ乙产品30台，每台售价2 660元，G-30丙产品40台，每台售价3 325元，全部价税合计335 673元已收到转账支票并送存银行。

原始凭证：

① 增值税专用发票(记账联)。

② 进账单(回单)。

流转程序：

参见第(12)笔业务。

(34) 12月9日，向成套机电设备公司购进生产线工程A-5专用设备一套，价税合计421 200元，当即交付安装，款项签发转账支票付讫。

原始凭证：

① 增值税专用发票(发票联、抵扣联)。

② 转账支票存根。

流转程序：

① 专用设备账务由固定资产岗核算。

② 转账支票付款参见第(12)笔业务程序。

(35) 12 月 9 日,装配车间领用安全钳 5 把,每把 16 元;扳手 5 把,每把 24 元,领用时一次摊销。

原始凭证:

领料单。

流转程序:

参见第(19)笔业务程序。

(36) 12 月 9 日,收到三汇公司银行汇票一张,偿付前欠货款 150 000 元,汇票已送存银行并取回进账回单。

原始凭证:

进账单(回单)。

流转程序:

由购货方交来银行汇票,出纳将汇票送存银行后进行账务处理。

(37) 12 月 9 日,签发建行转账支票 1 张,支付市安装公司生产线工程安装调试费 85 000 元。

原始凭证:

① 工程安装费计费账单。

② 建行转账支票存根。

流转程序:

由市安装公司开出结算发票,固定资产管理部门确认签字,出纳结算,固定资产核算岗做账。

(38) 12 月 10 日,将生产线工程借款利息 68 000 元计入生产线工程成本。

原始凭证:

借款利息单。

流转程序:

银行转来利息单,由固定资产核算岗做账。

(39) 12 月 10 日,生产线工程经验收合格并交付加工车间使用,该工程成本为 1 077 960 元。

原始凭证:

固定资产竣工验收单。

流转程序:

固定资产管理岗办理相关验收手续,固定资产核算岗做账。

(40) 12 月 10 日,填制信汇凭证支付前欠前进铸造厂部分货款 200 000 元。

原始凭证:

信汇凭证回单。

流转程序：

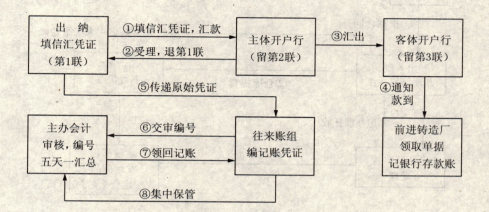

（41）12月10日，生产线交付使用后，加工车间一台 X-300 机床闲置，而名山机械厂又急需该设备。该机床原价为 264 000 元，已提折旧 128 000 元，经协商名山机械厂以 130 000 元购进该机床，当天收到银行转来信汇凭证（收款通知），设备已自提运回。结转 X-300 机床处理净损失 6 000 元。

原始凭证：

① 固定资产调拨单（记账联）。

② 信汇凭证（收款通知）。

流转程序：

① 双方协商、签订合同。

② 名山厂通过银行信汇汇来款项。

③ 我方开出固定资产调拨单，设备由对方自提运回。

④ 固定资产核算岗根据原始单据做账。

（42）12月10日，根据合同发给三汇公司下列产品：Y-Ⅰ甲产品 30 台，每台售价 2 600 元；G-30 丙产品 30 台，每台售价 3 500 元；G-40 丁产品 30 台，每台售价 3 200 元。全部价税合计 326 430 元。随货发出木箱 90 个，每个成本 68 元（列销售费用）。另签发转账支票代垫运费 1 450 元。上述货款及代垫运费 327 880 元，已办妥托收。

原始凭证：

① 增值税专用发票（记账联）。

② 包装物领用单（记账联）。

③ 转账支票存根。

④ 委托收款结算凭证（回单）。

流转程序：

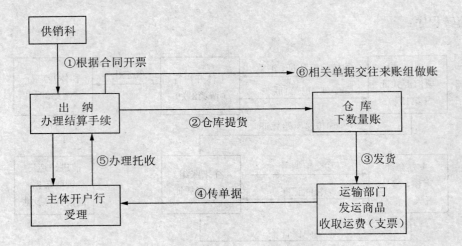

(43) 12月10日，银行转来红江器材厂委托银行收款结算凭证支款通知,附增值税专用发票(发票联、抵扣联)以及运费单证。发来 φ-8A 材料 6 000 千克,每千克 14.9 元,另代垫运杂费 1 920 元,经审核无误承付,材料尚未运到。

原始凭证:

① 增值税专用发票(发票联、抵扣联)。

② 运费单证。

③ 委托银行收款结算凭证(支款通知)。

流转程序:

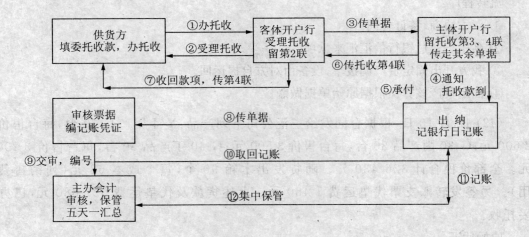

(44) 12月10日,李明领工资540元,出纳以现金付讫(在工资表下签字后领取)。

此业务及以下业务的流程不再标出,由学生参照以上流程分析讨论后采用。

(45) 12月11日,根据各车间、部门工资结算单编制工资结算汇总表,并据以签发金额为 147 851 元的现金支票,委托工商银行代为发放工资转存信用卡业务,工资发放清单以软盘形式同时送交银行,并经银行审核无误;同时根据工资结算表结转代扣款项。独生

工资结算汇总表

部门		基本工资	岗位工资	补贴	应扣病假工资	应付工资	独生子女补贴	代扣款项						实发工资
								养老保险	医疗保险	失业保险	住房公积	个人所得税	合计	
加工车间	生产工人	29 920	24 640	7 568	256	61 872	115	4 608	1 152	576	4 608	125.50	11 069.50	50 917.50
	管理人员	3 800	3 640	688	108	8 020	10	600	150	75	600	86.30	1 511.30	6 518.70
	小　计	33 720	28 280	8 256	364	69 892	125	5 208	1 302	651	5 208	211.80	12 580.80	57 436.20
装配车间	生产工人	27 200	22 400	6 880	706	55 774	105	4 152	1 038	519	4 152	102.50	9 963.50	45 915.50
	管理人员	2 900	2 880	516	80	6 216	15	464	116	58	464	72.80	1 174.80	5 056.20
	小　计	30 100	35 280	7 396	786	61 990	120	4 616	1 154	577	4 616	175.30	11 138.30	50 971.70
维修车间		5 600	5 320	1 376	132	12 164	10	904	226	113	904	82.00	2 229.00	9 945.00
企业管理人员		13 500	14 400	2 572	224	30 248	25	2 256	564	282	2 256	324.40	5 682.40	24 590.60
医务人员		2 860	2 800	430		6 090	5	456	114	57	456	104.50	1 187.50	4 907.50
合　计		85 780	76 080	20 030	1 506	180 384	285	13 440	3 360	1 680	13 440	898.00	32 818.00	147 851.00

子女补贴不属于工资总额组成,不通过应付工资核算,支付时直接计入管理费用。应由个人负担的养老保险、医疗保险、失业保险、住房公积金是按上年月平均工资的相应比例计算的,个人所得税是按当月工资与个人所得税法规定计算代扣的,代扣的个人所得税先通过"应交税金——应交个人所得税"核算,住房公积金通过"其他应交款"核算,其余各项通过"其他应付款"核算。

原始凭证:

① 现金支票存根。

② 工资结算汇总表。

③ 代扣款项清单。

(46) 12 月 11 日,按上年月平均工资总额 168 000 元,计提应由企业负担的养老保险、医疗保险、失业保险及住房公积金。按本月工资总额 180 384 元计提工会经费和职工教育经费。

企业负担的医疗保险费从应付福利费中开支,其余各项均在管理费用中列支。

各项保险金经费计算表

计提项目	计提基数	计提率	计提金额
养老保险金	上年月平均工资总额 168 000 元	20.5%	34 440.00
住房公积金		8%	13 440.00
医疗保险金		9.5%	15 960.00
失业保险金		2%	3 360.00
工会经费	本月工资总额 180 384 元	2%	3 607.68
教育经费		1.5%	2 705.76
合　　计			73 513.44

(47) 12 月 12 日,银行转来托收承付结算凭证收账通知,向宏远公司托收的款项 266 150 元已收妥入账。

原始凭证:

托收承付结算凭证收账通知。

(48) 12 月 12 日,财务科周林等四人参加会计继续教育培训,签发转账支票支付财大培训费、资料费等共计 1 248 元(在职工教育经费中列支)。

原始凭证:

① 培训费收据。

② 转账支票存根。

(49) 12 月 13 日,加工车间和装配车间分别领用 F 材料 500 千克和 800 千克,属车间一般消耗用材料。

原始凭证：

领料单。

(50) 12月13日,银行转来山城配件厂委托银行收款结算凭证支款通知,附增值税专用发票(发票联、抵扣联),发来 Y-Ⅰ套件(每套245元)、Y-Ⅱ套件(每套230元)各150套,价税款合计83 362.50元,另代垫运费5 610元,合计托收金额为88 972.50元,经审核无误承付。

原始凭证：

① 增值税专用发票(发票联、抵扣联)。

② 运费单证。

③ 委托银行收款结算凭证(支款通知)。

(51) 12月13日,仓库转来收料单,山城配件厂发来 Y-Ⅰ套件、Y-Ⅱ套件各150套,如数验收入库。

原始凭证：

① 收料单。

② 随货同行联。

(52) 12月13日,根据0056#合同销售给振兴公司 Y-Ⅰ甲产品40台,每台售价2 600元;Y-Ⅱ乙产品40台,每台售价2 800元;G-40丁产品40台,每台售价3 200元,价税合计402 480元。另以银行存款代垫运费2 420元,上述款项已办妥托收手续。领用包装木箱120个,每个68元,作为销售费用处理。

原始凭证：

① 增值税专用发票(记账联)。

② 转账支票存根。

③ 托收承付结算凭证(回单)。

④ 包装物领料单。

(53) 12月14日,银行转来信汇结算凭证(收款通知),前锋公司汇来前欠货款50 000元已收妥入账。

原始凭证：

信汇结算凭证(收款通知)。

(54) 12月14日,副厂长王星出差借支差旅费3 000元,出纳签发现金支票交王星去银行提现。

原始凭证：

① 借款单。

② 现金支票存根。

(55) 12 月 14 日，前锋公司持银行汇票前来购买 Y-Ⅰ 甲产品 30 台，每台售价 2 470 元；Y-Ⅱ 乙产品 30 台，每台售价 2 660 元；G-30 丙产品 60 台，每台售价 3 325 元（因持汇票购买，且量较大，故给予 5% 的商业折扣），价税款合计 413 478 元，已持汇票向银行办妥进账手续。发货时领用包装木箱 120 个，每个 68 元（作销售费用处理）。上述产品前锋公司已来车自提。

原始凭证：

① 增值税专用发票（记账联）。

② 进账单（回单）。

③ 包装物领料单。

(56) 12 月 14 日，企业短期持有价值为 55 000 元的 A 公司股票，委托证券公司出售，收入 60 500 元已存入证券公司（存出投资款专户）。

原始凭证：

股票交割单。

(57) 12 月 14 日，向市建材公司购进水泥 1 000 千克，单价 0.40 元，木材 3 m³，单价 800 元，水泥、木材价税合计 3 276 元。签发转账支票付讫。水泥、木材直接交办公楼大修理工程现场验收使用。

原始凭证：

① 增值税专用发票（发票联、抵扣联）。

② 转账支票存根。

(58) 12 月 14 日，签发转账支票，购买印花税票 1 240 元，一次摊入管理费用。

原始凭证：

① 转账支票存根。

② 购印花税收据。

(59) 12 月 15 日，办公楼大修理工程领用油漆 50 千克，每千克 14 元，领用稀释剂 10 千克，每千克 12 元。

原始凭证：

领料单。

(60) 12 月 15 日，收到银行转来市电信局电话专用托收凭证，支付电话费 2 548 元。

原始凭证：

① 电话费收据。

② 专用托收凭证（付款通知）。

(61) 12 月 15 日，银行转来涪城器材厂委托收款结算凭证（支款通知），附增值税专用发票（发票联、抵扣联），发来 G-30 套件 100 套，每套售价 480 元，G-40 套件 150 套，每套售价 450 元，价税合计 135 135 元。另代垫运费 7 000 元，合计托收 142 135 元，经审核无误同意付款。

原始凭证:

① 增值税专用发票(发票联、抵扣联)。

② 运费单证。

③ 委托银行收款结算凭证(支款通知)。

(62) 12月15日,从人民商场购进纸张、台历等办公用品 1 458 元,签发转账支票支付。办公用品由各部门直接领用,其中加工车间 326 元,装配车间 458 元,厂办 674 元。

原始凭证:

① 购物普通发票。

② 转账支票存根。

(63) 12月15日,收到燎原机械厂发来 φ-8A 材料 5 000 千克,每千克 14.20 元;φ-10B材料 8 000 千克,每千克 12.50 元;φ-18E 材料 8 000 千克,每千克 5.20 元;价税合计248 742元。另代垫铁路运费 16 800 元。该批材料当日验收入库,签发金额为 265 542 元期限三个月的商业承兑汇票交付燎原机械厂。

原始凭证:

① 增值税专用发票(发票联、抵扣联、随货联)。

② 运费单证。

③ 商业承兑汇票存根。

④ 收料单(记账联)。

(64) 12 月 15 日,签发银行信汇凭证,委托银行汇付上月欠燎原机械厂货款117 305 元。

原始凭证:

信汇凭证(回单)。

(65) 12月15日,装配车间领用 Y-Ⅰ套件 120 套,每套 255 元;领用 Y-Ⅱ套件 125 套,每套 248 元。

原始凭证:

领料单。

(66) 12月15日,仓库交来收料单,红江器材厂 φ-8A 材料 6 000 千克运到,已验收入库。

原始凭证:

① 增值税专用发票(随货联)。

② 收料单(记账联)。

(67) 12月16日涪城器材厂发来的 G-30 套件 100 套、G-40 套件 150 套运到,已验收入库。

原始凭证：

① 增值税专用发票（随货联）。

② 收料单（记账联）。

(68) 12 月 16 日，装配车间领用 G-30 套件 60 套、G-40 套件 145 套。

原始凭证：

领料单（记账联）。

(69) 12 月 16 日，银行转来托收承付结算凭证收账通知，托收新兴公司货款 127 410 元，已收妥入账。

原始凭证：

托收承付结算凭证（收账通知）。

(70) 12 月 16 日，长风公司持银行汇票前来购买 G-30 丙产品 50 台，每台售价 3 325 元，G-40 丁产品 50 台，每台售价 3 040 元，价税款合计 372 352.50 元，同时领用包装木箱 100 个，每个成本 68 元（作为销售费用）。产品已由长风公司车队运走。汇票已向银行办妥进账，取回回单。

原始凭证：

① 增值税专用发票（记账联）。

② 进账单回单。

③ 包装物领用单（记账单）。

(71) 12 月 16 日，根据与南海公司签订的分期收款协议，原发给的 G-30 丙产品 75 台（售价 3 500 元），已到货款结算期，开出增值税专用发票寄交南海公司，并向银行办妥委托收款手续。

原始凭证：

① 增值税专用发票（记账联）。

② 委托银行收款结算凭证（回单）。

(72) 12 月 16 日，加工车间技术员王进出差返回，报销差旅费合计 2 096 元，退回现金 904 元（原借支差旅费为 3 000 元）。

原始凭证：

差旅费报销单。

(73) 12 月 16 日，银行转来委托银行收款结算凭证（收账通知），三汇公司货款 327 880 元，已收妥入账。

原始凭证：

委托银行收款结算凭证（收账通知）。

(74) 12 月 17 日，根据合同发给巨源公司产品一批，Y-Ⅰ甲产品 40 台，每台售价

2 600 元,G-40 丁产品 40 台,每台售价 3 200 元,价税合计金额为 271 440 元。另以转账支票代垫铁路运费 5 560 元。发运时领用包装木箱 80 个,每个 68 元(列销售费用)。上述款项已向银行办妥托收手续。

原始凭证:

① 增值税专用发票(记账联)。

② 转账支票存根。

③ 包装木箱领用单。

④ 托收承付结算凭证(回单)。

(75) 12 月 17 日,辅助生产维修车间领用柴油 1 000 升,每升 3.12 元,机油 5 升,每升 15.2 元,合计 3 196 元。

原始凭证:

领料单。

(76) 12 月 17 日,银行转来星光仪器厂委托收款结算凭证(支款通知),附增值税专用发票(发票联、抵扣联),发来 R-3N 材料 400 件,每件 18 元;R-4P 材料 400 件,每件 45 元;R-5W 材料 200 件,每件 58 元,价税合计 43 056 元。另代垫运费 1 700 元,托收金额 44 756 元,经审核无误承付,材料尚未运到。

原始凭证:

① 增值税专用发票(发票联、抵扣联)。

② 运费单证。

③ 委托收款结算凭证(支款通知)。

(77) 12 月 17 日,维修车间报销购买零星办公用品费 365 元,出纳以现金支付。

原始凭证:

普通购物发票。

(78) 12 月 18 日,银行转来托收承付结算凭证(收账通知),振兴公司货款 404 900 元已收妥入账。

原始凭证:

托收承付结算凭证(收账通知)。

(79) 12 月 18 日,装配车间张辉出差返回,报销差旅费 1 670 元,退回多借现金 330 元,出纳收讫。

原始凭证:

差旅费报销单及所附凭证。

(80) 12 月 18 日,签发转账支票向市住房公积金专户缴纳住房公积金 26 880 元。

原始凭证:

① 转账支票存根。

② 住房公积金缴款书。

(81) 12 月 18 日,分别签发转账支票向市社会保险中心交纳养老保险金 47 880 元,医疗保险金 19 320 元,失业保险金 5 040 元。

原始凭证:

① 转账支票存根。

② 缴款书。

(82) 12 月 19 日,签发流动资金贷款还款凭证偿还生产周转借款 500 000 元。

原始凭证:

还款凭证(回单)。

(83) 12 月 19 日,银行转来电力公司专用托收凭证(付款通知)托收电费 11 064.69 元,其中增值税(进项税额)为 1 607.69 元。根据电费分配比例按加工车间 45%、装配车间 40%、维修车间 5%、管理部门 10% 进行分配(产品成本中不单独核算动力费用,先在制造费用中核算)。

原始凭证:

① 增值税专用发票(发票联、抵扣联)。

② 专用委托收款凭证(付款通知)。

③ 电费分配计算表。

(84) 12 月 20 日,银行转来自来水公司专用托收凭证(付款通知)托收水费 1 350 元。仍按加工车间 45%、装配车间 40%、维修车间 5%、行政管理部门 10% 进行分配。

原始凭证:

(1) 专用托收凭证(付款通知)。

(2) 水费分配计算表。

(85) 12 月 20 日,星光仪器厂发来 R-3N 材料 400 件、R-4P 材料 400 件、R-5W 材料 200 件已运到,并如数验收入库。

原始凭证:

① 收料单(记账联)。

② 增值税专用发票(随货联)。

(86) 12 月 21 日,向木综厂购进包装木箱 500 个,每个单价 72 元,价税合计 42 120 元,签发转账支票付讫。木箱由木综厂送货,已验收入库,木箱按实际成本计价。

原始凭证:

① 增值税专用发票(发票联、抵扣联、随货联)。

② 转账支票存根。

③ 收料单(记账联)。

(87) 12月21日,根据合同发给宏远公司Y-Ⅱ乙产品20台,每台售价2 800元,G-30丙产品30台,每台售价3 500元,G-40丁产品30台,每台售价3 200元,价税合计300 690元,另以转账支票代垫运费3 310元,上述款项已办妥托收手续。发运时领用包装木箱80个,每个68元(计入销售费用)。

原始凭证:

① 增值税专用发票(记账联)。

② 转账支票存根。

③ 包装物领料单(记账联)。

④ 托收承付结算凭证(回单)。

(88) 12月21日,收到工商银行和建设银行转来的第四季度短期及临时贷款计收利息清单,本季利息共计40 473.75,其中,工行借款计收利息33 333.75元,建行借款计收利息7 140.00元,季内前两月已预提借款利息29 520元。

原始凭证:

① 工行计收利息清单(付款通知)。

② 建行计收利息清单(付款通知)。

(89) 12月21日,收到工商银行和建设银行转来本季计付利息清单,工行存款计付利息3 002.80元,建行存款计付利息1 105.35元,合计利息4 108.15元。

原始凭证:

① 工行计付利息清单(收款通知)。

② 建行计付利息清单(收款通知)。

(90) 12月22日,工行转来委托收款结算凭证(收账通知),托收南海公司款项307 125元已收妥入账。

原始凭证:

委托银行收款结算凭证(收账通知)。

(91) 12月22日,以现金876元支付工商银行办理转账结算手续费。

原始凭证:

银行手续费收据。

(92) 12月23日,分配本月工资费用并计提职工福利费。加工车间生产工人工资61 872元,按该车间甲、乙、丙、丁产品生产工时比例分配,其工时分别为:4 000、5 500、4 180和5 655。装配车间生产工人工资55 774元,也按该车间甲、乙、丙、丁产品生产工时比例分配,其工时分别为:3 200、4 000、3 670和4 204。其余人员工资,直接计入相关账户。

原始凭证:

工资费用分配及职工福利费计提表。

工资费用分配及职工福利费计提表

项 目		分配标准	分配率	工资分配额	计提职工福利费	合 计
基本生产成本	加工车间 甲产品	4 000		12 800	1 792.00	14 592.00
	乙产品	5 500		17 600	2 464.00	20 064.00
	丙产品	4 180		13 376	1 872.64	15 248.64
	丁产品	5 655		18 096	2 533.44	20 629.44
	小 计	19 335	3.20	61 872	8 662.08	70 534.08
	装配车间 甲产品	3 200		11 840	1 657.60	13 497.60
	乙产吕	4 000		14 800	2 072.00	16 872.00
	丙产品	3 670		13 579	1 901.06	15 480.06
	丁产品	4 204		15 555	2 177.70	17 732.70
	小 计	15 074	3.70	55 774	7 808.36	63 582.36
辅助生产成本维修				12 164	1 702.96	13 866.96
制造费用	加工车间			8 020	1 122.80	9 142.80
	装配车间			6 216	870.24	7 086.24
	小 计			14 236	1 993.04	16 229.04
应付福利费				6 090		6 090.00
管理费用				30 248	5 087.32	35 335.32
合 计				180 384	25 253.76	205 637.76

(93) 12 月 23 日,按月初固定资产账面原值计提本月折旧,房屋建筑物年折旧率 4.8%,机器设备折旧率 18%,汽车每月折旧 1 400 元。另按折旧额的一半提取固定资产大修理费。

原始凭证:

固定资产折旧及大修理费计提表。

固定资产折旧及大修理费计提表

部门或车间 \ 类别折旧	房屋及建筑物		机器设备		其他(汽车)		本月计提合计	
	原值	折旧额	原值	折旧额	原值	折旧额	折旧额	大修理费
加工车间	1 600 000	6 400	543 000	8 145.00			14 545.00	7 272.50
装配车间	800 000	3 200	740 000	11 100.00			14 300.00	7 150.00
维修车间	300 000	1 200	232 300	3 484.50			4 684.50	2 342.25
厂部行政部门	1 050 000	4 200	300 520	4 507.80	150 000	1 400	10 107.80	5 053.90
出 租			100 000	1 500.00			1 500.00	750.00
合 计	3 750 000	15 000	1 915 820	28 737.30	150 000	1 400	45 137.30	22 568.65

(94) 12 月 24 日,装配车间领用油漆 100 千克,稀释剂 40 千克,共计 1 880 元,甲、乙、丙、丁产品各负担 470 元。

原始凭证:

领料单(记账联)。

(95) 12 月 24 日,民生机器厂交来转账支票一张,支付固定资产租金 3 500 元,支票已交银行进账。

原始凭证:

① 进账单(回单)。

② 租金收据(记账联)。

(96) 12 月 24 日,计算本月原材料成本差异率,并分摊原材料成本差异。

原始凭证:

材料成本差异分配表。

材料成本差异分配表

			领用材料计划成本	差异率	应分配材料成本差异
生产成本	加工车间	甲产品	200 565.70		4 974.03
		乙产品	240 984.27		5 976.41
		丙产品	236 199.20		5 857.74
		丁产品	279 450.83		6 930.38
	装配车间	甲产品	59 894.00		1 485.37
		乙产品	66 566.00		1 650.84
		丙产品	85 694.00		2 125.21
		丁产品	116 300.00		2 884.24
辅助生产成本(维修)			4 938.40		122.47
制造费用	加工车间		2 200.00		54.56
	装配车间		3 520.00		87.30
在建工程——大修理工程			820.00		20.34
合　计			1 297 132.40	2.48%	32 168.89

$$本月材料成本差异率 = \frac{52\ 242}{2\ 104\ 660} \times 100\% \approx 2.48\%$$

(97) 12 月 24 日,办公楼大修理工程完工,经验收合格,签发转账支票支付市装修公司工程尾款 4 280 元,办理工程完工转账手续(该企业已预提大修理费用)。

原始凭证:

① 转账支票存根。

② 工程款结算单（发票联）。

（98）12 月 25 日，银行转来托收承付结算凭证收账通知，向巨源公司托收款 277 000 元已收妥入账。

原始凭证：

托收承付结算凭证（收账通知）。

（99）12 月 25 日，签发转账支票 1 张，预付市电视台下年度广告费 72 000 元。

原始凭证：

① 电视台广告费收据（发票联）。

② 转账支票存根。

（100）12 月 25 日，工行转来托收承付结算凭证（承付支款通知）及增值税专用发票（发票联、抵扣联），前进铸造厂发来铜铸件 380 件，每件 600 元，价税合计 266 760 元，另代垫运费 7 600 元，经审核同意承付，铜铸件尚未运到。

原始凭证：

① 增值税专用发票（发票联、抵扣联）。

② 运费单证。

③ 托收承付结算凭证（承付支款通知）。

（101）12 月 26 日，上月已转入清理的固定资产——冲压机，其净值为 9 300 元，东风机械厂以 10 000 元买走，当即交来转账支票，已送银行进账，同时结转净收益。

原始凭证：

① 冲压机调出单（记账联）。

② 进账单（回单）。

（102）12 月 26 日，装配车间职工张峰因家庭经济困难申请临时困难补助 500 元，经工会讨论同意。出纳以现金付讫。

原始凭证：

困难补助申请单。

（103）12 月 26 日，签发工行转账支票一张，支付办公楼电梯修理费 1 340 元。

原始凭证：

① 电梯工程公司发票。

② 转账支票存根。

（104）12 月 27 日，签发工行转账支票一张，预付下一年第一季度财产保险费 5 993.80 元，预付下一年度机动车保险费 3 000 元，共计 8 993.80 元。

原始凭证：

① 保险费收据。

② 转账支票存根。

(105) 12 月 27 日,签发工行转账支票 1 张,支付医务室购买常用药品费 1 284 元。

原始凭证:

① 普通发票。

② 转账支票存根。

(106) 12 月 27 日,签发工行转账支票 1 张,支付本月排污费 1 050 元(列管理费用)。

原始凭证:

① 排污费收据。

② 转账支票存根。

(107) 12 月 28 日,签发工行转账支票 1 张,支付大信律师事务所法律顾问咨询费 1 500 元。

原始凭证:

① 咨询费收据。

② 转账支票存根。

(108) 12 月 29 日,签发工行转账支票 1 张,支付会展中心展台摊位费 2 100 元。

原始凭证:

① 摊位费收据。

② 转账支票存根。

(109) 12 月 30 日,摊销本月应负担的财产保险费 1 997 元,具体负担情况如下:加工车间 646 元,装配车间 475 元,维修车间 164 元,行政管理部门 666 元,出租固定资产 46 元。

原始凭证:

财产保险费摊销表。

(110) 12 月 30 日,摊销报刊费 400 元,其中:行政部门 240 元,加工车间 60 元,装配车间 60 元,维修车间 40 元。

原始凭证:

报刊费摊销表。

(111) 12 月 30 日,摊销低值易耗品摊销费 1 393 元,其中:行政管理部门 653 元,加工车间 470 元,装配车间 180 元,维修车间 90 元。

原始凭证:

低值易耗品摊销表。

(112) 12 月 31 日,将本月辅助生产成本维修成本 27 473.93 元,试按(维修)工时进行分配。

原始凭证：

辅助生产费用分配表。

辅助生产费用分配表（分配率精确到 0.01 元）

车间或部门	分配标准（工时）	分配率	应分配费用
加工车间	680		12 886.00
装配车间	700		13 265.00
行政管理部门	70		1 322.93
合 计	1 450	18.95	27 473.93

（113）12 月 31 日，将加工车间制造费用 57 212.01 元按本车间产品生产工时进行分配。

原始凭证：

加工车间制造费用分配表。

加工车间制造费用分配表

产品名称	分配标准（工时）	分配率	分配金额
Y-Ⅰ 甲半成品	4 000		11 840.00
Y-Ⅱ 乙半成品	5 500		16 280.00
G-30 丙半成品	4 180		12 372.80
G-40 丁半成品	5 655		16 719.21
合 计	19 335	2.96	57 212.01

（114）12 月 31 日，将装配车间的制造费用 54 874.34 元，按本车间产品生产工时进行分配。

原始凭证：

装配车间制造费用分配表。

装配车间制造费用分配表

产品名称	分配标准（工时）	分配率	分配金额
Y-Ⅰ 甲成品	3 200		11 648.00
Y-Ⅱ 乙成品	4 000		14 560.00
G-30 丙成品	3 670		13 358.80
G-40 丁成品	4 204		15 307.54
合 计	15 074	3.64	54 874.34

(115) 12 月 31 日加工车间本月完工半成品甲、乙、丙、丁产品及其在产品数量及完工程度如下表,试据以计算甲、乙、丙、丁完工半成品成本并结转装配车间。

产品名称	月初在产品数量	本月投产	本月完工	月末在产品	
				数量	完工程度
Y-Ⅰ甲半成品	20	200	180	40	80%
Y-Ⅱ乙半成品	15	225	220	20	50%
G-30 丙半成品	40	160	180	20	50%
G-40 丁半成品	25	225	230	20	50%

原材料属开工时一次投料,直接人工、制造费用成本项目按约当产量计算,各成本项目单位成本精确到 0.01 元,结转加工车间转入装配车间完工半成品成本如下:

Y-Ⅰ甲半成品 180 台　　　　　205 101.00

Y-Ⅱ乙半成品 220 台　　　　　276 683.00

G-30 丙半成品 180 台　　　　　274 757.40

G-40 丁半成品 230 台　　　　　320 797.10

原始凭证:

自制成本计算单。

(116) 12 月 31 日,装配车间完工产成品数量、在产品数量及完工程度如下表:

产品名称	月初在产品数量	加工车间完工转入数	本月完工数	月末在产品	
				数量	完工程度
Y-Ⅰ甲产品	10	180	160	30	50%
Y-Ⅱ乙产品	15	220	200	35	80%
G-30 丙产品	20	180	160	40	50%
G-40 丁产品	10	230	200	40	50%

装配车间半成品成本项目不按约当产量计算,其余直接材料、直接人工、制造费用成本项目均按约当产量计算结转。最后将完工产成品成本中的半成品成本,按加工车间本月完工半成品成本结构还原(还原分配率精确到 0.000 1),并编制产品成本汇总表。

装配车间完工产品成本转出如下:

Y-Ⅰ甲产品 160 台,单位成本 1 654.25 元,总成本 264 680.00 元

Y-Ⅱ乙产品 200 台,单位成本 1 720.74 元,总成本 344 148.00 元

G-30 丙产品 160 台,单位成本 2 186.92 元,总成本 349 907.20 元

G-40 丁产品 200 台,单位成本 2 104.13 元,总成本 420 826.00 元

合计:1 379 561.20 元

原始凭证：

产成品入库单。

（117）12月31日，通过民政部门向灾区重建工程捐赠 G-30 丙产品 4 台，成本按加权平均单价 2 071.54 元计算，每台按 3 500 元售价计算应交增值税以及城建税（7%）和教育费附加（3%）。

原始凭证：

捐赠收据及计算表。

（118）12月31日，按本月销售产品应缴增值税（销项税额减去进项税额）334 813.81元的 7%计算城乡维护建设税，按 3%计算教育费附加。

原始凭证：

产品销售税金及附加计算表。

（119）12月31日，结转本月未交增值税 337 193.81 元（包括产品销售应交增值税以及捐赠产品应交增值税）。

原始凭证：

增值税纳税申报表。

（120）12月31日，按本月出租业务收入的 5%计算应缴营业税，按营业税的 7%计算城乡建设维护税，按 3%计算教育费附加。

原始凭证：

营业税及附加计算表。

（121）12月31日，计算并结转本月应缴房产税、土地使用税。

房产税 $= 3\,750\,000 \times (1 - 20\%) \times 1.2\% / 12 = 3\,000$（元）

土地使用税 $= 5\,850 \times 5 / 12 = 2\,437.50$（元）

原始凭证：

房产税、土地使用税计算表。

（122）12月31日，本月应摊销无形资产 5 000 元。

原始凭证：

无形资产摊销计算表。

（123）12月31日，查明一台锻压设备工艺技术较落后，其预计可收回金额低于账面价值 15 000 元，据以计提固定资产减值准备。

原始凭证：

固定资产减值准备计算表。

（124）12月31日，按全月一次加权平均单价计算结转本月已销售产品成本（采用顺算法计算成本）。

Y-Ⅰ甲成品 190 台,单位成本 1 636.70 元,总成本 310 973.00 元

Y-Ⅱ乙成品 210 台,单位成本 1 736.70 元,总成本 364 707.00 元

G-30 丙产品 240 台,单位成本 2 071.54 元,总成本 497 169.60 元

G-40 丁产品 240 台,单位成本 2 148.50 元,总成本 515 640.00 元

合计:1 688 489.60 元

原始凭证:

销售成本计算表。

(125) 12 月 31 日,计提坏账准备。宏远公司托收款 304 000 元已超过正常回款期,按 1%计提坏账准备 3 040 元。其他应收款中张兴所欠款 900 元,已超过两年未能收回,按 50%计提坏账准备 450 元。

原始凭证:

坏账准备计提表。

(126) 12 月 31 日,收到接受投资企业送来本年度利润表。南华公司实现净利润 421 500 元,本公司出资比例为 30%,采用权益法核算。龙泉机器厂实现净利润 186 450 元,本公司出资比例为 15%,不能施加重大影响,故采用成本法核算。龙泉机器厂已宣告 拿出 80 000 元向投资者分配利润,本公司应分得的股利尚未收到。

原始凭证:

① 南华公司利润及分配通报表。

② 龙泉机器厂利润及分配通报表。

③ 自制:本公司投资利润处理表。

(127) 12 月 31 日,计算应交所得税。

调整事项包括:从南华公司和龙泉公司分得的 138 450 元属税后利润,且所得税率均 为 33%,故应调减纳税所得;计提固定资产减值准备不得在税前列支,应调增纳税所得 15 000 元。

企业核定的全年计税工资总额为 1 974 000 元,实际发放工资总额 2 161 480 元。超过 计税工资标准发放的工资和超过计税工资总额提取的职工福利费、工会经费、教育经费均 应调增纳税所得,即调增 220 289 元。

12 月应交所得税=全年应交所得税-1 至 11 月累计已交所得税

$$= (3\,501\,813.17 - 138\,450.00 + 15\,000.00 + 220\,289.00) \times 33\% - 853\,050.00$$

$$= 3\,598\,652.17 \times 33\% - 8\,530\,050.00 = 334\,505.22(元)$$

原始凭证:

所得税计算表。

(128) 12 月 31 日,结转本年利润。

(129) 12 月 31 日,按本年净利润 10％和 5％计提法定盈余公积金和公益金。

原始凭证:

盈余公积计提表。

(130) 12 月 31 日,经公司董事会决议按出资比例向投资方分配股利 800 000 元,尚未发放。

(131) 12 月 31 日,将"本年利润"及"利润分配"账户有关明细账余额结转"利润分配——未分配利润"账户。

青城有限责任公司的资产负债表和利润表如下所示:

资产负债表

编制单位: 200×年   月   日   单位:元

资　　产	行次	年初数	期末数	负债及所有者权益	行次	年初数	期末数
流动资产:				流动负债:			
货币资金	1			短期借款	68		
短期投资	2			应付票据	69		
应收票据	3			应付账款	70		
应收股利	4			预收账款	71		
应收利息	5			应付工资	72		
应收账款	6			应付福利费	73		
其他应收款	7			应付股利	74		
预付账款	8			应交税金	75		
应收补贴款	9			其他应交款	80		
存货	10			其他应付款	81		
待摊费用	11			预提费用	82		
一年内到期的长期投资	21			预计负债	83		
其他流动资产	24			一年内到期的长期负债	86		
流动资产合计	31			其他流动负债	90		
长期投资:				流动负债合计	100		

（续表）

资　产	行次	年初数	期末数	负债及所有者权益	行次	年初数	期末数
长期股权投资	32			长期负债：			
长期债权投资	34			长期借款	101		
长期投资合计	38			应付债券	102		
				长期应付款	103		
固定资产：				专项应付款	106		
固定资产原价	39			其他长期负债	108		
减：累计折旧	40			长期负债合计	110		
固定资产净值	41						
减固定资产减值准备	42			递延税项：			
固定资产净额	43			递延税款贷项	111		
工程物资	44			负债合计	114		
在建工程	45						
固定资产清理	46			所有者权益（或股东权益）：			
固定资产合计	50			实收资本（或股本）	115		
无形资产及其他资产：				减：已归还投资	116		
无形资产	51			实收资本或股本净额	117		
长期待摊费用	52			资本公积	118		
其他长期资产	53			盈余公积	119		
无形资产及其他资产合计	60			其中：法定公益金	120		
递延税项：				未分配利润	121		
递延税款借项	61			所有者权益（或股东权益）	122		
资产总计	67			负债及所有者权益总计	135		

利润表

编制单位：　　　　　　　　200×年　　月　　　　　　　　　　　单位：元

项　目	本月数	本年累计数
一、主营业务收入		
减：主营业务成本		
主营业务税金及附加		
二、主营业务利润		
加：其他业务利润		
减：销售费用		
管理费用		
财务费用		
三、营业利润		
加：投资收益		
补贴收入		
营业外收入		
减：营业外支出		
四、利润总额		
减：所得税		
五、净利润		

第六节　操作训练指导

一、凭证、账页资料耗用情况统计

（1）使用"总账"账页开设总账的情形。【共 28 张账页，每一张账页等于 2 页】

① 资产、负债、所有者权益类账户（期初建账户 37 个）。

② 损益类账户（期初建账户 13 个）。

③ 业务运行中新设账户（即"制造费用"、"物资采购"、"应付工资"、"应收股利"、"固定资产减值准备"、"应付股利"等 6 个账户）。

共计：37＋13＋6＝56（页）

（2）使用"现金日记账"账页开设现金日记账的情形。【共 1 张账页】

只有现金。

共计:1(页)

(3) 使用"银行存款日记账"账页开设银行存款日记账的情形。【共 3 张账页】

① 银行存款——工商银行。

② 银行存款——建设银行。

共计:2(期初建账)+3(过次页)=5(页)

(4) 使用"三栏式"账页开设明细账的情形。

期初开账需 80 页,以后根据业务在 10 页内调整。

(5) 使用"数量金额式"账页开设明细账的情形。【共 18 张账页】

① 包装物。

② 库存商品。

③ 原材料。

④ 低值易耗品。

共计：1＋4＋22＋5＋3(业务运行中新设账户) = 35(页)

(6) 使用"基本生产明细账"账页开设明细账的情形。【共 4 张账页】

① 加工车间。

② 装配车间。

共计：4＋4 = 8(页)

(7) 使用"多栏式"账页开设明细账的情形。【共 4 张账页】

① 制造费用——加工车间

② 制造费用——装配车间

③ 生产成本——辅助生产成本(维修车间)

④ 销售费用

⑤ 财务费用

⑥ 管理费用

共计：6＋1(管理费用过次页) = 7(页)

(8) 使用"应交税金——应交增值税"账页开设明细账的情形。【共 1 张账页】

共计：1＋1(过次页) = 2(页)

【使用记账凭证】—【共 200 页】

(9) "制造费用"和"辅助生产成本"各明细内容。

① 工资及福利费。

② 折旧费。

③ 修理费。

④ 办公费。

⑤ 水电费。

⑥ 材料消耗摊销。

⑦ 劳动保险费。

⑧ 保险费。

⑨ 其他。

二、科目汇总表参考数据

科目汇总表

【一】

记账凭证 __001__ 号至 __020__ 号 共 __20__ 张　　　　汇总字第 __1__ 号

会计科目	借方金额	记 账	贷方金额	记 账
现　　金			803	
银行存款	511 864.50		347 072	
应收账款	393 560		264 000	
其他应收款			2 400	
原材料	97 200		1 127 399	
物资采购	106 640		93 040	
包装物			7 820	
低值易耗品	5 200		5 750	
材料成本差异			4 160	
待摊费用	5 750			
生产成本	1 127 399			
销售费用	12 320			
管理费用	3 203			
应付账款	267 000			
应付票据	43 620		102 960	
应交税金	17 952		92 454.50	
主营业务收入			543 850	
合　　计	2 591 708.50		2 591 708.50	

会计主管×××　　　　　记账×××　　　　　复核×××　　　　　制表×××

科目汇总表
【二】

记账凭证__021__号至__044__号 共__24__张　　　汇总字第__2__号

会计科目	借方金额	记　账	贷方金额	记　账
现　金	4 000		7 929	
银行存款	618 173		1 130 824	
应收账款	327 880		150 000	
其他应收款	2 000		2 500	
原材料	14 320		1 742.40	
物资采购	91 320		13 600	
包装物			6 120	
低值易耗品			200	
材料成本差异			720	
待摊费用	5 400			
固定资产	1 077 960		264 000	
累计折旧	128 000			
固定资产清理	136 000		136 000	
在建工程	574 200		1 077 960	
应付账款	200 000			
其他应付款	540			
应付福利费	5 246			
其他应交款	5 650			
应交税金	308 476		96 203	
长期借款			68 000	
主营业务收入			565 900	
制造费用	4 950			
生产成本	2 062.40			
管理费用	3 401			
销售费用	6 120			
营业外支出	6 000			
合　　计	3 521 698.40		3 521 698.40	

会计主管×××　　　　记账×××　　　　复核×××　　　　制表×××

科目汇总表

【三】

记账凭证 __045__ 号至 __066__ 号 共 __22__ 张　　　汇总字第 __3__ 号

会计科目	借方金额	记 账	贷方金额	记 账
银行存款	729 628		511 453.50	
短期投资			55 000	
应收账款	404 900		316 150	
其他应收款	3 000			
物资采购	428 760		397 580	
原材料	393 290		68 140	
材料成本差异	5 610		1 320	
在建工程	3 620			
生产成本	61 600			
包装物			16 320	
制造费用	6 504			
应付账款	117 305			
应付票据			265 542	
应付工资	180 384			
应付福利费	15 960			
应交税金	68 365.50		119 456	
其他应交款			26 880	
其他应付款	1 248		78 553.44	
其他货币资金	60 500			
主营业务收入			697 400	
投资收益			5 500	
销售费用	16 320			
管理费用	62 300.44			
合　　计	2 559 294.94		2 559 294.94	

会计主管×××　　　　记账×××　　　　　复核×××　　　　　制表×××

科目汇总表

【四】

记账凭证 __067__ 号至 __085__ 号 共 __19__ 张　　　　汇总字第 __4__ 号

会计科目	借方金额	记　账	贷方金额	记　账
现　　金	1 234		365	
银行存款	1 232 542.50		661 850.69	
其他应收款			5 000	
应收账款	584 125		860 190	
物资采购	38 500		161 000	
原材料	154 030		97 971	
材料成本差异	6 970			
包装物			12 240	
分期收款发出商品			150 750	
短期借款	500 000			
应交税金	7 863.69		138 167.50	
其他应付款	72 240			
其他应交款	26 880			
生产成本	98 876.35			
制造费用	12 951.95			
主营业务收入			812 750	
主营业务成本	150 750			
销售费用	12 240			
管理费用	1 080.70			
合　　计	2 900 284.19		2 900 284.19	

会计主管×××　　　　　记账×××　　　　　复核×××　　　　　制表×××

科目汇总表

【五】

记账凭证 086 号至 100 号 共 15 张   汇总字第 5 号

会计科目	借方金额	记 账	贷方金额	记 账
现　金			876	
银行存款	591 733.15		436 543.75	
应收账款	304 000		584 125	
物资采购	235 600			
原材料			1 880	
材料成本差异			32 168.89	
包装物	36 000		5 440	
待摊费用	72 000			
累计折旧			45 137.30	
在建工程	4 300.34		33 520.34	
生产成本	188 896.84			
制造费用	59 638.40			
应付工资			180 384	
应付福利费	6 090		25 253.76	
应交税金	44 880		43 690	
预提费用	63 040.34		22 568.65	
主营业务收入			257 000	
其他业务收入			3 500	
销售费用	5 440			
财务费用	11 829.75			
管理费用	50 497.02			
其他业务支出	2 250			
合　计	1 676 195.84		1 676 195.84	

会计主管×××　　　　　记账×××　　　　　　复核×××　　　　　　制表×××

科目汇总表
【六】

记账凭证 __101__ 号至 __126__ 号 共 __26__ 张　　　汇总字第 __6__ 号

会计科目	借方金额	记账	贷方金额	记账
现　金			500	
银行存款	10 000		16 267.80	
应收股利	12 000			
坏账准备			1 170	
库存商品	1 379 561.20		1 696 775.76	
待摊费用	8 993.80		3 790	
长期股权投资	126 450			
固定资产减值准备			15 000	
无形资产			5 000	
生产成本	1 189 718.85		2 484 373.63	
制造费用	28 042		112 086.35	
应付福利费	1 784			
应交税金	337 193.81		368 802.13	
固定资产清理	700		10 000	
其他应交款			10 121.06	
主营业务成本	1 688 489.60			
主营业务税金及附加	33 481.38			
其他业务支出	238.50			
销售费用	2 100			
管理费用	18 379.43			
投资收益			138 450	
营业外收入			700	
营业外支出	25 904.16			
合　计	4 863 036.73		4 863 036.73	

会计主管×××　　　　记账×××　　　　　　复核×××　　　　　　制表×××

科目汇总表

【七】

记账凭证　127　号至　131　号　共　5　张　　　汇总字第　7　号

会计科目	借方金额	记　账	贷方金额	记　账
应交税金			334 505.22	
应付股利			800 000	
盈余公积			347 138.70	
本年利润	4 757 000		3 025 050	
主营业务收入	2 876 900			
其他业务收入	3 500			
投资收益	143 950			
营业外收入	700			
主营业务成本			1 839 239.60	
主营业务税金及附加			33 481.38	
其他业务支出			2 488.50	
销售费用			54 540	
管理费用			138 861.59	
财务费用			7 721.60	
营业外支出			31 904.16	
所得税	334 505.22		334 505.22	
利润分配	2 294 277.40		3 461 396.65	
合　　计	10 410 832.62		10 410 832.62	

会计主管×××　　　　　记账×××　　　　　复核×××　　　　　制表×××

三、资产负债表及利润表

资产负债表

编制单位:青城有限责任公司　　　　　　200×年12月31日　　　　　　　　　单位:元

资产	行次	年初数	期末数	负债及所有者权益 (或股东权益)	行次	年初数	期末数
流动资产:				**流动负债:**			
货币资金	1	1 097 860	1 360 813.41	短期借款	42	3 130 000	1 385 000
短期投资	2	25 000		应付票据	43	43 670	368 502
应收票据	5	5 800	53 000	应付账款	44	52 700	164 000
应收股利	6		12 000	预收账款	45		
应收利息	7			应付工资	47	950	
应收账款	10	555 210	300 960	应付福利费	48	5 450	16 093.76
其他应收款	11		5 450	应付股利	49	63 000	800 000
预付账款	12			应交税金	50	128 000	701 825.35
应收补贴款	13			其他应交款	51	8 500	10 121.06
存　货	16	3 190 550	3 120 585.96	其他应付款	52	18 500	16 027.44
待摊费用	17	3 800	91 353.80	预提费用	53	45 850	3 168.31
一年内到期的 长期债权投资	19			预计负债	54		
其他流动资产				一年内到期的 长期负债	55	432 000	
流动资产合计	21	4 878 220	4 944 163.17	其他流动负债	56		
长期投资:							
长期股权投资	22	385 000	729 710				
长期债权投资	23						
长期投资合计		385 000	729 710				
				流动负债合计	57	4 402 920	3 464 737.92

（续表）

资产	行次	年初数	期末数	负债及所有者权益（或股东权益）	行次	年初数	期末数
固定资产：				**长期负债：**			
固定资产原价	27	5 835 820	6 629 780	长期借款	58	1 068 000	1 136 000
减：累计折旧	28	2 485 820	2 739 657.30	应付债券	59		
固定资产净值	29	3 350 000	3 890 122.70	长期应付款	60		
减：固定资产减值准备			15 000	其他长期负债	61		
固定资产净额		3 350 000	3 875 122.70				
工程物资	30						
在建工程	31	249 200		**长期负债合计**	62	1 068 000	1 136 000
固定资产清理	32			**递延税项：**			
				递延税款贷项	63		
固定资产合计	34	3 599 200	3 875 122.70				
				负债合计	64	5 470 920	4 600 737.92
				所有者权益（股东权益）：			
				实收资本（或股本）	65	3 000 000	3 000 000
无形资产及其他资产：				资本公积	66	210 000	192 500
无形资产	35	360 000	300 000	盈余公积	67	320 500	667 638.70
长期待摊费用	37			其中：法定公益金	68	115 000	230 712.90
其他长期资产	38			未分配利润	69	221 000	1 388 119.25
无形资产及其他资产合计	39	360 000	300 000				
递延税项：							
递延税款借项	40			**所有者权益（股东权益）合计**	70	3 751 500	5 248 257.95
资产总计	41	**9 222 420**	**9 848 995.87**	**负债及所有者权益（或股东权益）总计**	75	**9 222 420**	**9 848 995.87**

利润表

编制单位：青城有限责任公司　　　　　　200×年度　　　　　　　　　　单位：元

项　　目	行次	本月数	本年累计数
一、主营业务收入	1	2 876 900	27 778 900
减：主营业务成本	4	1 839 239.60	21 488 939.60
主营业务税金及附加	5	33 481.38	228 578.38
二、主营业务利润（亏损以"－"填列）	6	1 004 179.02	6 061 382.02
加：其他业务利润（亏损以"－"填列）	7	1 011.50	15 720.50
减：销售费用	9	54 540	927 960
管理费用	10	138 861.59	1 717 841.59
财务费用	11	7 721.60	189 321.60
三、营业利润（亏损以"－"填列）	12	804 067.33	3 241 979.33
加：投资收益（损失以"－"填列）	13	143 950	167 700
补贴收入	14		
营业外收入	15	700	213 969
减：营业外支出	16	31 904.16	121 835.16
四、利润总额（亏损以"－"填列）	17	916 813.17	3 501 813.17
减：所得税	18	334 505.22	1 187 555.22
五、净利润（净亏损以"－"填列）	19	582 307.95	2 314 257.95

补充资料：

项　　目	上年实际数	本年累计数
1. 出售、处置部门或被投资单位所得收益		
2. 自然灾害发生的损失		
3. 会计政策变更增加（或减少）净利润		
4. 会计估计变更增加（或减少）净利润		
5. 债务重组损失		
6. 其他		

第五章

报表编制与纳税申报

第一节 编制财务报表——以第三章业务为例

主要财务报表如下表所示：

编　号	会计报表名称	编 报 要 求	
		中期报告	年度报告
会企 01 表	资产负债表	法定、完整报表	法定、完整报表
会企 02 表	利润表	法定、完整报表	法定、完整报表
会企 03 表	现金流量表	法定、完整报表	法定、完整报表
会企 02 表附表 1	所有者权益变动表	企业自行决定	法定
	报表附注	法定、适当简化	法定、详细披露

一、编制资产负债表

在报表编制之前,首先必须保证前面操作期的所有业务均已全部运行结束,然后对总账进行试算平衡,最后才能进行报表的编制。

前面运行操作期业务时,由于对商品采购的核算实行了"固定科目对应关系",即:只要托收单到付款就借记"商品采购",贷记"银行存款",只要商品到就借记"库存商品",贷记"商品采购",这样如到了货而没有付款或货款没有结清时,该明细账上就只有贷方余额。而此时贷方余额实际上是"货到未付款",在填列资产负债表时应该将此余额填在"应付账款",因此在编制报表时必须由最后一轮的购进账组对"商品采购"各明细账户的期末余额情况进行分析,分析出"在途商品"和"应付账款"的金额后,交报表编制人员,由其在报表编制时记入相应项目。具体操作时,购进账组可按以下填制分析表的方式进行。

"商品采购"期末余额情况分析表(草稿)

供货单位	期末为借方余额	期末为贷方余额
合　　计		

分析:
(1)"商品采购"期末为借方余额,单到货未到,为"在途商品",计入期末存货。
(2)"商品采购"期末为贷方余额,货到单未到,暂估入账,计入"应付账款"。

存货计算公式:

存货=(在途商品+库存商品+受托代销商品+分期收款发出商品+周转材料)—(商品进销差价+存货跌价准备+受托代销商品款)

资产负债表

会企01表

编制单位:　　　　　　　　年　月　日　　　　　　　　　　单位:元

资　　产	期末余额	年初余额	负债及所有者权益(或股东权益)	期末余额	年初余额
流动资产:			**流动负债:**		
货币资金			短期借款		
交易性金融资产			交易性金融负债		
应收票据			应付票据		
应收账款			应付账款		
预付款项			预收款项		
应收利息			应付职工薪酬		
应收股利			应交税费		
其他应收款			应付利息		
存货			应付股利		

（续表）

资　产	期末余额	年初余额	负债及所有者权益（或股东权益）	期末余额	年初余额
一年内到期的非流动资产			其他应付款		
其他流动资产			一年内到期的非流动负债		
流动资产合计			其他流动负债		
非流动资产：			**流动负债合计**		
可供出售金融资产			**非流动负债：**		
持有至到期投资			长期借款		
长期应收款			应付债券		
长期股权投资			长期应付款		
投资性房地产			专项应付款		
固定资产			预计负债		
在建工程			递延所得税负债		
工程物资			其他非流动负债		
固定资产清理			**非流动负债合计**		
生产性生物资产			**负债合计**		
油气资产			**所有者权益(或股东权益)：**		
无形资产			实收资本(或股本)		
开发支出			资本公积		
商誉			减:库存股		
长期待摊费用			盈余公积		
递延所得税资产			未分配利润		
其他非流动资产			**所有者权益(或股东权益)合计**		
非流动资产合计					
资产总计			**负债及所有者权益(或股东权益)总计**		

二、编制利润表

利润表

会企 02 表

编制单位：　　　　　　　　　　年　　月　　　　　　　　　　　单位：元

项　　　目	本月金额	上期金额
一、营业收入		
减：营业成本		
营业税金及附加		
销售费用		
管理费用		
财务费用		
资产减值损失		
加：公允价值变动收益（损失以"－"号填列）		
投资收益（损失以"－"号填列）		
其中：对联营企业和合营企业的投资收益		
二、营业利润（亏损以"－"填列）		
加：营业外收入		
减：营业外支出		
其中：非流动资产处置损失		
三、利润总额（亏损总额以"－"填列）		
减：所得税费用		
四、净利润（净亏损以"－"填列）		
五、每股收益：		
（一）基本每股收益		
（二）稀释每股收益		

三、编制所有者权益变动表

所有者权益变动表

会企 02 表附表 1

编制单位：　　　　　　　　　　　　　　　　　　　年度　　　　　　　　　　　　　　　　　　单位：元

项目	本年金额						上年金额					
	实收资本	资本公积	减：库存股	盈余公积	未分配利润	所有者权益合计	实收资本	资本公积	减：库存股	盈余公积	未分配利润	所有者权益合计
一、上年年末余额												
加：会计政策变更												
前期差错更正												
二、本年年初余额												
三、本年增减变动金额（减少以"—"号填列）												
（一）净利润												
（二）直接计入所有者权益的利得和损失												
1. 可供出售金融资产公允价值变动净额												
2. 权益法下被投资单位其他所有者权益变动的影响												
3. 与计入所有者权益项目相关的所得税影响												
4. 其他												
上述（一）和（二）小计												

(续表)

项目	本年金额						上年金额					
	实收资本	资本公积	减:库存股	盈余公积	未分配利润	所有者权益合计	实收资本	资本公积	减:库存股	盈余公积	未分配利润	所有者权益合计
(三)所有者投入和减少资本												
1. 所有者投入资本												
2. 股份支付计入所有者权益的金额												
3. 其他												
(四)利润分配												
1. 提取盈余公积												
2. 对所有者(或股东)的分配												
3. 其他												
(五)所有者权益内部结转												
1. 资本公积转增资本(或股本)												
2. 盈余公积转增资本(或股本)												
3. 盈余公积弥补亏损												
4. 其他												
四、本年年末余额												

四、编制现金流量表——现金流量项目汇总法

针对实习学生编制报表的难点问题——现金流量表的编制,编者根据"系统运转型"会计高仿真实验的特点,结合多年来的教学辅导经验,总结出一种让学生在实习中能够快捷、准确、及时地编制现金流量表的技巧和方法,称之为"现金流量项目汇总法"。由每轮主办会计根据本轮的经济业务,直接从记账凭证上取得本期现金流入和流出的数据资料,将记账凭证中涉及现金及现金等价物的各账户对应会计事项,按现金流量表所列项目内容对应关系登录本轮"现金流量汇总表",形成现金流量表的填列资料,然后由最后一轮的主办会计根据所有"现金流量汇总表"加总填制现金流量表主表。

具体操作步骤如下:

第一步,设计"现金流量汇总表"的格式。

设计格式时可以借鉴一下科目汇总表的一些基本做法。实习中由指导老师事先制好印好(具体格式见下面表样)。

第二步,由每轮主办会计根据本轮的经济业务,直接从记账凭证上取得本期现金流入和流出的数据资料,将记账凭证中涉及现金及现金等价物的各账户对应会计事项,按现金流量表所列项目内容的对应关系登录本轮"现金流量汇总表"。

在每轮经济业务操作过程中,主办会计按业务发生的顺序将记账凭证各现金及其等价物账户借方或贷方发生额的对应事项金额首先在汇总表中记录,为了防止差错和便于查阅,要求同时登录记账凭证的号数,然后在本轮业务结束后,将各项目的发生额加总填入本行的合计栏。

在该步骤的操作过程中,指导老师或各科室人员首先应选择理论知识较好,能快速、准确判断某项业务涉及的是经营活动、投资活动还是筹资活动现金流量的学生来担任此项登录任务。其次,还要求学生在本步骤的操作中注意以下几点:

(1)记账凭证中互相对应的账户如果都是现金及其等价物账户时,此会计事项则无需登录和汇总。如提取现金,借"库存现金"贷"银行存款",借贷双方对应的账户均为现金账户,一增一减,不影响现金净流量,因此无需登录。

(2)对于过渡性质的会计事项,如债权、债务类事项,应仔细分析,按现金流量项目的要求对应地登录、汇总。

(3)为了便于检查本轮所编"现金流量汇总表"是否正确,需要将表中现金流入和现金流出之差,同该主办会计结账前货币资金余额与交账时货币资金余额之差进行核对,若两者金额一致,则无差错,否则,则应检查错误所在。

第三步,由最后一轮的主办会计根据所有"现金流量汇总表"加总填制现金流量表主表。

在实习的经济业务全部操作完成后,进入报表编制阶段,由最后一轮主办会计来加总所有"现金流量汇总表"(包括前几轮主办会计编制的和最后一轮主办会计编制的),根据各现金流量项目金额的加总数直接填列现金流量表的主表。至于现金流量表中"现金及

现金等价物净增加额"一行的金额,来自现金及现金等价物各账户的年末余额之和与年初余额之和的差额,也应该是经营、投资、筹资三类活动产生的现金流量净额之和。按这一勾稽关系对所编制报表的正确性进行检验。

现金流量汇总表

【第　期】

年　　月　　日至　　月　　日	凭证：　号至　号	(单位:元)
项　　　　目	业务凭证号及发生额记录	合计
一、经营活动产生的现金流量		
销售商品、提供劳务收到的现金		
收到的税费返还		
收到其他与经营活动有关的现金		
经营活动现金流入小计		
购买商品、接受劳务支付的现金		
支付给职工以及为职工支付的现金		
支付的各项税费		
支付其他与经营活动有关的现金		
经营活动现金流出小计		
经营活动产生的现金流量净额		
二、投资活动产生的现金流量		
收回投资收到的现金		
取得投资收益收到的现金		
处置固定资产、无形资产和其他长期资产收回的现金净额		
处置子公司及其他营业单位收到的现金净额		
收到其他与投资活动有关的现金		
投资活动现金流入小计		
购建固定资产、无形资产和其他长期资产支付的现金		
投资支付的现金		
取得子公司及其他营业单位支付的现金净额		
支付其他与投资活动有关的现金		
投资活动现金流出小计		
投资活动产生的现金流量净额		
三、筹资活动产生的现金流量		
吸收投资收到的现金		

（续表）

项　　目	业务凭证号及发生额记录	合计
取得借款收到的现金		
收到其他与筹资活动有关的现金		
筹资活动现金流入小计		
偿还债务支付的现金		
分配股利、利润或偿付利息支付的现金		
支付其他与筹资活动有关的现金		
筹资活动现金流出小计		
筹资活动产生的现金流量净额		
现金流入与现金流出之差		
交账时货币资金与接账时货币资金余额之差	接账时 交账时	

现金流量表

会企 03 表

编制单位：　　　　　　　　　　　　年度　　　　　　　　　　　　（单位：元）

项　　目	本期金额	上期金额
一、经营活动产生的现金流量		
销售商品、提供劳务收到的现金		
收到的税费返还		
收到其他与经营活动有关的现金		
经营活动现金流入小计		
购买商品、接受劳务支付的现金		
支付给职工以及为职工支付的现金		
支付的各项税费		
支付其他与经营活动有关的现金		
经营活动现金流出小计		
经营活动产生的现金流量净额		
二、投资活动产生的现金流量		
收回投资收到的现金		
取得投资收益收到的现金		
处置固定资产、无形资产和其他长期资产收回的现金净额		
处置子公司及其他营业单位收到的现金净额		

项　　　　目	本期金额	上期金额
收到其他与投资活动有关的现金		
投资活动现金流入小计		
购建固定资产、无形资产和其他长期资产支付的现金		
投资支付的现金		
取得子公司及其他营业单位支付的现金净额		
支付其他与投资活动有关的现金		
投资活动现金流出小计		
投资活动产生的现金流量净额		
三、筹资活动产生的现金流量		
吸收投资收到的现金		
取得借款收到的现金		
收到其他与筹资活动有关的现金		
筹资活动现金流入小计		
偿还债务支付的现金		
分配股利、利润或偿付利息支付的现金		
支付其他与筹资活动有关的现金		
筹资活动现金流出小计		
筹资活动产生的现金流量净额		
四、汇率变动对现金及现金等价物的影响		
五、现金及现金等价物净增加额		
加:期初现金及现金等价物余额		
六、期末现金及现金等价物余额		

补　充　资　料	本期金额	上期金额
1. 将净利润调节为经营活动现金流量		
净利润		
加:资产减值准备		
固定资产折旧、油气资产折耗、生产性生物资产折旧		
无形资产摊销		
长期待摊费用摊销		
处置固定资产、无形资产和其他长期资产的损失(收益以"－"号填列)		
固定资产报废损失(收益以"－"号填列)		
公允价值变动损失(收益以"－"号填列)		

（续表）

补 充 资 料	本期金额	上期金额
财务费用（收益以"－"号填列）		
投资损失（收益以"－"号填列）		
递延所得税资产减少（增加以"－"号填列）		
递延所得税负债减少（减少以"－"号填列）		
存货的减少（增加以"－"号填列）		
经营性应收项目的减少（增加以"－"号填列）		
经营性应付项目的增加（减少以"－"号填列）		
其他		
经营活动产生的现金流量净额		
2. 不涉及现金收支的重大投资和筹资活动		
债务转资本		
一年内到期的可转换公司债券		
融资租入固定资产		
3. 现金及现金等价物净变动情况		
现金的期末余额		
减：现金的期初余额		
加：现金等价物的期末余额		
减：现金等价物的期初余额		
现金及现金等价物净增加额		

第二节 纳 税 申 报

一、增值税纳税申报

（一）必报资料

（1）增值税纳税申报表（适用于增值税一般纳税人）及增值税纳税申报表附列资料（表一、表二、表三、表四）。

（2）使用防伪税控系统的纳税人，必须报送记录当期纳税信息的 IC 卡（明细数据备份在软盘上的纳税人，还须报送备份数据软盘）、增值税专用发票存根联明细表及增值税专用发票抵扣联明细表。

（3）资产负债表和利润表。

（4）成品油购销存情况明细表（发生成品油零售业务的纳税人填报）。

（5）主管税务机关规定的其他必报资料。

纳税申报实行电子信息采集的纳税人，除向主管税务机关报送上述必报资料的电子数据外，还需报送纸质的增值税纳税申报表（适用于一般纳税人）主表及附表。

纳税人在纳税申报期内，应及时将全部必报资料的电子数据报送主管税务机关，并在主管税务机关按照税法规定确定的期限内（具体时间由各省一级国家税务局确定），将上述必报资料（具体份数由省一级国家税务局确定）报送主管税务机关，税务机关签收后，一份退还纳税人，其余留存。

（二）备查资料

（1）已开具的增值税专用发票和普通发票存根联。

（2）符合抵扣条件并且在本期申报抵扣的增值税专用发票抵扣联。

（3）海关进口货物完税凭证、运输发票、购进农产品普通发票及购进废旧物资普通发票的复印件。

（4）收购凭证的存根联或报查联。

（5）代扣代缴税款凭证存根联。

（6）主管税务机关规定的其他备查资料。

备查资料是否需要在当期报送，由各省一级国家税务局确定。纳税人在月度终了后，应将备查资料认真整理并装订成册。

（1）属于整本开具的手工版增值税专用发票及普通发票的存根联，按原顺序装订；开具的电脑版增值税专用发票，包括防伪税控系统开具的增值税专用发票的存根联，应按开票顺序号码每25份装订一册，不足25份的按实际开具份数装订。

（2）对属于扣税凭证的单证，根据取得的时间顺序，按单证种类每25份装订一册，不足25份的按实际份数装订。

（3）装订时，必须使用税务机关统一规定的"征税/扣税单证汇总簿封面"（以下简称"封面"），并按规定填写封面内容，由办税人员和财务人员审核签章。启用"封面"后，纳税人可不再填写原增值税专用发票的封面内容。

（4）纳税人当月未使用完的手工版增值税专用发票，暂不加装"封面"，两个月仍未使用完的，应在主管税务机关对其剩余部分剪角作废的当月加装"封面"。纳税人开具的普通发票及收购凭证在其整本使用完毕的当月，加装"封面"。

（5）"封面"的内容包括纳税人单位名称、本册单证份数、金额、税额、本月此种单证总册数及本册单证编号、税款所属时间等，具体格式由各省一级国家税务局制定。

（三）申报期限

纳税人应按月进行纳税申报，申报期为次月1日起至10日止，遇最后一日为法定节假日的,顺延1日;在每月1日至10日内有连续3日以上法定休假日的,按休假日天数顺延。

(四)填制增值税纳税申报表

增值税纳税申报表逻辑关系审核表

序号	主　表	逻辑关系	附表一
1	(第1栏)的"一般货物及劳务"本月数与"即征即退货物及劳务"本月数之和	=	(第7栏)的"小计"中的"销售额"数
2	(第2栏)的"一般货物及劳务"本月数与"即征即退货物及劳务"本月数之和	=	(第5栏)的"应税货物"中17%税率"销售额"与13%税率"销售额"的合计数
3	(第3栏)的"一般货物及劳务"本月数与"即征即退货物及劳务"本月数之和	=	(第5栏)的"应税劳务"中的"销售额"数
4	(第4栏)的"一般货物及劳务"本月数与"即征即退货物及劳务"本月数之和	=	(第6栏)的"小计"中的"销售额"数
5	(第5栏)的"一般货物及劳务"本月数与"即征即退货物及劳务"本月数之和	=	(第14栏)的"小计"中的"销售额"数
6	(第6栏)的"一般货物及劳务"本月数与"即征即退货物及劳务"本月数之和	=	(第13栏)的"小计"中的"销售额"数
7	(第11栏)的"一般货物及劳务"本月数与"即征即退货物及劳务"本月数之和	=	(第7栏)的"小计"中的"销项税额"数
8	(第21栏)的"一般货物及劳务"本月数与"即征即退货物及劳务"本月数之和	=	(第12栏)的"小计"中的"应纳税额"数
9	(第22栏)的"一般货物及劳务"本月数与"即征即退货物及劳务"本月数之和	=	(第13栏)的"小计"中的"应纳税额"数
	主表	**逻辑关系**	**附表二**
10	(第12栏)的"一般货物及劳务"本月数与"即征即退货物及劳务"本月数之和	=	(第12栏)中的"税额"数
11	(第14栏)的"一般货物及劳务"本月数与"即征即退货物及劳务"本月数之和	=	(第13栏)中的"税额"数
	附表三	**逻辑关系**	**附表二**
12	"金额""合计"栏数	=	(第1栏)中的"金额"数
13	"税额""合计"栏数	=	(第1栏)中的"税额"数
	附表四	**逻辑关系**	**附表一**
14	"金额""合计"栏数	=	(第1、8、15栏)"小计""销售额"项数据之和
15	"税额""合计"栏数	=	(第1栏)"小计""销项税额"、(第8栏)"小计""应纳税额"、(第15栏)"小计""税额"项数据之和。

增值税纳税申报表

（适用于增值税一般纳税人）

根据《中华人民共和国增值税暂行条例》第二十二条和第二十三条的规定制定本表。纳税人不论有无销售额,均应按主管税务机关核定的纳税期限按期填报本表,并于次月一日起十日内,向当地税务机关申报。

税款所属时间:自　年　月　日至　年　月　日　　填表日期:　年　月　日

金额单位:元(列至角分)

纳税人识别号											所属行业:			
纳税人名称	（公章）	法定代表人姓名			注册地址				营业地址					
开户银行及账号		企业登记注册类型							电话号码					

项　目		栏次	一般货物及劳务		即征即退货物及劳务	
			本月数	本年累计	本月数	本年累计
销售额	（一）按适用税率征税货物及劳务销售额	1				
	其中:应税货物销售额	2				
	应税劳务销售额	3				
	纳税检查调整的销售额	4				
销售额	（二）按简易征收办法征税货物销售额	5				
	其中:纳税检查调整的销售额	6				
	（三）免、抵、退办法出口货物销售额	7			—	—
	（四）免税货物及劳务销售额	8				
	其中:免税货物销售额	9			—	—
	免税劳务销售额	10			—	—
税款计算	销项税额	11				
	进项税额	12				
	上期留抵税额	13			—	—
	进项税额转出	14				
	免、抵、退货物应退税额	15			—	—
	按适用税率计算的纳税检查应补缴税额	16			—	—
	应抵扣税额合计	17=12+13－14－15+16			—	—
	实际抵扣税额	18(如 17＜11,则为 17,否则为 11)				
	应纳税额	19=11－18				

（续表）

	项　目	栏次	一般货物及劳务		即征即退货物及劳务	
			本月数	本年累计	本月数	本年累计
税款计算	期末留抵税额	20＝17－18		—		—
	按简易征收办法计算的应纳税额	21				
	按简易征收办法计算的纳税检查应补缴税额	22			—	—
	应纳税税额减征额	23				
	应纳税额合计	24＝19＋21－23				
税　款　缴　纳	期初未缴税额（多缴为负数）	25				
	实收出口开具专用缴款书退税额	26			—	—
	本期已缴税额	27＝28＋29＋30＋31				
	① 分次预缴税额	28			—	—
	② 出口开具专用缴款书预缴税额	29			—	—
	③ 本期缴纳上期应纳税额	30				
	④ 本期缴纳欠缴税额	31				
	期末未缴税额（多缴为负数）	32＝24＋25＋26－27				
	其中：欠缴税额（≥0）	33＝25＋26－27			—	—
	本期应补（退）税额	34＝24－28－29				
	即征即退实际退税额	35	—	—		
	期初未缴查补税额	36			—	—
	本期入库查补税额	37			—	—
	期末未缴查补税额	38＝16＋22＋36－37			—	—

授权声明	如果你已委托代理人申报，请填写下列资料： 　　为代理一切税务事宜，现授权　　　　（地址）为本纳税人的代理申报人，任何与本申报表有关的往来文件，都可寄予此人。 　　　　　　授权人签字：	申报人声明	此纳税申报表是根据《中华人民共和国增值税暂行条例》的规定填报的，我相信它是真实的、可靠的、完整的。 　　　　　　声明人签字：

以下由税务机关填写：

收到日期：　　　　　　接收人：　　　　　　主管机关盖章：

(五）填制增值税纳税申报表附列资料

（1）增值税纳税申报表附列资料（表一）。

纳税人名称：(公章)　　　　　　　税款所属时间：　年　月　日　　　　　金额单位：元(列至角分)

填表日期：　年　月　日

本期销售情况明细

一、按适用税率征收增值税货物及劳务的销售额和销项税额明细

项　目	栏　次	货　　　物						应税劳务			小　　计		
		应税17%税率			13%税率								
		份数	销售额	销项税额	份数	销售额	销项税额	份数	销售额	销项税额	份数	销售额	销项税额
防伪税控系统开具的增值税专用发票	1												
非防伪税控系统开具的增值税专用发票	2												
开具普通发票	3												
未开具发票	4	—			—			—			—		
小　计	5=1+2+3+4	—			—			—			—		
纳税检查调整	6	—			—			—			—		
合　计	7=5+6	—			—			—			—		

（续表）

二、简易征收办法征收增值税货物的销售额和应纳税额明细

项　　目	栏　次	6%征收率			4%征收率			小计		
		份数	销售额	应纳税额	份数	销售额	应纳税额	份数	销售额	应纳税额
防伪税控系统开具的增值税专用发票	8									
非防伪税控系统开具的增值税专用发票	9									
开具普通发票	10									
未开具发票	11	—			—			—		
小　计	12＝8＋9＋10＋11	—			—			—		
纳税检查调整	13	—			—			—		
合　计	14＝12＋13	—			—			—		

三、免征增值税货物及劳务销售额明细

项　　目	栏　次	免税货物			免税劳务			小计		
		份数	销售额	税额	份数	销售额	税额	份数	销售额	税额
防伪税控系统开具的增值税专用发票	15			—		—	—			—
开具普通发票	16			—		—	—			—
未开具发票	17	—		—	—	—	—	—		—
合　计	18＝15＋16＋17	—		—	—	—	—	—		—

(2) 增值税纳税申报表附列资料(表二)。

本期进项税额明细

税款所属时间：　　年　　月

纳税人名称：(公章)　　　　填表日期：　　年　　月　　日　　　　金额单位:元(列至角分)

一、申报抵扣的进项税额				
项　目	栏次	份数	金额	税额
(一)认证相符的防伪税控增值税专用发票	1			
其中:本期认证相符且本期申报抵扣	2			
前期认证相符且本期申报抵扣	3			
(二)非防伪税控增值税专用发票及其他扣税凭证	4			
其中:17%税率	5			
13%税率或扣除率	6			
10%扣除率	7			
7%扣除率	8			
6%征收率	9			
4%征收率	10			
(三)期初已征税款	11			
当期申报抵扣进项税额合计	12			

二、进项税额转出额		
项　目	栏次	税额
本期进项税转出额	13	
其中:免税货物用	14	
非应税项目用	15	
非正常损失	16	
按简易征收办法征税货物用	17	
免抵退税办法出口货物不得抵扣进项税额	18	
纳税检查调减进项税额	19	
未经认证已抵扣的进项税额	20	
	21	

三、待抵扣进项税额				
项　目	栏次	份数	金额	税额
(一)认证相符的防伪税控增值税专用发票	22			
期初已认证相符但未申报抵扣	23			
本期认证相符且本期未申报抵扣	24			
期末已认证相符但未申报抵扣	25			
其中:按照税法规定不允许抵扣	26			

(续表)

项 目	栏次	份数	金额	税额
(二)非防伪税控增值税专用发票及其他扣税凭证	27			
其中:17%税率	28			
13%税率及扣除率	29			
10%扣除率	30			
7%扣除率	31			
6%征收率	32			
4%征收率	33			
	34			

四、其 他

项 目	栏次	份数	金额	税额
本期认证相符的全部防伪税控增值税专用发票	35			
期初已征税款挂账额	36			
期初已征税款余额	37			
代扣代缴税额	38			

注:第1栏＝第2栏＋第3栏＝第23栏＋第35栏－第25栏;
第2栏＝第35栏－第24栏;
第3栏＝第23栏＋第24栏－第25栏;
第4栏等于第5栏至第10栏之和;
第12栏＝第1栏＋第4栏＋第11栏;
第13栏等于第14栏至第21栏之和;
第27栏等于第28栏至第34栏之和。

(3)增值税纳税申报表附列资料(表三)。

防伪税控增值税专用发票申报抵扣明细

申报抵扣所属期: 年 月

纳税人识别号:

纳税人名称:(公章) 填表日期: 年 月 日 金额单位:元(列至角分)

类别	序号	发票代码	发票号码	开票日期	金额	税额	销货方纳税人识别号	认证日期	备注
本期认证相符且本期申报抵扣									
	小计	—	—	—			—	—	—

类别	序号	发票代码	发票号码	开票日期	金额	税额	销货方纳税人识别号	认证日期	备注
前期认证相符且本期申报抵扣									
	小计	—	—	—			—	—	—
	合计	—	—	—			—	—	—

注：本表"金额-合计"栏数据应与附列资料（表二）第1栏中"金额"项数据相等；

本表"税额-合计"栏数据应与附列资料（表二）第1栏中"税额"项数据相等。

（4）增值税纳税申报表附列资料（表四）。

防伪税控增值税专用发票存根联明细

申报所属期：　　　　年　　月

纳税人识别号：　　　　　　　　填表日期：　　　年　　月　　日

纳税人名称：（公章）　　　　　　　　　　　　　　　　金额单位：元（列至角分）

序号	发票代码	发票号码	开票日期	购货方纳税人识别号	金额	税额	作废标志
合计	—	—	—				

注：本表"金额-合计"栏数据应等于附列资料（表一）第1、8、15栏"小计-销售额"项数据之和；本表"税额-合计"栏数据应等于附列资料（表一）第1栏"小计-销项税额"、第8栏"小计-应纳税额"、第15栏"小计-税额"项数据之和。

二、城建税、教育费附加、副食品调控基金、工会经费等地方各税（费、基金）的申报

纳税管理码	
地税登记码	

——市地方各税（费、基金）缴纳申报表

申报日期：　　年　　月　　日

单位：元（角、分）

纳税人（扣缴义务人）名称（盖章）

纳税银行				银行账号					地址		电话	
税　种（费、基金）	科　目（计征对象）	所属时期	计税（征）总额	税　率（征收率）	本期应纳税额	本期经批准的缓缴额	本期经批准的减（免）	本期实际入库额	本　期欠缴额	本期末累计经批准的缓缴额	本期末累计经批准的缓缴额欠缴额
1	2	3	4	5	6=4×5	7	8	9=6－7－8	10=6－9	11	12
合　计											

我声明：此纳税申报表资料是根据中华人民共和国有关税收法律、法规及有关规定填报的，我确信它是真实的、可靠的、完整的。

法人代表（负责人）签章　　　　　　　　时间：

代理申报人（签章）
代理机构电话

注：①纳税申报是指纳税人按照税法规定的期限和内容向税务机关提交有关纳税事项书面报告的法律行为，是纳税人履行纳税义务、承担法律责任的主要依据。除企业所得税（年度申报）、个人独资企业和合伙企业投资者个人所得税（季度申报）、合伙企业投资者个人所得税（年度申报）、个体工商户核定征收户补缴欠缴的税（费、基金）以外，均使用此申报表；补缴欠缴地方各税（费、基金）须使用《　　市欠缴地方各税（费、基金）补缴申报表》。

②"经批准缓缴额"、"经批准减（免）额"申报时应附上批文复印件；申报个人所得税时，应附《代扣代缴个人所得税报告表》。

③纳税人必须按税收法律法规及有关规定，按期、全面、准确地填写本表，一式两份进行申报，一份交主管税务机关，一份自行妥善保存10年，以备核查。

④申报受理人员应按照规定认真进行审核，未填列主要项目、未按规定签章的不予受理。

三、所得税纳税申报

企业所得税法规定,实行查账征收的纳税人,缴纳企业所得税,实行按年计算,分月或者分季预缴,月份或者季度终了后 15 日内预缴,年度终了后 4 个月内汇算清缴,多退少补。

纳税人应当在月份或者季度终了后 15 日内,向其所在地主管税务机关报送预缴所得税申报表和月份或者季度会计报表,履行月份或者季度纳税申报手续。年度终了后 4 个月内向其所在地主管税务机关报送年度所得税纳税申报表、年度会计决算报表及附报资料。纳税人在纳税年度内无论盈利或亏损,都应当按照规定的期限,向当地主管税务机关报送会计决算报表和所得税申报表。

纳税人发生解散、破产、撤销情形,并进行清算的,应在办理工商注销登记之前,向当地主管税务机关办理企业所得税纳税申报。纳税人有其他情形依法终止纳税义务的,应当在停止生产、经营之日起 60 日内,向主管税务机关办理企业所得税纳税申报。

(一)填制企业所得税预缴纳税申报表

企业所得税预缴纳税申报表

税款所属期间　　　年　　月　　日至　　　年　　月　　日

纳税人识别号:□□□□□□□□□□□□□□□　　　　　　金额单位:元(列至角分)

纳税人名称		
项　　　　目	行次	累计金额
实行据实预缴的纳税人填列以下第 1—11 行:		
利润总额	1	
加:纳税调整增加额	2	
减:纳税调整减少额	3	
减:弥补以前年度亏损	4	
应纳税所得额(1+2-3-4)	5	
适用税率	6	
应纳所得税额(5×6)	7	
减免所得税额	8	
汇总纳税成员企业就地预缴比例	9	
实际已预缴的所得税额	10	
应补(退)的所得税额[(7-8-10)或(7-8)×9-10]	11	
实行按上年实际数分期预缴的纳税人填列以下第 12—14 行:		
上一年度实际缴纳的企业所得税额	12	

(续表)

项 目	行次	累计金额
本季(月)应预缴所得税额(12行÷4 或 12行÷12)	13	
本年实际已预缴的所得税额	14	

纳税人公章: 经办人: 申报日期: 年 月 日	代理申报中介机构公章: 经办人执业证件号码: 代理申报日期: 年 月 日	主管税务机关受理专用章: 受理人: 受理日期: 年 月 日

(二) 企业所得税年度纳税申报表及其附表

1. 填制申报表

企业所得税年度纳税申报表

税款所属期间: 年 月 日至 年 月 日

纳税人识别号:□□□□□□□□□□□□□□□   金额单位:元(列至角分)

纳税人名称:			
	行次	项 目	金 额
收入总额	1	销售(营业)收入(请填附表一)	
	2	投资收益(请填附表三)	
	3	投资转让净收入(请填附表三)	
	4	补贴收入	
	5	其他收入(请填附表一)	
	6	收入总额合计(1+2+3+4+5)	
扣除项目	7	销售(营业)成本(请填附表二)	
	8	主营业务税金及附加	
	9	期间费用(请填附表二)	
	10	投资转让成本(请填附表三)	
	11	其他扣除项目(请填附表二)	
	12	扣除项目合计(7+8+9+10+11)	
应纳税所得额的计算	13	纳税调整前所得(6-12)	
	14	加:纳税调整增加额(请填附表四)	
	15	减:纳税调整减少额(请填附表五)	
	16	纳税调整后所得(13+14-15)	
	17	减:弥补以前年度亏损(请填附表六)(17≤16)	
	18	减:免税所得(请填附表七)(18≤16-17)	
	19	加:应补税投资收益已缴所得税额	
	20	减:允许扣除的公益救济性捐赠额(请填附表八)	
	21	减:加计扣除额(请填附表九)(21≤16-17-18+19-20)	
	22	应纳税所得额(16-17-18+19-20-21)	

	行次	项　　　　目	金　　额
应纳所得税额的计算	23	适用税率	
	24	境内所得应纳所得税额（22×23）	
	25	减：境内投资所得抵免税额	
	26	加：境外所得应纳所得税额（请填附表十）	
	27	减：境外所得抵免税额（请填附表十）	
	28	境内、外所得应纳所得税额（24－25＋26－27）	
	29	减：减免所得税额（请填附表七）	
	30	实际应纳所得税额（28－29）	
	31	汇总纳税成员企业就地预缴比例	
	32	汇总纳税成员企业就地应预缴的所得税额（30×31）	
	33	减：本期累计实际已预缴的所得税额	
	34	本期应补（退）的所得税额	
	35	附：上年应缴未缴本年入库所得税额	

纳税人声明：此纳税申报表是根据《中华人民共和国企业所得税暂行条例》及其实施细则和国家有关税收规定填报的，是真实的、完整的。

法定代表人（签字）：　　　　　　　　　　　　　　　　　　　　　　　　年　　月　　日

纳税人公章： 经办人： 申报日期：　年　月　日	代理申报中介机构公章： 经办人执业证件号码： 代理申报日期：　年　月　日	主管税务机关受理专用章： 受理人： 受理日期：　年　月　日

2. 填制附表

（1）企业所得税年度纳税申报表附表一。

销售（营业）收入及其他收入明细表

填报时间：　　年　　月　　日　　　　　　　　　　金额单位：元（列至角分）

行次	项　　　　目	金　　额
1	一、销售（营业）收入合计（2＋7＋12）	
2	1．主营业务收入（3＋4＋5＋6）	
3	（1）销售商品	
4	（2）提供劳务	
5	（3）让渡资产使用权	
6	（4）建造合同	

(续表)

行次	项　　目	金　额
7	2. 其他业务收入(8+9+10+11)	
8	(1) 材料销售收入	
9	(2) 代购代销手续费收入	
10	(3) 包装物出租收入	
11	(4) 其他	
12	3. 视同销售收入(13+14+15)	
13	(1) 自产、委托加工产品视同销售的收入	
14	(2) 处置非货币性资产视同销售的收入	
15	(3) 其他视同销售的收入	
16	二、其他收入合计(17+24)	
17	1. 营业外收入(18+19+…+23)	
18	(1) 固定资产盘盈	
19	(2) 处置固定资产净收益	
20	(3) 非货币性资产交易收益	
21	(3) 出售无形资产收益	
22	(4) 罚款净收入	
23	(5) 其他	
24	2. 税收上应确认的其他收入(25+26+27+28+29)	
25	(1) 因债权人原因确实无法支付的应付款项	
26	(2) 债务重组收益	
27	(3) 接受捐赠的资产	
28	(4) 资产评估增值	
29	(5) 其他	

经办人(签章)：　　　　　　　　　　　　　法定代表人(签章)：

(2) 企业所得税年度纳税申报表附表二。

成本费用明细表

填报时间：　　年　月　日　　　　　金额单位:元(列至角分)

行次	项　　目	金　额
1	一、销售(营业)成本合计(2+7+13)	
2	1. 主营业务成本(3+4+5+6)	
3	(1) 销售商品成本	

行次	项　　　　目	金　　额
4	（2）提供劳务成本	
5	（3）让渡资产使用权成本	
6	（4）建造合同成本	
7	2. 其他业务支出(8＋9＋10＋11＋12)	
8	（1）材料销售成本	
9	（2）代购代销费用	
10	（3）包装物出租成本	
11	（4）相关税金及附加	
12	（5）其他	
13	3. 视同销售成本(14＋15＋16)	
14	（1）自产、委托加工产品视同销售成本	
15	（2）处置非货币性资产视同销售成本	
16	（3）其他视同销售成本	
17	二、其他扣除项目合计(18＋26)	
18	1. 营业外支出(19＋20＋…＋25)	
19	（1）固定资产盘亏	
20	（2）处置固定资产净损失	
21	（3）出售无形资产损失	
22	（4）债务重组损失	
23	（6）罚款支出	
24	（7）非常损失	
25	（8）其他(包括三项减值准备)	
26	2. 税收上应确认的其他成本费用(27＋28)	
27	（1）资产评估减值	
28	（2）其他	
29	三、期间费用合计(30＋31＋32)	
30	1. 销售(营业)费用	
31	2. 管理费用	
32	3. 财务费用	

经办人(签章)：　　　　　　　　　　　　法定代表人(签章)：

(3) 企业所得税年度纳税申报表附表三。

投资所得(损失)明细表

填报时间：　　年　　月　　日　　　　　　　　　　　　金额单位:元(列至角分)

行次	投资资产种类	被投资企业所在地	占被投资企业权益比例	被投资企业适用企业所得税税率	投资收益(持有收益)	应补税的投资收益已纳企业所得税	投资转让所得或损失(处置收益)				
							投资转让净收入	投资转让成本			投资转让所得或损失
								初始投资成本	计税成本调整	投资转让成本	
		1	2	3	4	5	6	7	8	9	10
1	一、债权投资(小计)										
2	(一) 短期债权投资(小计)										
5	(二) 长期债权投资(小计)										
6											
9	二、股权投资(小计)										
10	(一) 短期股权投资(小计)										
11											
13											
14	(二) 长期股权投资(小计)										
16											
17	合　计										

补充资料

1. 以前年度结转在本年度税前扣除的股权投资转让损失		2. 本年度股权投资转让损失税前扣除限额	
3. 投资转让净损失纳税调整额		4. 投资转让净损失结转以后年度扣除金额(累计)	

经办人(签章)：　　　　　　　　　　　　　　　　　　　　法定代表人(签章)：

（4）企业所得税年度纳税申报表附表四。

纳税调整增加项目明细表

填报时间： 年 月 日　　　　　　　金额单位：元（列至角分）

行次	项　　目	本期发生数	税前扣除限额	纳税调增金额
		1	2	3
1	工资薪金支出			
2	工会经费			
3	职工福利费			
4	职工教育经费			
5	利息支出			
6	业务招待费			
7	本期转回以前年度确认的时间性差异			
8	折旧、摊销支出			
9	广告支出			
10	业务宣传费			
11	销售佣金			
12	股权投资转让净损失			
13	财产损失			
14	坏账准备金			
15	各类社会保障性缴款			
16	其中：基本养老保险			
17	失业保险			
18	基本医疗保险			
19	基本生育保险			
20	工伤保险			
21	补充养老保险			
22	补充医疗保险			
23	上交总机构管理费			
24	住房公积金			
25	本期增提的各项准备金			
26	其中：存货跌价准备			
27	固定资产减值准备			
28	无形资产减值准备			

(续表)

行次	项 目	本期发生数	税前扣除限额	纳税调增金额
		1	2	3
29	在建工程跌价准备			
30	自营证券跌价准备			
31	呆账准备			
32	保险责任准备金提转差			
33	其他准备			
34	罚款支出			
35	与收入无关的支出			
36	本期预售收入的预计利润(房地产业务填报)			
37	其他纳税调增项目			
38	1.			
39	2.			
40	3.			
41	合 计			

经办人(签章):   法定代表人(签章):

(5) 企业所得税年度纳税申报表附表五。

纳税调整减少项目明细表

填报时间: 年   月   日   金额单位:元(列至角分)

行次	项 目	纳税调减金额
1	工效挂钩企业用"工资基金结余"发放的工资	
2	以前年度结转在本年度扣除的广告费支出	
3	以前年度结转在本年度扣除的股权投资转让损失	
4	在应付福利费中列支的基本医疗保险	
5	在应付福利费中列支的补充医疗保险(可税前扣除的部分)	
6	以前年度进行了纳税调整增加、在本年度发生了减提的各项准备金	
7	其中:坏账准备	
8	存货跌价准备	
9	固定资产减值准备	

行次	项　　　目	纳税调减金额
10	无形资产减值准备	
11	在建工程减值准备	
12	自营证券跌价准备	
13	呆账准备	
14	保险责任准备金提转差	
15	其他准备	
16	本期已转销售收入的预售收入的预计利润（房地产业务填报）	
17	其他纳税调减项目	
18	1.	
19	2.	
20	3.	
21	合　　　计	

经办人（签章）：　　　　　　　　　　　　　　　　法定代表人（签章）：

（6）企业所得税年度纳税申报表附表六。

税前弥补亏损明细表

填报时间：　　　年　　月　　日　　　　　　　　金额单位：元（列至角分）

行次	项目	年度	亏损或盈利额	合并分立企业转入可弥补亏损额	合计	在亏损年度以后已弥补过的亏损额					本年度可弥补的亏损额	可结转下一年度弥补的亏损额
						第二年	第三年	第四年	第五年	合计		
		1	2	3	4	5	6	7	8	9	10	11
1	第一年											
2	第二年											
3	第三年											
4	第四年											
5	第五年											
6	本　年											
7	可结转下一年度弥补的亏损额合计											

经办人（签章）：　　　　　　　　　　　　　　　　法定代表人（签章）：

（7）企业所得税年度纳税申报表附表七。

免税所得及减免税明细表

填报时间：　　年　月　日　　　　　金额单位：元(列至角分)

行次	项　　目	金　额
1	一、免税所得(2＋3＋…＋9)	
2	国债利息所得	
3	免税的补贴收入	
4	免税的纳入预算管理的基金、收费或附加	
5	免于补税的投资收益	
6	免税的技术转让收益	
7	免税的治理"三废"收益	
8	种植业、养殖业及农林产品初加工所得	
9	其他免税所得	
10	二、减免税(11＋17＋18＋26＋31＋34＋42＋51＋52＋53＋54＋60＋61)	
11	（一）高新技术企业及技术进步(12＋13＋…＋16)	
12	其中：1. 高新技术开发区	
13	2. 软件、集成电路	
14	3. 非盈利科研机构	
15	4. 科研机构转制为企业 5 年免税	
16	5. 其他	
17	（二）基础设施建设减免	
18	（三）各类区域优惠减免(19＋20＋…＋25)	
19	其中：1. 西部大开发减免	
20	2. 西气东输	
21	3. 东北老工业基地减免	
22	4. 民族自治区域减免	
23	5. 老少边穷减免	
24	6. 经济特区、上海浦东新区低税率	
25	7. 其他	
26	（四）农业减免(27＋28＋29＋30)	

行次	项 目	金 额
27	1. 农业产业化龙头企业免税	
28	2. 农业产前、产中、产后服务业	
29	3. 远洋捕捞业免税	
30	4. 其他	
31	（五）第三产业减免（32＋33）	
32	其中：1. 新办的服务型企业	
33	2. 其他减免	
34	（六）文教卫生减免（35＋36＋…＋41）	
35	其中：1. 青少年活动中心	
36	2. 非营利医疗机构	
37	3. 中央电视台	
38	4. 学校培训班收入	
39	5. 高校后勤减免	
40	6. 29届奥运会免税	
41	7. 其他	
42	（七）促进就业减免（43＋44＋…＋50）	
43	其中：1. 民政福利企业	
44	2. 劳服企业	
45	3. 下岗失业人员再就业	
46	4. 随军家属企业	
47	5. 军转干部企业	
48	6. 国有企业主辅分离企业	
49	7. 老年服务机构	
50	8. 其他减免	
51	（八）资源综合利用减免	
52	（九）劳改劳教减免	
53	（十）军队企业减免	
54	（十一）金融类减免（55＋56＋…＋59）	

（续表）

行次	项　　　　目	金　　额
55	其中:1. 农信社	
56	2. 国有独资银行	
57	3. 开放式基金	
58	4. 封闭式基金	
59	5. 其他	
60	（十二）自然灾害减免	
61	（十三）其他减免	
62	三、抵免所得税额(63＋64)	
63	购买国产设备投资抵免所得税	
64	其他	

经办人(签章)：　　　　　　　　　　　　　　法定代表人(签章)：

（8）企业所得税年度纳税申报表附表八。

捐赠支出明细表

填报时间：　　年　月　日　　　　　金额单位:元(列至角分)

行次	捐　赠　项　目	非营利社会团体或国家机关名称	金额	捐赠扣除比例	扣除限额	允许税前扣除的公益救济性捐赠额
		1	2	3	4	5 当2＜4时,5＝2 当2＞4时,5＝4
1	一、公益救济性捐赠合计					
2	（一）全额扣除的捐赠合计			100％		
3	1.					
4	2.					
5	3.					
6	（二）按 10％扣除的捐赠合计			10％		
7	1.					
8	2.					
9	3.					
10	（三）按 3％扣除的捐赠合计			3％		
11	1.					

行次	捐 赠 项 目	非营利社会团体或国家机关名称	金额	捐赠扣除比例	扣除限额	允许税前扣除的公益救济性捐赠额
		1	2	3	4	5 当2＜4时，5＝2 当2＞4时，5＝4
12	2.					
13	3.					
14	（四）按1.5％扣除的捐赠合计			1.50％		
15	1.					
16	2.					
17	3.					
18	二、非公益救济性捐赠合计					
19	1.					
20	2.					
21	3.					
22	三、合计					

经办人（签章）：　　　　　　　　　　　　　　　法定代表人（签章）：

（9）企业所得税年度纳税申报表附表九。

技术开发费加计扣除额明细表

填报时间：　　　年　　月　　日　　　　　金额单位：元（列至角分）

行次	项　　　目	年度	年度	年度	年度	本年	合计
		1	2	3	4	5	6
1	上年技术开发费发生额						
2	本年技术开发费发生额						
3	增长比例						
4	本年应加计扣除额						
5	以前年度结转未抵扣额						
6	抵扣前应纳税所得额						
7	本年可抵扣的技术开发费加计扣除额						
8	结转以后年度的未抵扣额						

经办人（签章）：　　　　　　　　　　　　　　　法定代表人（签章）：

(10) 企业所得税年度纳税申报表附表十。

境外所得税抵扣计算明细表

填报时间：　　　年　　月　　日

金额单位：元(列至角分)

国家	境外所得	弥补以前年度亏损	免税所得	境外应纳税所得额	法定税率	境外所得应纳税额	境外已缴纳的所得税税额	境外所得税扣除限额	超过境外所得税扣除限额的余额	本年可抵扣以前年度所得税额	前五年境外所得已缴税款未抵扣余额	定率抵扣额
	1	2	3	4	5(2−3−4)	6	7(5×6)	8	9	10(8−9)	11	12	13
合计													

经办人(签章)：

法定代表人(签章)：

(11) 企业所得税年度纳税申报表附表十一。

资产折旧、摊销明细表

填报时间： 年 月 日

金额单位：元（列至角分）

行次	资产类别	本期计提折旧摊销的资产平均原值或折余价值	本期资产折旧或摊销额					应予调整的资产平均价值	本期资产计税成本	允许税前扣除的折旧或摊销额	本期纳税调整增加额或减少额	本期转回以前年度确认的时间性差异	可抵减时间性差异的计算			本年税前扣除额	累计结转以后年度扣除或摊销
		小计	计入制造费用	计入管理费用	计入营业费用	计入在建工程						本年结转以后年度扣除的折旧或摊销	以前年度结转额		
		1	2	3	4	5	6	7	8	9	10	11	12	13	14	15
1	固定资产小计															
2	房屋建筑物															
3	机器设备															
4	电子设备运输工具															
5	无形资产小计															
6	专利权															
7	非专利技术															
8	商标权															
9	著作权															
10	土地使用权															
11	商誉															
12	其他															
13	其他资产小计															
14	开办费															
15	长期待摊费用															
16	其他															
17	合计															

经办人（签章）： 法定代表人（签章）：

(12) 企业所得税年度纳税申报表附表十二。

坏账损失明细表

填报时间：　　年　月　日　　　金额单位：元(列至角分)

行次	项　目	会计金额	税收金额	纳税调整额
		1	2	3
1	期初坏账准备金额			
2	本期核销的坏账损失			
3	本期收回已核销的坏账损失			
4	计提坏账准备的应收账款余额			
5	本期增(减)提的坏账准备			
6	期末坏账准备余额			

经办人(签章)：　　　　　　　　　　　　　法定代表人(签章)：

(13) 企业所得税年度纳税申报表附表十三。

呆账准备计提明细表

填报时间：　　年　月　日　　　金额单位：元(列至角分)

行次	项　目	金　额
1	期初呆账准备账户余额	
2	期初风险资产余额	
3	本期实际发生呆账损失	
4	本期增(减)提呆账准备	
5	本期收回已核销的呆账	
6	期末呆账准备账户余额	
7	上年申报的呆账准备纳税调整额	
8	期末风险资产余额	
9	本期按税收规定增提呆账准备	
10	本期实际呆账损失税务审批数	
11	本期申报的呆账准备纳税调整额	
	风险资产项目	期初余额　　　　　期末余额
12	贷款(含抵押、质押、担保等贷款)	
13	银行卡透支	
14	抵债资产	
15	贴现	

	风险资产项目	期初余额	期末余额
16	银行承兑汇票垫款		
17	进出口押汇		
18	投资		
19	拆借(拆出)		
20	应收款项		
21	其他债权和股权		

经办人(签章)：　　　　　　　　　　　　　　法定代表人(签章)：

（14）企业所得税年度纳税申报表附表十四。

保险准备金提转差纳税调整表

填报时间：　　年　月　日　　　　　　金额单位：元(列至角分)

行次	项　　目	实际发生额	税法规定扣除额	调整额
1	一、未到期责任准备金			
2	未到期责任准备金提取数			
3	未到期责任准备金转回数			
4	未到期责任准备金提转差(2—3)			
5	二、长期责任准备金			
6	长期责任准备金提取数			
7	长期责任准备金转回数			
8	长期责任准备金提转差(6—7)			
9	三、未决赔款准备金			
10	未决赔款准备金提取数			
11	未决赔款准备金转回数			
12	未决赔款准备金提转差(10—11)			
13	四、寿险责任准备金			
14	寿险责任准备金提取数			
15	寿险责任准备金转回数			
16	寿险责任准备金提转差(14—15)			
17	五、长期健康险责任准备金			
18	长期健康险责任准备金提取数			
19	长期健康险责任准备金转回数			
20	长期健康险责任准备金提转差(18—19)			

(续表)

行次	项 目	实际发生额	税法规定扣除额	调整额
21	六、保险保障基金			
22	财产保险、意外伤害保险和短期健康保险业务			
23	有保证利率的长期人寿保险和长期健康保险			
24	无保证利率的长期人寿保险和长期健康保险			
25	其他			
26	七、其他责任准备金			
27				
28				
29	总计(4+8+12+16+20+21+26)			
30	八、补充资料			
31	公司总资产			
32	自留保费收入			
33	赔款支出			
34	其他			
35				
36				
37				
38				

经办人(签章):   法定代表人(签章):

会计实验教师队伍建设的必要性

　　会计实验教学是深化会计理论知识学习的重要手段,是培养学生动手能力和创新能力的重要环节。会计实验教学进行的基本条件是必须要创建不同类型的会计实验室,必须要将专业内容与实验模式进行整合,必须有进行实验指导的教师,其关系是先要由指导教师创建会计实验室、设计出不同类型的会计实验,才能在教师指导下进行不同类型的会计实验教学。实验指导教师必须要进行的工作是:

　　第一,创建实验室。

　　第二,设计不同的实验模式。

　　第三,研制实验设备。

　　第四,指导、管理、协调、运作。

　　第五,研究、总结。

　　第六,改进、创新和发展。

　　可以看出,会计实验教师的工作性质和工作内容与一般实验室的工作有较大差别,也与课堂教师授课有很大差别。由于这些差别,要求进行会计实验教学的教师比之一般的从事课堂教学、讲授专业课的会计教师具有更多的综合知识要求。分述如下:

　　(1) 从会计实验室与一般理工科实验室的不同分析。

　　① 实验过程的差别。

　　两者都可进行验证性和探索性实验,但会计实验室尤其是手工高仿真实验室,以实验模式的设计、实验项目的组织、实验内容的整合、实验的整体动态运作等高智力的软性知识投入为主,理工科实验室以实验设备、实验仪器等硬性的设备投入为主。

　　在理工科实验室的实验过程中,实验者观察的是设备仪器设定条件下,实验项目的客观结果或者是由自身操作所导致设定条件改变情况下观察对象的自身结果。而在会计实验室的实验中,实验者自身的行动或人们自身的活动过程或人们所规定的会计规则、制度运行的过程或结果成为观察对象,这样,会计实验室所实验的对象并不是客观的规律,而是掌握由人类所规定的规则或观察该规则对企业或单位经济活动造成的经济结果。

　　② 设计模式的差异。

　　理工科实验室的实验模式基本上是由某种硬件的功能和条件所决定的,具有一定的稳定性和规定性,比如,显微镜观察、化学反应、重力加速器、电子电路的使用及结果。

而会计实验室的实验模式则由教师设计的差异性决定,其实验的组织过程和实验的运作模式有很大的不同。这样,在实验模式上,有的学校进行的是独立操作实验,有的学校进行的是系统配合实验,而有的学校进行单项强化实验,还有的学校进行的是分步实践型实验,也有学校将以上实验加以组合,或将某项实验与电算化实验相结合;在实验内容上,有的学校只开出单项验证性实验,而有的学校却开出了设计性、综合性实验。

以上会计实验并不是所有开设财会专业的高校都能进行,学校能开出什么样的会计实验,取决于很多因素,如学校是否立项,经费投入是否充足,教师是否愿意主持建设,主持人的事业心、责任心是否很强,专业知识、管理知识和其他相关知识是否具备等等。所以,会计实验能否进行关键是有没有能够设计出不同实验项目的教师,能够进行怎样的设计;而能否进行高质量的会计实验则取决于教师的素质和工作的质量。

会计实验室作为典型的文科实验室,不仅需要实验设备的物质投入,更需要教师大量的创新性、高智力劳动的投入,这使会计实验教师面临更大的发展和创建活动的空间,也使他们面临多方面的挑战,因而,更需要教师自身的创新精神和创新能力。

(2) 从会计实验教学与课堂教学的不同分析。

① 课堂教学。

课堂以理论知识的传输和学习为主,学生用手记下理论知识的笔记,用脑思考理论道理。从备课到讲授,课堂是教师主体发挥主导作用的阵地,即启发和引导学生思维;从听课、理解、弄懂、作笔记,课堂是学生主体发挥主导作用的阵地,即学习和掌握知识。

课堂上以教师的讲授为主,教师和学生的活动地点具有相对规定性,教师将要讲授的知识系统化、条理化、逻辑化,在考虑不同层次、不同基础学生所具有的不同接受能力的情况下渐进性地传输知识,所以对于课堂教学人们认为,教师在传输知识上居于主导地位,而学生是学习知识的主体,在学习上应充分发挥主体作用。

② 会计实验教学。

会计实验以学生为中心,强调学生在实验中的主体地位,强调实验中理论联系实际,既深化理论的学习也学会并提高动手能力和创新能力。教师是实验的设计者、组织者,但其设计是为学生的实际操作而设计,为学生的实际操作而组织。在学生的实践活动中,教师是场外指导。

然而,会计实验模式的设计和会计实验教学的开展并不是有了实验用房,买来相应器具、器材就能顺利开展。必须要根据各校的特点和财会学科的特点考察、研究、探索、比较从而设计或选定不同的实验模式;必须要进行学科知识的整合,并到实际单位收集整理能够体现系统性、典型性、针对性强的经济业务;必须要到银行、工商、税务、企业收集大量的账证资料;必须根据以上设计和调查编写实验教程、实验指导书、实验大纲;必须要建立健全各项实验管理制度以便对学生实验过程进行管理和控制、对实验人员及实验器材物品的安全进行管理,并对实验进行成绩考核等等;此外,还要根据经济业务的不断发展,不断修订旧模式,不断设计出新的实验项目,将实验从手工模式扩展到电算化模式并实现两者的圆满结合。

此外,对实验室建设从项目立项、经费申请、设备器具购买、实验场地的争取、实验课程的安排等,无一不需要实验教师去一遍遍申报、争取、争论、协调、协助。

可以看出,进行高质量的会计实验教学,必须要培养出高质量的会计实验教师。实验教师必须要进行大量艰辛的高质量、创新性脑力投入,这对教师的敬业精神、献身精神、专业知识、实践能力、协调能力、创新能力、研究能力都提出要求。

没有这样的教师,一个学校要想搞好会计实验教学是不可能的,这就是为什么有的学校筹划了十年,还是不能建成会计实验室，开展不了会计实验教学；有的学校年年外出调研，经费花了很多还是不能启动实验室建设。所以，培养出高质量的会计实验教师是会计实验教学成功的关键。

会计实验教师的工作内容及作用

一、会计实验教师的工作内容

会计实验教师的工作内容有三大部分，即实验室的创建和实验设计、实验过程的组织指导、实验室的全面管理。具体说来，可以分成以下部分：

第一部分，系统设计及全面建设工作。

(1)创新性系统的设计和创建。

实验模式的设计、实验系统资源的整合、实验的运作和管理、学生实验过程的动态激励等都要由财会实验教师进行综合性的创新设计并一步步完成。

(2)专业知识与实验模式的系统整合。

在具体进行某项实验时，需要将实验模式、实验性质、实验内容和实验阶段、实验的企业性质进行整合，并根据各种实验，完成实验教程、实验大纲和实验指导书的编写、修改、再编写。

实验性质：单项实验—综合实验—验证性实验—探索性实验—研究性实验—支撑性实验

实验模式：独立操作—分步实践—单项强化—系统配合

实验内容：基础实验—专业实验—工业—流通业—金融业

实验阶段：实验动员—实验运作—实验考核—实验总结

实验的企业性质：股份制—有限责任—合资—跨国公司

(3)学生主体能动性的全面激励。

在实验中如何发挥学生的主体作用、如何最大限度地调动学生的主观能动性是实验能否成功的关键，要在实验模式的设计中就考虑：用实验模式本身具有的内在激励性使学生始终处于充满兴趣、充满激情、充满探索精神的实验状态，这就要求会计实验教师要具有较多的教育学、心理学、行为科学和教育哲学的相关知识，并能创造性地用于会计实验模式的设计中。

(4)系统管理和系统运行的全面控制。

(5)实验用软硬件设备的设计制作。

实验用软硬件设备的设计制作包括实验教程、实验指导书、实验大纲的编写，实验电子流程设备的研制以及实验多媒体课件的制作。

第二部分，实验全过程、全方位的管理工作。

第三部分，对实验系统的科学研究、经验总结，对已有的实验进行改进、对新实验进行开拓。

因此，一个高质量的会计实验教师不仅仅是按时上下班、耐心回答学生提问、按规定完成实验项目的教师，他还应该具有创新的素质、系统综合的专业知识、强烈的事业心，还要具备教育学与心理学知识——这属于教师的专业知识，是教师职业不可替代的关键所在，但这方面的知识却常常为高校的专业课教师所忽略，更为高校实验课教师所忽略。

二、会计实验教师的作用

（1）在实验室建设中的决定作用。

会计实验教师在财会实验中担当设计者、建设者、总结和改进者以及新实验的开拓设计者。会计实验，通常要由会计实验教师创立会计实验室，没有这个创立过程，任何实验都无法开展，创建实验室的教师，从实验室模式的调研、考察、设计，到根据不同的设计模式进行的具体建设，对其中的实验场地、实验器具、器材，实验教程、实验指导书、实验大纲等的编写，实验运作过程中的管理、控制，实验器材的管理及安全保护都要进行设计、规划。

在实验室的建设过程中，必须考虑：实验项目是配合课堂理论教学开展呢还是综合性的。一般来说如果是为配合课堂理论教学，应设计为单项实验，采取独立操作模式，如果是对专业会计的总结性、综合性实验，在内容的设计上一定是课程整合性的，在模式上一定是系统配合性的。

在实验室的不断建设和经验总结中，会逐步将整个会计专业、审计专业、财务管理专业的实验课程作为"相关专业群"的实验来进行系统的综合设计：可以根据不同课程、不同课程的不同阶段、不同的实验要求和不同专业的不同内容开出多种类型、多种模式、多种阶段的实验项目来，这时的会计实验室就成为会计实验中心。

（2）在实验教学实施中的主导作用。

在会计实验教学的实施中，会计实验教师像一台大戏的导演一样发挥着主导作用：实验开展中的角色、状况、效果、学生的情绪等等都由实验的主角——学生的表现来决定，而会计实验教师的主导职责则包括：组织指挥—协调—引导—专业的场外指导—总结考评。

会计实验教师在实验前要进行动员，包括思想动员、组织动员、业务动员，动员的根本目的是要激起学生参加实验的热情，调动起他们摩拳擦掌、跃跃欲试的心理状态。

在实验过程中，每个学生都担负了特定的职业角色，其特定的职业角色强化每个学生的主体意识，赋予他们职责和责任。实验中创造的高仿真实验环境，使每个学生都置身于实战氛围中；实验中的多层激励制约作用使他们焕发出"实现自我价值"的巨大热情和相互竞争的心理状态；实验中的岗位轮换，使他们总有新的知识需要掌握，呈现出热烈的学习情绪。

所有业务都由不同职业角色的学生配合完成，实验中的繁忙与辛苦、学习与探索、争论与协同、成功与教训都由学生自己去体验。会计实验教师用所设计的实验模式和自己的主导作用，导演出生动活泼、情绪高昂的一幕幕学习的正剧。

对会计实验教师的素质及能力要求

一、人格素质要求

（1）爱心。

这里，爱心具体指的是对自己从事的教育事业的热爱、对学生的热爱，有愿意为所从事工作吃苦、奉献的心愿,对自己工作的成就感到自豪,对学生的成长感到欣慰的心理体念。

(2) 责任心。

责任心是对会计实验教师的基本要求,会计实验教师对自己应该完成的工作有一种强烈的职责感,对应完成的工作尽职尽责,一丝不苟,表现为对工作认真负责、对学生耐心细致、工作勤勤恳恳。

(3) 事业心。

事业心比之责任心要高一层次,会计实验教师要把自己从事的工作当成一项事业来从事,这不仅要求会计实验教师有强烈的责任感,还要有一种使命感,一种敬业精神,一种成功的冲动,一种克服万难、百折不挠的勇气,一种持久性的工作热情。它要求会计实验教师具备的心理素质有:

一是充满激情的实干精神。激情是一种强烈而富于灵感的情感状态,它对人们的行为能产生巨大的推动作用。世界著名动物病理学家贝弗里奇说过:"最有成就的科学家具有狂热者的激情。"激情能使人产生创造的冲动和欲望,使人充满创造的灵感。但激情要与实干精神相结合,在实干中充满激情、保持激情;用激情来推动实干。

二是百折不挠的意志力。意志是人自觉地确定目的,克服困难,从而实现目的的心理活动。在实验室创建的过程中,会碰到很多困难:工作量大、工作辛苦、得不到支持,与学校相关的教务处、国资处、设备处打交道受阻;项目批准困难、经费申请困难等等,只要一个环节走不过,整个建设就无法进行。没有坚强意志的人就无法承受挫折,无法克服困难,无法使自己的创造活动进行到底,也就无法取得成功。

三是满怀兴趣的研究能力。兴趣是推动人积极探究事物的心理倾向,兴趣是行动的引导者。所谓"兴趣是最好的老师",说的就是这个道理。只有对某种事物感兴趣的人,才会去积极地探究该事物,进而创造性地发现和解决问题。

从上述分析中我们可以看到,炽热的激情、实干精神、坚强的意志,具有浓厚兴趣的研究能力是事业型教师具有的个性心理素质,它对教师创造性的教学活动起着推动、激励和强化作用。一个缺乏创造性个性,缺乏创造兴趣和缺乏毅力的教师,最多只能按部就班地完成工作任务,但难以进行创造性活动,也难以培养出创新型人才的。

二、会计实验教师应具备的知识要求

一个高质量会计实验室的创建对教师的知识状况从数量、质量、种类等方面都提出了前所未有的高要求,也对教师的知识整合能力和创新能力提出了要求。一个人的知识越丰富,结构越合理,越能根据不同的教学目标要求找到问题的关键,进行知识的整合,从而创造性地解决问题。

知识结构状况反映教师掌握的知识种类、数量、质量在教师知识体系中的构成状况。从种类来说,创建实验室的教师不仅应有广博而精深的基础知识与专业知识,而且要有多学科的综合知识,其中包括教育科学知识和系统的方法论知识;从数量来看,要有本专业相近、相关的课程知识,也要有相关专业的基础知识,还要有教育学、心理学、管理学等相关专业的知识,还应该具备现代科学技术和现代教育技术发展的最新知识;从质量来说,应该是学科中的基础和核心,离开了多学科的综合知识,离开了专业的基础和核心知识,要创建高水平的实验室是不可能的。

专业学科知识的深度和广度方面,要求具有以下知识链:会计基础—财务会计(包括工业、流通业、金融业、中外合资、跨国公司)—财务管理—审计学—财会电算化。

其他相关知识方面,要求具有教育学、心理学、行为科学、管理学方面的知识,并掌握现代教育技术、现代信息技术,具有较强的语言表达力、较强的写作能力以及与学生的亲和力等。

从知识的整合能力来看,实验室的建设和实验教学的开展,是以上知识的综合性、有机性应用。一个实验模式的设计,应该围绕该模式形成软硬件资源链,设备系列,教程、大纲、指导书系列,管理考评激励性制度系列,账证资料系列,器材用具系列等。但这些资源整合在某一实验模式中时,一定要呈现出它们相互间的高度相关性和有机联系性,也更要与学生在实验中的主体性、积极性发挥紧密结合。

从结构体系来看,会计实验教师的知识结构不应该是平面的、静态的和零碎的,必须是立体的、动态的和系统的。所谓立体的是指教师的知识结构是一个由专业学科知识、教育学、心理学、管理学、传输性知识等多种知识构成的有层次性的整体;所谓动态的是指教师知识结构的开放性,它表现为教师能不断地吸收现代科学技术发展的新成果,从而不断地更新和充实自己的知识结构;所谓系统的是指教师的知识结构的合理性、有序性,教师的知识结构从专业学科来说要形成以一两个学科系统的知识为中心,其知识面能辐射其他相邻学科的有序的分层体系,从教师的本体性知识来说应该形成语言能力、表述传输能力和教育学、心理学、行为科学、管理学等知识相互融合的本体性知识体系。

知识素质是影响教师创造力的一个重要因素。当前,有部分教师不能适应创新教育的要求,其主要原因除了责任心、事业心的问题外,就是知识面窄,知识陈旧老化,知识结构停止在被动的、封闭的、低水平的静止状态。或者只具有专业学科知识而不具有教师职业的本体性知识,形成专业学科知识虽然丰富却不能很好表达、阐述,或可以较好地表述却不能掌握学生心理情绪,而发生虽管理学生却与学生形成尖锐的对立而严重影响教学效果的状况。因此,教师应不断更新自己的知识,积极主动地去汲取新知识,形成良好的知识结构。

三、会计实验教师的创新素质

什么样的教师才算是具有创新素质的教师呢?美国学者史密斯认为,所谓创新型教师,就是指那些善于吸收最新研究成果,将其积极地运用于教学中,并且有创新见解,能够发现行之有效的新的教学方法的教师。

会计实验教师所进行的实验模式设计、实验室的创建,大都是没有现成的模式可以照搬,没有现成的教材可以模仿,即便去外校取经,也得经过改造、修订以适应本校的特点,而要创建出具有特色、最受学生欢迎的、最有成效的实验室和根据实践发展设计与改进不同的实验项目,一定需要实验教师的创新性劳动,这就一定需要教师具有创新素质。

(1)会计实验教师的工作内容决定了教师必须具有创新素质。会计实验教师必须进行的系统设计中的实验模式的设计、实验系统资源的整合、实验的运作和管理、学生实验过程的动态激励等,都要由教师进行综合性的创新设计。比如,所进行的专业知识与实验模式的系统整合中的实验性质设计:单项实验—综合实验—验证性实验—探索性实验—研究性实验—支撑性实验;实验不同模式及不同模式的结合设计:独立操作—分步实践—单项强化—系统配合;实验内容设计:基础实验—专业实验—工业—流通业—金融业—合资—跨国公司,都需要教师的创新精神。

(2)学生主体能动性的全面激励需要教师的创新精神来激发。只有具有创新精神和创新意识的教师才能用创新的思维设计出创新的教学方法、教学艺术和管理制度对学生进行启发式教学,培养学生的创新能力。比如实验模式的设计,如果采用"单项强化",学生也能够积极进行实验,但这种模式没有脱离"大作业"式的教学,因而仿真性差,没有职业角色感,对学生的主体情感性调动不够,不能产生"集体荣誉感"、"集体竞争感"、"自我价值实现感",因而,学生的主体能动性和学习潜力不能很好发挥出来,只有突破这一模式,对实验模式、实验开展、学生的角色定位、管理的所有规章制度进行创新性的整体设计,其宗旨是将学生作为实验的主人,激励出、焕发出他们的高昂的学习激情,这要求突破课堂教学中师生间的关系定势,以全新的思想指导实验模式的设计。只有具有创新精神和创新意识的教师才能对学生进行启发式教学,培养学生的创新能力。

（3）系统管理和系统运行的全面控制需要有创新性的制度设计。实验的开展过程,不同于课堂教学过程,在连续几周的较长时间的实验过程中,怎样的组织结构、怎样的运转模式、怎样的管理考核制度,才能既激发起每一个学生的主体意识,形成竞争性的学习态势,又能保证实验的正常、有序运转,这需要实验指导教师进行长期不懈研究、观察、探索和改进,这些工作需要教师更多的创新性劳动的付出。

（4）实验用软硬件设备的设计制作,需要有创新性的设计方案和动手能力。实验教程、实验指导书、实验大纲的编写,实验流程运转的设备的研制,实验多媒体课件制作等需要教师投入更多的创新性智力劳动。

（5）对已有的实验的改进、对新实验项目的建设需要开拓、创新精神。经济的发展必然带来会计的变革,会计思想、会计政策、会计业务的经常性变化给会计教学、会计实验带来不断创新的源泉,为经济服务的会计业务的发展性决定了教师必须不断学习、不断探索、不断创新。

（6）随着社会的进步与科学技术的不断发展,教育技术和方法也将会越来越现代化。这就要求教师必须不断学习,经常更新知识,努力掌握和运用现代化的教育技术与方法。因此,教育的过程,对教师而言,也是一个不断创新的过程。缺乏创新素质的教师,是不可能适应现代教育发展需要的。

四、会计实验教师的科研能力和实践能力

科研能力是教师创新素质的重要方面,教师的科研能力是源于教育实践而又有所超越和升华的创新能力。会计实验教育过程中实验系统的设计思想、运行模式、管理制度和实验效果等很多理论、思想、方法需要人们去科学研究、总结经验,去反思与研究,去积极主动地发现问题、分析问题,创造性地解决问题,因此针对会计实验教育的大量实践进行科学研究并对解决问题的方案进行再实践的能力就提出来了,这种能力包括教师对不断变化的专业知识的研究和重新整合,不断用研究的成果改进实验内容的设计,对各校实验模式进行比较研究,以便吸收兄弟院校的优点,对本校已进行的实验模式进行研究,不断改进旧模式,不断设计新模式并一步步加以实现。这就要求会计实验教师具有稳定的注意力、敏锐的观察力、深刻的思维能力和对教育信息的加工能力。要善于从普遍的或偶然的现象中找出有价值的论点,善于进行教育反思和理论创新。

然而,在国内财会专业的教学中,有的学校并不重视实验,也不重视会计实验教师,除了评定职称的需要外,会计实验教师也很少主动对实验进行研究。这样就造成实验室的建设终身制:一旦建成,几十年一贯制,没有改进,没有改善;实验业务内容陈旧、老化;实验管理制度可有可无;教师只把实验指导工作当成谋生的手段而没有当作一项事业,按部就班、得过且过,没有激情、没有兴趣。这样的教师、这样的实验室是很难激发出学生的高昂的学习热情的。

会计实验教师应该是既掌握专业学科理论又掌握专业实践知识并具有教师素质的专业教师,他们应该成为掌握本专业知识前沿的专家和研究者,更要成为教育规律的研究者和实践者,这是时代发展和现代教育对实验教师提出的要求,也是实验教师自身发展和成长的必要条件。进行科学研究,促进教师去探索未知、创立新说,从而有利于激发和培养教师的观察能力、思维能力、分析判断能力以及创造能力,有利于加深和更新教师本身的知识结构,活跃学术思想。

不断进行科研的实验教师,能够知晓本学科当前正在研究的问题,能够了解本学科的最新成果,能够

了解国内外实验室建设状况和各校开设实验的状况和效果,能够对比分析研究,讲出自己对各种问题的认识和发表自己创造性的见解,能够取长补短,吸收经验、改进实验设计,还可以吸收相关领域最新科技成果,将科研成果创造性地引进教学活动之中,既大大提高实验教学水平,培养出高水平的学生,也使教师本人的学术水平大大提高。这既有利于提高教师的创新意识和能力水平,也有利于培养学生的探索精神和求知欲望。实践证明,实验教师开展科学研究是提高教师质量和素质的必要途径,是提高实验教学质量的必要途径,也是提高学生质量和素质的重要途径。

因此,我们要建立激励教师开展教育科学研究的机制,并要专门研究针对实验教师特点的激励机制,形成用科研成果促进实验室发展,在实验室的发展壮大中开展更多科研的良性循环机制,从而培养出一支具有创新精神和创新能力的会计实验教师队伍,大大提高会计实验质量。

会计实验教师的培养

一、会计实验教师的培养内容

一个高质量的会计实验教师需要有较强的敬业精神,有先进的教育理念、教育思想,有扎实的专业能力,并且具有较强的创新能力和实践能力。当老一辈实验教师逐步退出工作岗位时,新一代青年教师逐步走向实验工作岗位,对青年教师和对已从事会计实验教学但经验不足的教师的培养问题就逐步提出来了。而如何培养,涉及内容和途径几方面的问题。

第一,教师师德培养。

师德是教师的职业道德,是教师必须遵守的规范和准则。目前,国内45岁以下中青年教师占高校教师总量的75%,会计实验教师中的年轻教师也不少。有的教师走上教学岗位几个月前还是坐在课堂里的学生,在当了教师后,不清楚自己应该与当学生的时候有些什么不同,不清楚自己的职责和责任。

应抓好青年教师的师德建设,使他们树立正确的人生价值观念,增强从事教育工作的光荣感和使命感和敬业精神,公正、正直、自信、勤奋、积极向上,发扬团结互助、彼此协作的精神,对学生关心、关怀。这样,关注青年教师成长过程,对他们的进步予以充分的肯定,对他们的缺点进行善意的批评,与他们交流经验、总结教训,一步步引导他们成长,既是学校各级领导应做的工作,也是老教师应尽的义务。

第二,教师责任心、事业心的培养。

教师应该具有较强的责任心,这是对教师职业起码的要求,对于新教师来说树立敬业精神和责任心有一个过程,既要有优秀教师的言传身教,也要有在工作中的一次次磨炼和体会,直到教师自身对所从事的职业,对学生的成长和进步产生出"自豪"和"热爱"的情感体验并产生出要"有所作为"的决心时,他的事业心就逐渐树立起来。事业心将为教师带来克服困难的信心和勇气,将不断推动教师创新能力、科研能力和实践能力的逐步增长,不断给予教师成长的动力。

第三,先进的教育理念的树立。

有先进的教育理念并能用于指导教育教学实践,是实验教育成功的关键。教育理念对教师具体的教育实践活动起着指导作用。

(1) 新的教育价值观。

国际 21 世纪教育委员会在《教育——财富蕴藏其中》的报告中指出,"教育的任务是毫无例外地使所有人的创造才能和创造潜力都能结出丰硕的果实……这一目标比其他所有目标都重要"。

教师的教育理念主要是在认识教育的对象的主体性、社会性和发展性,在此基础上形成教育质量观和教学观、师生观。它要求改变传统教育中将教师"传道、授业、解惑"作为教师职责的全部的观念,转变以应试为中心的教育教学观,培养学生"创新精神和实践能力",确定以学生发展为本的教育教学观。

(2) 新的教师角色观。

教师的主要职责不在于"教"而在于"导"。传统认识中的教师职责是"传道、授业、解惑",这个认识只强调教师的主体作用和教师的支配地位和教师的绝对权威,仅将学生置于被动的接受位置,如果说在课堂教学中,这反映了存在的一种实际,那么在会计实验教学中,再以此观点来设计实验,则这样的实验是低水平的,是不能够取得成功的,因此,应确立学生在教学中的主体地位,使学生成为学习的主人。我们强调,教师的根本职责之一是要充分调动学生的主体性。从张扬人性的角度予以理解,即唤醒学生的主体生命意识。所谓生命意识,就是生命为了适应自身生存和发展需要,依据先天的基因,加上后天的教化而形成的对客观事物进行解读、摄取、表现和改造潜在能量的灵智和欲求。

(3) 新的教育目标观。

创新教育要改革以往教育中知识目标的单一模式,确立多层次、多维度的教育目标,把开发学生的创造力作为教育的重要目的。实施创新教育,必须改革旧的教育方法。传统的教育多用注入式的教学方法,教师和学生都习惯性地去传授和寻找问题的标准答案,"人云亦云",缺乏独立思考。创新教育必须坚持启发式教学,用"发现式"、"探索式"和"研究性学习"的方法,创造出"高仿真"、"立体性"的教学环境、用"协同性"、"激励性"的教学运作来全面激发学生的求知欲望,调动学生学习的主动性和积极性,让学生自己去创造性地学习,从而更好地培养其创造能力。

用以上观念指导会计实验,在所设计的实验模式中就要考虑最充分地激发出学生的主观能动性,让他们通过自身的实践去体会、去探索、去争论、去犯错误、去改正;教师可以是场外指导,可以是实验中的合作伙伴,也可以是分析员,但决不能只是命令、指责、呵斥,要建立民主、平等、和谐的师生关系,尊重每个学生,鼓励他们提出问题,哪怕是错误的问题也应与学生一起探索分析错在何处,鼓励独立探究知识,允许并赞赏有不同意见。

(4) 新的专业知识观。

会计实验教师如果只具备专业知识和一些教育学、心理学知识是否就是一个优秀的实验教师呢?实践证明这是远远不够的,在社会飞速变革的信息时代,一个现代教师的专业知识结构已不再局限于过去那种"学科知识+教育学知识"的传统模式,而应是具备多层次、多元化的知识结构。

具体来说,应该有教师专业知识、人文科学知识和自然科学知识三大部分。而教师专业知识应由两大方面构成:专业学科知识和教师的职业本体性知识,其中,专业学科知识包括专业理论和专业实践,而教师的职业本体性知识应该是教师职业区别于其他职业的特有条件性知识,包括:①心理学、教育学、行为科学等掌握教育对象状况的知识;②表达能力、语言组织能力、学习情绪和学习氛围的调控能力等知识信息传输知识和影响、激励知识信息的接受能力的知识(见下图)。

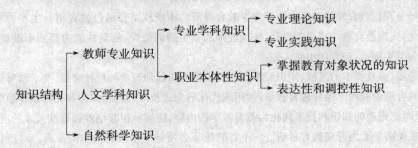

对于会计实验教师来说,专业实践性知识应该是这一学科在经济实践中如何应用、如何操作、如何变化的知识。而组织不同的实验模式的应用,必须要掌握"表达性和调控性知识",即语言表达的组织、结构,激励性的制度设计等等。

第四,创新能力和研究能力的培养。

21世纪是知识经济的时代,知识经济的核心在于创新。为了实施创新教育,培养创造性人才,必须不断提高教师本身的创新素质。

(1)创设有利于教师创新能力、研究能力成长的环境。

教师创新能力、研究能力的形成离不开教师个人的创新动机和创新实践,也离不开外部环境的支持。良好的外部环境支持,可以起到鼓励、激励、发挥、强化、引导教师创新的作用,而不良的外部环境则只能起到打击、压抑、弱化、熄灭创新的作用。

20世纪70年代初,联合国教科文组织在《学会生存———教育世界的今天和明天》报告中指出:"人的创造能力,是最容易受文化影响的能力,是最能开发并超越人类自身成就的能力,也是最容易受到压抑和挫伤的能力。"要培养创新型的教师,必须创设有利于发挥教师创造性的良好的外部环境。没有这种环境,教师的创新能力不但不能被激发,甚至原有的一些创新火苗也容易受到压抑,受到伤害,特别对会计实验教学这种新兴的需要发挥教师创新能力来大力建设和探索的教学方式来说,严重的将使教师创建实验室的积极性"胎死腹中",这也可能是一些高校至今不能开设会计实验教学的原因;有些高校虽然开展了会计实验教学,但设计模式没有创新性,比之课堂教学差异不大,学生没有积极性,实验没有激情,平平淡淡,学生收获不大,这将使会计实验教学的发展受到极大影响。究其原因,一是教师本身的创新能力不强,知识准备不够,再就是有的学校的管理部门对此认识不足,对会计实验教师创建实验室的设想不积极支持;或者虽口头支持,一旦要投资、要设备、要房屋时就推三阻四,使实验室的创建屡屡受挫,只好因陋就简。当已经建起来的实验室需要改革、需要更新时,也会出现这种情况,对需要的经费不支持,对教师大量创新性劳动的付出不承认,使得教师只好放弃改革、创新的方案。

所以必须创建出鼓励创新的外部环境。这种外部环境包括学校环境和社会环境。良好的环境有几个特点:一是能高度宽容和支持标新立异的设想,二是要有物质支持和精神支持的实际行动,只有这样的环境才能鼓励教师去思考、去探索、去假设、去发现,才能鼓励教师去自由地表达自己的独到见解,通过反复讨论取得创造性的成果。为了创设良好的环境,全社会应形成尊重知识、尊重人才、尊重教师的风气,学校应建立激励创新的机制,提倡学术民主,鼓励竞争,鼓励冒尖。在这样的环境和机制中,教师的主动性、积极性和创造性将会得到最大限度的发挥,各种创新型人才也将会脱颖而出。

生命的价值在于创造,事业的成功在于创造,要制定出切实可行的政策,既用精神鼓励也用物质激励来激发教师的创造欲望,帮助教师学习有关创造教育的知识,掌握创新的原理,并有意识地在教育教学活动中加以运用,从而最大限度地实现教师自身的创新价值。

(2)加深对提高教师创新能力、科研能力重要性的认识。

教育科研是现代教育发展的第一生产力。教育科研的本质就是要通过教育第一生产力来实现教育教学的现代化,实现教育教学成果的创新,实现教师和学生的创造性、创新性能力得到不断提高的目标。教师应该成为学生创造、创新的引路人。

社会的进步、信息技术的发展、知识经济的出现要求提高教师劳动的科技含量,要求教师能够探索和运用先进的教育理论和理念指导教育教学,运用现代化的先进技术、装备、改革和提高教育教学的方法与水平,能够及时把先进的知识和技术转化为教育教学的内容,能够承担起培养创造性人才的重任。

教师的成长需要大力开展教育科研。一个好的教师必须是一个教育科学研究者。对所从事的工作不是按部就班的程序化运作，而必须是以研究性的心态去观察自己教学实践的效果，去分析学生的心理状况和思维情绪的被调动、被激发的状况，不断用自己的研究成果指导教学，而又不断从大量的教学实践中得到研究的丰富内容。

而有的教师，或者由于没有科研意识，或者由于课时太多而没有时间和精力进行科研，在多年的教学实践中竟然写不出一篇研究教学的论文或其他成果，显得"匠气"太多，而"研究气"太少，特别需要加强教育科研这个途径和环节来提高教学水平，要逐渐培养出科学研究的态度与能力、意识与精神、体验与经验，并且用来提升教师的"教学实践性知识"。

（3）提高会计实验教师创新能力、科研能力的具体对策。

《教师法》第七条规定：教师享有进行教育教学活动，开展教育教学改革和实验，从事科学研究、学术交流的权利。《教师法》第九条第三款规定：各级人民政府、教育行政部门、有关部门、学校和其他教育机构应当"对教师在教育教学、科学研究中的创造性工作给予鼓励和帮助"。这就要求教学管理部门在具体措施制定上要有所体现和强化。

制定具体的措施，大力鼓励教师从事科研，特别鼓励"围绕教学搞科研"。

要明确提出"不搞科研的教师是不合格的教师"的考评标准。对中青年教学科研骨干，实行学术津贴，给他们定任务、压担子。提高在教学科研工作中做出突出成绩教师的待遇；实行科研津贴政策，给予出高层次科研成果的人员以重奖；鼓励教师重视开展科学研究，积极争取站在学科前沿，以科研促进教学，以科研提高教学质量，以科研推动学科建设。

除了争取国家、教育部、省级及相关单位的科研项目外，各校还应特别重视和鼓励校内教师针对自己教学领域应该研究的项目的科研立项。一般来说，这样的研究项目，是教师从自己的教学实践中感受到的特别应该研究的项目，是特别贴近实际、特别迫切需要研究的项目，其研究成果见效也是最快的。但遗憾的是很多学校不重视校内教学研究立项，即便是立了项，在经费上的支持也不够，在科研层次上也看得很低，这大大打击了教师针对自己教学实践进行研究的积极性，其结果也影响了教学质量的提高。

抓住"科研促教学"的典型案例，定出具体目标引导青年教师开展科研。

一个优秀的会计实验教师的成长过程实际上是一个"以研究促发展"的过程，并遵循"实践—研究总结—再实践—再研究"的过程，从而不断改进实验设计，不断提高实验质量，不断出新成果。但对青年教师来说，必须有一个引导的过程，要逐步培养教师进行研究、创新所必须具有的基本素质和能力，包括宽厚扎实的教育科学素养，强烈的科研意识，敏锐的洞察力，脚踏实地的科研态度，独立的研究精神，总结和推广科研成果的能力等。

二、会计实验教师的培养方式

一个优秀的会计实验教师，是要经过较长时间的培养、经过教学实践和实验建设多方面的工作锻炼，逐步成长、逐步成熟起来的，在各校的具体实践中，可以总结出青年教师的培养方式。

（1）以老带新，逐步熟悉基本业务。

由有经验的教师分工，实行一对一指导，要求他们先做学生、先按学生的身份实践不同角色的基本职能和运转过程，熟悉实验模式和实验业务内容，填制全部业务的原始凭证，运转所有的业务流程，并规定在不同的时间段，规定应完成的具体的工作学习任务，任务规定后，应分阶段定期检查，对检查中的问题要求改正，直至达到规定要求，规定的业务内容应该饱满，学习内容有相当的难度。

（2）直接压担子，边学边做。

在实验任务重、时间要求急的情况下，可以将青年教师直接推到实验教学的第一线，边学习、边理解、边指导，这会使青年教师的压力大，忙碌、紧张，但这会激起他们的工作激情和学习潜力，可以做到在较短的时间里迅速掌握基本业务。

（3）拓宽实验领域，进行新实验项目的设计，争取科研经费及直接开展项目建设。

要求青年教师对实验室的建设提意见、提建议，拿出创新的改进意见，并将有价值、有意义的建议直接形成方案，逐渐熟悉课题的选择、方案的撰写、经费的争取、项目的实施，直接开展课题研究，并取得预期成果。

（4）进行经验总结，进行实验教学科学研究，发表科研论文。

要求青年教师"在行动中研究，研究行动，为改善行动而研究"。把研究实践中的感性认识上升为理性认识，从中把握一般规律，形成研究成果，并有扎实的文字功底和讲演能力，及时总结、撰写和推广研究成果，用以指导教育教学实践。这样，更有利于出科研成果和促进教育教学质量的提高。

（5）鼓励会计实验教师开展校际间交流。

参加学术会议，外出参观取经，向国内外同行专家学习，与同行专家合作交流，开阔眼界，活跃学术思想；同时，积极推荐青年教师的论文、著作在国内外各级出版物上发表出版。

（6）鼓励会计实验教师进修提高，提高学历层次。

由于历史和现实原因，大部分会计实验教师的学历水平都不高，表面看起来，指导会计实验也用不了太高的专业知识水平，但如果要创建出高水平的实验室，要研究出有一定水平的科研成果，要对实验室进行系统的建设和设计，要创造性地设计研制实验设备，没有专业的系统知识是不够的，所以，不断进修、不断学习、逐步提高教师的学历水平也是教师成长的必由之路。

（7）设计出"实验教师教学质量评价的指标体系"，进行自我评价与"学生评教"相结合。

对于学生评教，可以在校园网上以无记名方式进行，以只对该教师开放的方式进行反馈，这样，既可打消学生评教的顾虑，也可保护教师的自尊心，又可以起到促进教师改进教学，提高教学质量的作用。

实验教学制度体系的建立和完善

一、实验室规章制度建设的重要性

在实验室的系统建设中，实验室的制度体系建设是一项非常重要的工作。实验室规章制度包括对实验组织者和管理者、实验指导教师和实验学生制定的各项责任制度和守则，如实验室主任责任制度、实验管理、指导教师守则、实验学生守则等。这些制度一般是从"行为"和"职责"两个方面规范实验参与者；另外是对实验开展运作程序的制度性规范，如实验动员制度、实验岗位职责分工制度、实验轮换交接制度、实验总结考核评优制度；再有一类制度是针对实验室设备器材环境的安全而制定的，如消防安全制度、设备管理制度、档案管理制度等。这些制度本身又相互联系、相互支持、层层制约，构成了一个完整的实验室制度体系，它们是实验室正常开展工作的制度保证，是实验指导教师、实验管理员及实验学生遵守的行为规范，是实验能按规定程序顺利、成功进行的保证，是保护实验师生人身安全和实验设备器具安全的保护性措施，是保护实验资料档案的积累和安全性的重要措施，同时也是检验实验室各项工作的标尺和准则。因此,制定出一套科学合理的规章制度对实验室的正常、高质量运转来说是非常重要的。

二、实验室规章制度制定应该遵循的原则

(1) 实验室的制度要体现遵循教育规律、体现管理科学和行为科学的科学性的要求。

整个制度可以分为对人的管理、对物的管理和对实验过程的动态管理。对人的管理包括对实验指导教师和实验室管理人员自身的管理以及对实验学生的管理;而对物的管理也是通过管理人的行为来实现的,对实验过程的动态管理要使以上几个方面动态完美地结合。要使管理有效率,必须遵循管理科学、行为科学的基本规律,遵循教育规律,通过层层制度构成完整的制度链。

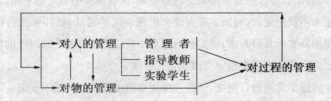

(2) 制度的制定遵循系统、控制和反馈三大原则,并形成完整的层层制约、层层控制且能不断得到反馈的制度体系。

① 系统原则。系统原则要求任何一个单项制度都是实验室总体制度的有机构成部分,它们要形成相互联系的完整的体系;系统原则还要求制度中体现对"人"的管理、对"物"的管理、对"过程"的管理三大管理体系的交融性。

② 控制原则。控制原则要求制度充分发挥全面控制作用,控制包括约束性控制和激励性控制,这要求认真分析每项管理制度对人的行为的激励和约束作用的效率性,并遵循其效率性原则来选择:或者将激励性作用的条款作为主体,将约束性作用的条款加以补充,或者以约束性作用的条款作主体,以激励性作用的条款作为补充。但对制度的制定者而言,制定出约束性的制度相对容易,而制定出激励性的制度相对较难,一般是在约束性制度效率不高或达不到理想效果时才去探索更好的管理方法,才会从另一个思路出发对陈旧的条款加以修订,创造出激励性的制度设计来。

③ 反馈原则。反馈原则要求对每一项制度执行中的状况要全面了解,对好的效果和存在的问题进行研究,以便不断地修订制度条款,完善制度体系。

(3) 实验室管理制度应具有可操作性。

可操作性指所制定的制度比较容易执行。再好的制度,如果执行起来很难,而导致无法执行,这样的制度就如同虚设。比如对于实验中的设备管理问题,如制度规定对于遗失、损坏设备的行为进行惩罚性赔偿,其赔偿额为原设备的多倍,则执行起来是非常困难的,最后只好不了了之;而如果规定的是很容易赔偿的金额,由于是要实际兑现执行的,反而会引起大家的重视。

三、实验室规章制度的制定要求

首先,要求实验室主任和管理人员要有探索性、建设性和创新性精神。

对于会计实验室这种具有创新性和多样性的实验室,其制度规范并不是先全部建立起来才开始实验的,在一项新实验开始时,有时并不知道在哪些方面需要制度,该制定什么样的制度,所制定的制度应该是

约束性的还是激励性的,对实验管理员和学生应该分别采用什么样的规章才是适宜的。因此,实验室规章的制定过程是一步步探索的过程。而规章要形成完整的体系则必须要在实验室的长期运作中逐步积累,在实践中一步步修订完善。

在初步的规章制定后认真观察规章制度在实验中的作用,观察学生对所规定规章的适应性、反馈性意见,并观察所定的规章制度所起的作用:是约束性的起到约束作用没有?是激励性的起到激励作用没有?哪些制度的规定需要加以修订?哪些需要强化?哪些执行起来有一定的难度,需要做怎样的修改?并且要把执行中观察到的情况加以记录,经过指导教师的讨论,一步步形成制定和修改的意见。

其次,应该根据各校实验室的设计模式和类型的实践来制定规章制度,实验模式不同,学生实验中承担的角色、任务不同,实验动态运作中需要协调的内容不同,实验制度的制定也不同。当一项新实验开始时,更进一步的制度还来不及制定,这时的实验可能会出现一定的混乱,教师可能会根据现场情况,临时性地做一些规定,以便把新实验开展起来,而实验后的总结就应该把有效的临时性的规定,通过加工形成实验的初步制度,经过多次检验后逐步稳定而形成正式制度。

再次,要根据实验的逐步发展修订制度,任何一项规章制度都不是一成不变的,实验室的规章制度也不例外。随着教育改革的不断深化,实验室的工作不会原地踏步,实验模式的创建、实验教材的变革,实验仪器的品种和数量的增加,教师素质和学生素质的不断提高都会不断促使实验室各项规章制度逐步完善,新的规章制度又将不断促进实验教学改革的顺利进行。

四、实验室规章制度体系的分类

实验室规章制度体系可以分为:①约束性规章制度。指相应职责的人都应该遵守的制度,如实验室主任职责、实验指导教师职责、实验学生守则等。②运作性、程序性规章制度。指完成程序性的运作必须遵守的制度,如器材领用交接制度、岗位分工制度、岗位轮换交接制度、动员大会制度、总结考评制度。③激励性规章制度。指鼓励人们做得更好的激励性措施及规定,如评优评先制度,奖励加分制度。④保护性规章制度。指保护设施设备器材安全、保护生命财产安全制度,如消防安全制度、防盗窃制度、水电管理制度。⑤协调性、环境性规章制度。指相互核账制度、统一加班制度、统一进度规定以及环境清洁卫生制度等。

(一)对程序性、职能性规章制度的认识

程序性、运作性规章制度包括两层含义:一是整个实验流程的分工、衔接、运转必须遵守的制度;二是进行某项操作必须依据的职能性规定。整个实验流程的分工、衔接、运转必须遵守的制度,是由具有不同层次的系列管理制度构成的相互联系的制度体系,它们之间应该具有层次性、制约性、衔接性。比如一个完整的实验开展过程规定必须要有"实验准备—实验实施—实验考核、总结—后期工作"这四个步骤为第一层次的程序性步骤,而在其下就必须要有如何开展实验动员、如何组织实验实施、如何考评、如何总结的第二层次的规章制度,每一个第二层次的规定都受第一层次规定的制约,也必须与第一层次的规定相互衔接;有了实验运转的流程性规定,再设计每个流程由哪些参与者组织和执行,这些参与者各该有哪些岗位职责,应该完成哪些职能性任务,可以将它们之间的关系表现如下:

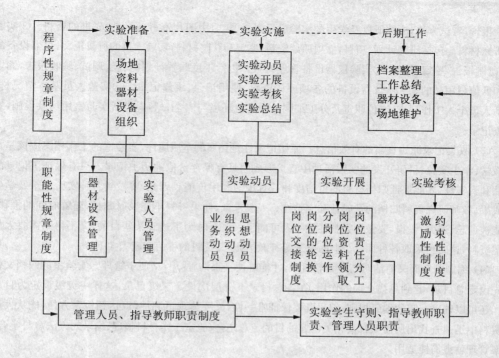

（二）实验室档案管理制度的认识

1. 档案资料管理的重要性

教学的档案资料既是历史的也是实践的信息记录，更是重要的信息资源。实验室档案管理的目的就是为了把建立起来的档案变成能转化为现实生产力的特殊中介物，提高实验档案的利用价值，将信息交流的方式由直接交流、横向交流向间接交流、纵向交流扩展，开拓交流的时空。例如，教学多媒体课件、教学录像带等资料，它的重复利用价值很高，不仅每届学生需要，校际间交流需要，进行深入研究也需要；还有会计实验模式方法的总结性研究，是校际间交流和进行新模式设计的可启发借鉴的重要资料，还有学生的大量实习成果，不仅记录了每届学生的实验历程和实验效果，也给后面实验的学生留下了可以研究、可以借鉴的历史资料，更为实验教师改革实验模式提供了资料，更不用说为教学评估、教学检查提供资料。

2. 档案管理制度的要求

实验室档案资料的收集和管理，是实验室管理工作的重要组成部分，其内容较多，包括对实验室的运作文件、实验大纲、实验指导书、实验教程以及器材、物资、仪器设备、环境状况等原始信息进行了收集、整理、编目、归档的档案化管理。特别是对学生大量的实习资料和实习成果进行详细的归档管理。管理头绪较多，要求做到：

（1）建立切实可行的规章制度。针对会计实验室自身的特色，归档制度应包括归档时间要求，归档文件编码及格式要求，归档的内容、类型要求，档案的保管、借阅日常管理要求及档案管理人员岗位责任制等几项。内容简明扼要，既要规范实验室管理人员操作，又要方便档案借阅、使用。

（2）界定恰如其分的归档范围。归档范围可以划定为：①实验室综合管理材料。包括管理体制，建设规划，批准文件，年度工作安排，各项管理规章制度。②实验教学过程管理材料。包括教学过程中多媒体课件，各种指令性文件，实验教学大纲，教学计划，教学工作手册，实验指导书，实验项目卡，实验教案，实验报告,考试方法,成绩册以及学生的实验成果资料、实习中图片资料、学生评先进的资料。③实验教学研究材料。包括研究计划、项目,立项原始资料,鉴定和获奖材料,实验人员的科研论文,仪器设备的改进、研制报告,鉴定材料。④实验仪器设备管理材料。包括年度购置计划,安装、调试、验收报告,固定资产和低值耐用品的账、卡,仪器设备的各项原始资料、使用记录、维修记录。⑤实验人员基本情况材料。包括人员个人工作日志,岗位职责及分工细则。⑥实验环境与安全材料。包括实验室用房及设施,安全检查记录。

(3)收集记录原始真实的有效信息。原始记录性是档案的本质属性,实验室的工作档案应该是在实验教学、学生实验、科研开发的实践活动中直接形成的具有保存价值的历史记录。只有保证了记录的直接性和真实性,才能保证归档材料的可信度和其真正的利用价值。因此,要做到各种实验记录及学生实验成果、教师研究资料归档的及时性和完整性。一般来说,如果资料不能及时归档,随着时间的推移,就可能被遗忘、遗失、毁损,要做到完整性就不太可能了。而有时为了达到某些目的,又不得不需要大量的档案资料,这时再采取各种回忆、制作、补充等补救措施,其资料的可信度就大大下降。

(4)编制既全面又简洁明晰的案卷目录,才能既便于查询、使用,又便于管理。实验室的归档文件应该先设定总目录,起到总揽全局的作用,在各总目录下分层次设定二级目录,这样一级级设定为目录体系。还可以辅以一定的编码规则,编码要保证唯一性,又要体现追溯性,以达到检索方便,能从大量文档资料中迅速查找出所需项目及相关内容的目的。总之,实验室工作材料整理、编录的方法愈科学合理,档案管理就愈简捷适用。

(5)逐步发展为利用电子文件、计算机网络技术和数据库进行档案管理,并做好备份工作,防止因病毒感染或其他原因造成的系统破坏而丢失或损坏计算机的档案管理文件,将实验室的档案管理从组卷向组盘迈进。

此外,对大量的学生实验资料,由于数量太多,受场地和管理设备的影响,不可能也不必要永远保存下去,可以规定一个保存的年代(比如十年),对超过这一期限的,实行集中销毁,或每年都进行清理,采用逐年依次销毁的办法,以保证能集中场地资源和设施人力资源,管理好有价值的档案。

(三) 对计算机设备管理的认识

1. 两种管理思路

随着计算机应用的不断深入,计算机已成为社会生活中必不可少的工具。特别是在高校,教学和科研更是离不开计算机。几乎所有学校的所有院系都购置了各种各样的计算机系统。如何妥善管理这些设备,使其最大限度地发挥作用,是摆在我们每个实验室管理人员面前的重要任务。应该把计算机实验室建成培养高层次人才,进行科学研究和为社会服务的重要基地。但是在实践中,却有两种完全不同的机房管理办法:一种是静态的、保守的、防御型的管理办法。这种方法把计算机看成是只能小心翼翼触摸的容易损坏的昂贵设备,学生实验时有很多的禁忌,有数十个"不准",这样,学生上机如履薄冰,常常在提心吊胆中只学会简单的几项技能,或者为了机房管理人员管理的方便,不让学生进行探索性操作,以免为管理带来更多的工作量如系统维护、查杀病毒、系统软件重装等,这样一来,学生根本不能放心大胆地实践、探索,更不用说学会系统的综合性技能,而我们知道,计算机是技术更新非常快的设备,一般三五年就面临淘汰,这种保守管理的结果,计算机并没有被充分使用,甚至成色还相当新却因技术落后而不得不购置新的了,这种巨大的无形损耗其实是一种最大的浪费。另一种是将计算机作为培养学生计算机综合能力的一种平台,在作好各种维护措施后放心让学生实践,鼓励各种探索性操作,实行开放的、动态性、进攻性管理办法,但这要求管理人员有较高的技术、较强的责任心、事业心和勤奋、任劳任怨的工作作风。

2．建立、健全必要的规章制度

为了使实验室能够有条不紊地工作，做到事事有章可依，需要制定一整套面向各类人员的规章制度。

（1）实验室开放制度：规定了实验室开放的对象和时间。安排专门人员值班，负责当时实验室的全部工作。计算机实验室应该像图书馆一样实行全天候开放而不是按上课节数安排，以方便师生上机，如果机房在上课时间外经常性地处于闲置状态，则会造成极大的无形损耗。

（2）实验室工作人员守则：规定了实验室工作人员必须遵守的规章制度和完成的任务及要求。比如：服务态度，本职工作的完成情况，每天安全制度等。在制定这一制度时，应将设备的完好率、设备的正常运转率作为重要的考核指标，要求经常性检查和考核，如果看起来设备较多但运转中出故障的计算机也多，会造成学生一遍遍开机、一遍遍死机，管理人员的临时维修会大量占用学生的上机时间，大大影响实验效率。所以，要以较为过硬的考核手段督促机房管理人员做好平时的检查维护工作。

（3）用机人员守则：规定了实验室上机的人员必须遵守的制度，不随便移动机房内的硬件和删除系统软件。听从实验室值班教师的安排，实验中发现问题及时报告机房人员，并保持现场，遵守实验室的规章制度等。这些制度细则的规定，要视机房是实行保守型管理或进攻型管理模式的不同而有所不同。

（4）机房安全保护制度：包括消防管理制度和防盗窃制度。由于机房的计算机多，其电源线、网络线、主机、显示器连接线纵横交错，很容易出现电源事故，引发火灾等，所以机房一定要制定消防安全的制度措施，配置消防器材，责任到人；另一方面计算机内部的主板、硬盘、内存、CPU等外观体积小而价值大的部件，很容易成为不道德分子和犯罪分子的盗窃目标，甚至出现将计算机内部"全部掏光"，只留下外壳的恶性盗窃事件，这些，都将严重影响实验进行。所以要有机房管理的责任制度，凡是由于管理人员失职或责任心不强造成的事故，要负责赔偿，追究责任。

（5）实验指导制度：规定实验指导教师的职责、任务、指导中必须作好的各项工作。对财会电算化实验的指导教师来说，要求在实验制度中规定：实验指导教师必须对学生既进行计算机操作指导，又进行电算化理论和实践的指导，还要将财会的手工程序与计算机程序作对比分析。

3．实验室全天候面向全校师生开放的管理方法

从教学与科研的不同需要，可以将实验分为三种：一是以教学为主的教学实验，主要承担两方面的任务：第一是基础课程、技术基础课程和专业教学实践的实验教学任务，如计算机基础、数据库、会计电算化实验等；第二是为新一代教学手段的改革提供必需的多媒体网络教学实验。二是以科学研究、技术开发为主的科研开发实验，主要承担学科建设、科学研究和技术开发工作；科研开发用实验室主要面向的对象是全校教师、研究生，主要活动是科研项目开发、多媒体课件开发等。三是要完成以上实验，实验室必须提供与外界联系的桥梁，即Internet连接。在机房中配置了档次和性能相应较高的计算机系统，比如大内存、大硬盘、新一代微处理器，配备光驱和不同种类的打印机等，采用计算机网络等，以便于获取国内外与教学、科研相联系的各种信息资料，与国内外同行联系及交流研究，了解最新发展动态。要服务于以上三大类型的实验，对计算机管理人员提出了更高的要求：不仅要熟悉一般的管理软件、一般的运用程序，还要不断接触新的软件，学会软件的使用方法，为各类人员提供指导服务，还要能按照用户提出的具体要求安装软件，并负责有关软、硬件使用的指导和维护工作；实验室管理人员还应尽可能参与并进行一定的科研开发工作，不断提高自身的业务水平，为每一个来实验室的人员提供优质的服务。

4．经常性的快捷的系统安全性保护

由于面向的对象主要是学生，系统的安全性是一个很重要的内容，尤其是实行开放型进攻型管理模式的机房，采用经常性的快捷的系统安全性保护措施显得尤为重要，甚至是这种管理模式能否实行的关键。应在学生机端采用硬盘保护措施，保证系统分区、CMOS在每次关机时都能恢复原来的状态，使每次

开机都能有洁净、完整的系统开始工作。在服务器上安装了最新的防病毒工具,网上采用防火墙技术,学生用磁盘分区,在每次开机时进行格式化处理等措施,保证系统能够安全可靠地运行。如果在没有采取这些措施时就进行开放型管理,则会出现开放一次系统就瘫痪一次,还没等到系统维护好学生又该上机的手忙脚乱情况,所以一定要建立起快捷的系统安全性保护措施,才能实行开放型管理,而这对实验室管理人员的责任心和技术水平又提出了更高的要求。

5. 实验室的目标管理责任制

(1) 设备管理的目标责任制。计算机实验室管理人员应分工,将设备的管理交给专门人员或作为一项专门工作,对实验室软、硬件设备设置专门的"设备登记簿"进行动态记录。在验收管理中:分类做卡、编号,记入硬件数据库,贴标签等,若发现有质量问题及时与销售单位取得联系,对验收好的设备由两人以上签字交责任人保管;在使用过程管理中:每台设备都设置一个记录本,每次使用情况由使用人记录,对不能正常使用设备做到心中有数;在设备的维护管理中:对设备零部件的更换或几台设备的部件相互交换,或学校、学院进行的内部调拨等都要做跟踪记录,同时需有维修人员、管理人员签字,以免设备流失。实验室的软件、图书资料也有专人负责保管,分类有序存放,并贴好标签,做好备份,然后记入软件库。

(2) 防盗、防火责任制度。防盗窃工作是计算机实验室的非常重要工作,对来自外面的威胁既取决于学校周围的大的社会环境,也取决于学校范围内的保卫工作;但实验室自身也应作好防内、防外两方面的工作,对外经常检查门窗的完好性,无人使用时尤其是节假日一定要强调并多次检查门窗是否锁好,在寒暑假期间应配合学校保卫部门采取多项措施,假日后上班的第一项工作就是检查设备硬件的完整性,以便及时发现问题,明确责任。

消防工作是计算机实验室的另一项安全大事,由于计算机集中,各种电源线、插座线、设备连接线纵横交错,容易因为短路、线路老化引发火灾,应制定出严格的消防安全制度并在实验室旁边配备消防器材。尤其在节假日期间,发生事故不容易及时被人发现,以至于酿成大祸。应规定定期的线路检查,没人时电源要切断等常规性保护措施。

(3) 系统安全的目标责任制。包括:①防止病毒传染制度。实验室常用工具软件保证洁净完好,以便师生用机及维护之需。对实验室中所有的机器应周期性地杀毒。平时一经发现病毒马上作相应处理,并密切注意病毒的来源。同时选用硬盘保护机制,从根本上杜绝病毒的传入,保证机器的开出率。②硬盘及操作系统维护制度。保持实用程序完整,保证开机正常运行,及时做好教学、科研所需软件的准备,根据每学期教学、科研的需要,提前把有关的软件安装到网络服务器或各工作站的硬盘,平时注意维护这些软件的完整性,发现缺损及时补装。③实验室环境维护制度。实验室内注意卫生和通风以保持室内空气清新;环境温度和湿度保持在适当的范围。

(4) 指导学生制度。在为财会电算化实验专设的机房里,实验指导教师应该不仅懂得计算机的一般操作维护,更应该懂得财会电算化的专门知识,还应将手工操作与计算机实验加以对比分析,从原理上讲清两者的程序、思路上的差异,这样对财会电算化实验的指导教师来说,对其掌握知识的综合性要求较高。如果指导教师不具备综合性的知识,就会造成只对学生讲"做什么"而讲不出"为什么",就会造成只把计算机作为操作工具的低层次电算化实验,而大大影响实验效果。因此,首先要求财会电算化实验的指导教师要具备以上三方面的综合知识;其次,财会电算化指导教师应认真备好每一堂实验课,对实验目的、实验要求掌握的理论和实践知识的基本要求、学生实验中可能出现的问题要有预计,先讲什么,后讲什么,怎样才能取得好的效果,而不能只对学生的操作做指导,问到问题临时找答案;再次,对实验中出现的有较大意义的问题要启发学生不断地总结、对比、分析、研究,对每一个重要环境都应有理论上的讲解;

还应该注意实验中学生情绪的调动、实验积极性的启发、对实验纪律的维护等。

五、对实验考核制度的探讨

（一）实验成绩考核的必要性及困难性

近几年来，随着教育改革的深化，各地高校在会计实验教学改革方面进行了一系列有益的探索。例如：单项实验、分步实验、强化实验、系统配合实验以及以上实验的不同组合，手工实验和电算化实验的结合、会计实验与审计实验的结合、会计实验与资本运作实验的结合、用手工实验程序而在计算机上进行模拟实验方式的探索等，总之出现了多种实验方式，也越来越强化设计性、综合性实验对学生创造性思维和动手能力的培养等。这些改革有助于全面提高学生综合素质和创造能力，在教学实践中收到很好效果。

但由于这些实验已突破了课堂教学和理论考核的模式，传统的凭试卷得分评定学生成绩的考核方式不再有效，对实验成绩的考核就成为一大难点。而教学实践证明，实验考核是保证实验教学质量的有效手段，也是对学生进行约束和激励的重要措施，加强实验考核，也是实施素质教育的必然要求。因而必须努力提高实验考核的质量，使考核尽可能科学客观地反映学生的学习质量，进而充分调动学生参与实验的积极性和主动性。这要求我们必须探索出适应实验的各种有效的考核方法。

在会计实验中，由于实验操作过程比之理论授课的特殊性，由于各种实验模式的差异性，尤其是大多数模式的实验不是由一人单独完成而是需要多人或需要一个小组的协调配合才能完成，一个实验科室内的学生的表现是有差异的，靠什么来识别差异呢？一般认为教师的观察较为可靠，但教师人数少，学生人数多；教师的观察总体上只能是面上的，对每一个学生就只能是"点"上的，而每一个学生的实验过程却是全程的，所以仅靠教师的观察评定成绩是不全面的，甚至是没有依据的，因为教师不可能将每一个学生的表现都观察到，所以应探索、制定出考核实验成绩的多种方法。

（二）具体考核方式

根据会计实验的特点，会计实验的考核方式有多种，在实际实行中，不能单独采用一种方式，而必须是多种方式的相互结合。考核的内容分为"实验态度"、"业务技能"、"书写质量"；考核的方式分为"教师观察"、"学生互评"（主要是评优）、"成果评定"等。为了克服成绩评定中的模糊性，增强其可信度与有效度，在集体操作的考核结束后，还应该研制"无纸化"的计算机考核方式，重点对要求必须掌握的专业知识进行个别考试。

（1）教师现场观察法。实验中，教师应仔细观察每一个学生的实验情况，如业务能力的掌握、账务操作是否规范、会计基本技能及基础工作掌握程度、动手能力如何、协调能力如何以及实验态度如何，实验结束后根据这些情况给出实验操作考核成绩，操作考核要求实验指导教师从外部观察学生的行为，教师在顾及学生安全及对个别学生进行指导的同时，还要观察许多学生，尤其是当实验的成果不是独立操作完成的而是由同一科室内多个学生系统配合完成时，对学生成绩的评定，就会出现很多困难。要注意不要因教师的先入为主的观念和主观性等原因失去评价的客观性。课前教师必须做好充分周到的准备，充分探讨并确定评价标准，在实验开始后，不能中途改变标准。在具体考核时，我们运用了综合性的考核手段：对于表现最好和最差的学生，教师的观察所占份额较大，再辅以学生的民主评定和实验总结、实验成果加以确定，这就把最好和最差的成绩考核出来了，表现居中的就评定为合格。

（2）教师书面评定法。实验不仅是培养实践能力的重要途径，也是加深理论学习、整理和系统化专业知识的重要手段,因此要求学生不仅要认真实践,更要在实验后勤于总结、思考,善于分析、对比和综合,不断提高思维的逻辑性,从而使学生得到科学方法的训练和逻辑思维能力的培养。学生通过做实验和书写实验报告、编制财务报表、进行财务分析和实验总结,对实验业务进行总结和归纳,并对实验结果进行分析,提出对实验设计模式和业务设计内容的改进意见,教师根据这一系列的书面材料,评定报告是否认真、数据处理及计算是否正确、体会是否新颖等,打出实验报告成绩。

(3) 应用计算机软件,进行独立性的能力考核。将实验应掌握的主要业务流程、主要凭证传递程序、主要业务的核算、主要报表的编制方法等作为独立业务能力的考核内容,研制出专门的"会计实验计算机考核软件",让每一个实验学生上机考试,由计算机当场打出成绩。由于这个成绩是对每一个学生所掌握知识的单独测试,其结果便具有可靠性和可信性,且这样的考试会大大促进每个学生认真实验,独立思考。这种将集体考核与独立考核相结合的方式,必将大大提高实验效果。

(4) 集体评优激励方式。在多年对实验及实验管理和学生实验成绩的考核的探索中,我们逐步摸索出对学生具有最大激励作用的"集体评优"方式:在系统配合性实验完成后,以实验科室为单位进行民主评优活动,用无记名方式评出在四个方面表现突出的优秀学生各两名,分别给予"最佳业务能力奖"、"最佳协调能力奖"、"最佳书写质量奖"、"最耐心细心奖",对获奖学生,由学院发给奖状(这些奖状在学生毕业时作为其实践能力的证明对求职将起到一定作用),而且获奖的面比较大,通过努力,三分之一的学生可以达到评奖标准。这种评奖既包含了学生对自己某一特殊优势和努力的价值承认,又包含了指导教师、实验室、学院对自己的价值承认和书面认可,还可以增加求职的砝码,对学生参加实验的热情、积极性和主动性以及实验中的团结协作精神和克服困难的勇气的发挥起到较强的激励作用。

参考文献

Francois Flucdiger. 网络式多媒体开发与应用[M]. 北京:机械工业出版社,1997.

陈朗滨. 现代实验室管理[M]. 北京:冶金工业出版社,1999.

陈雄一. 论创新性教师极其创新素质培养[J]. 东南亚纵横. 2002, 10.

程夏、刘建华. 流通会计实验教程[M]. 成都:成都科技大学出版社,1993.

丁志民. 档案信息观[J]. 档案工作. 1985, 1.

顾华详. 我国研究型教师队伍建设的研究[J]. 大连教育学院学报. 2002, 3.

国家教育部颁发. 高等学校基础课教学实验室评估标准表[S]. 1995.

黄敏、李萃茂. 专业化教师的素质要求及其实践途径[J]. 教育评论. 2002, 6.

李秀华. 美国高校的物资采购供应[J]. 实验室研究与探索. 1999, 5.

李燕飞、蔺丰奇. 素质教育理念下教育观念的转变[J]. 北京邮电大学学报(社科版). 2002, 4.

石浒泷等. 科技档案与第一生产力[J]. 档案学研究. 1992, 3.

肖文泉. 有关青年教师队伍建设的思考[J]. 北京联合大学学报. 2002, 9.

肖毅、何大凯、蒋琪瑛. 加强实验室建设,提高实验室效益[J]. 实验技术与管理. 1999, 2.

许群. 简单轻松学会计[M]. 北京:中国市场出版社,2006.

杨林根、徐建明. 基础实验建设新机制的探索与实践[J]. 实验室研究与探索. 2000, 5.

原国家教委. 高等学校实验室工作规程[S]. 1992.

钟庆红、郑晶. 如何制单、记账、报表、报税[M]. 北京:企业管理出版社,2006.

朱百刚等. 现代远程教育及校园网建设全书[M]. 北京:中国工人出版社出版,2000.

图书在版编目(CIP)数据

会计综合实验：系统运转型模式／程夏，刘建华，张
治彬编著. —上海：格致出版社：上海人民出版社，2008
（高等院校会计学教材系列）
ISBN 978-7-5432-1525-2

Ⅰ. 会… Ⅱ. ①程…②刘…③张… Ⅲ. 会计学-高等学
校-教材 Ⅳ. F230

中国版本图书馆 CIP 数据核字（2008）第 142968 号

责任编辑　　李　娜
美术编辑　　路　静

————————————————————————————

高等院校会计学教材系列
会计综合实验
——系统运转型模式
程夏　刘建华　张治彬 编著

————————————————————————————

出　　版　　世纪出版集团　　格 致 出 版 社
　　　　　　www.ewen.cc　　www.hibooks.cn
　　　　　　　　　　　　　　上海人民出版社
（200001　上海福建中路193号24层）

编辑部热线 021-63914988
市场部热线 021-63914081

发　　行　　世纪出版集团发行中心
印　　刷　　上海市印刷七厂
开　　本　　787×1092毫米　1/16
印　　张　　21
插　　页　　1
字　　数　　449,000
版　　次　　2009 年 1 月第 1 版
印　　次　　2009 年 1 月第 1 次印刷
ISBN 978-7-5432-1525-2/F · 107
定　　价　　35.00 元